ERRATA.

Page 3, *dernière ligne : au lieu de :* interventon : *li-*
tervention.

Page 4, 13.ᵉ *ligne : au lieu de :* quand à l'ordre d
der : *lisés :* quant à l'ordre de succéder.

Page 6, 19.ᵉ *et* 26.ᵉ *lignes : au lieu de :* le dégré d
mité : *lisés :* la proximité du dégré.

Page 9, 9.ᵉ *et* 10.ᵉ *lignes : après ces mots :* success
latérales agnatiques : *ajoutés :* et ce, par rappro
avec les titres 11, 31, et 50 du livre deux *feud*

DICTIONNAIRE

DE LA JURISPRUDENCE

DE LA

COUR DE CASSATION,

Ou les Maximes, Règles et Principes de cette Cour, depuis l'an VIII jusqu'en 1806, recueillis et rangés par ordre de matières CIVILES ET CRIMINELLES.

DICTIONNAIRE

DE JURISPRUDENCE

DE LA

COUR DE CASSATION,

Ou les Maximes, Règles et Principes de cette Cour, depuis l'an VIII jusqu'en 1806, recueillis et rangés par ordre de matières CIVILES ET CRIMINELLES;

PRÉCÉDÉ d'un Traité sur la compétence des Autorités judiciaires et des Magistrats de l'Empire français;

OUVRAGE utile à toutes les Autorités judiciaires et administratives et aux gens d'affaires

PAR F. JEAN MONTAINVILLE, Juge de 1.re instance, à Trèves (Sarre) de l'académie de Législation.

DEUXIÈME VOLUME.

A TRÈVES,

Chez l'Auteur, rue des Dominicains, N.º 21, et aux adresses indiquées d'autre part.

DÉCEMBRE 1806.

Conditions de la Souscription, pour le présent et pour les années suivantes.

Le prix de chaque volume est de 4 fr. 25 cent., à Trèves chez M. MONTAINVILLE, *Juge et Rédacteur;* et 5 fr. 50 cent. franc de port.

Les souscriptions doivent être faites pour l'ouvrage entier, et être maintenant accompagnées du prix d'un volume à l'avance, le tout adressé franc de port, à M.ᵉ HORN, notaire impérial à Trèves, (*Sarre*).

M. RONDONNEAU, Imprimeur ordinaire du Corps législatif, au dépôt des lois, rue Saint-Honoré, à Paris.

Madame veuve DUFRESNE, Libraire, au Palais de Justice, à Paris.

M. M. DEMAT, à Bruxelles; KEIL, à Cologne; CUDEL *et compagnie*, à Aix-la-Chapelle; Charles BOCCA, à Turin; chez tous les Libraires des grandes villes.

Les volumes sont expédiés aussitôt la souscription parvenue.

Les exemplaires ont été déposés à la bibliothèque impériale. Chaque volume est signé comme le présent, à la suite de l'avis au Lecteur.

Modèle de la souscription.

Je soussigné . . . m'engage à recevoir la totalité du Dictionnaire de la Jurisprudence de la Cour de Cassation, pour . . . exemplaires ; suivant l'annonce du Rédacteur, en date du 10 septembre 1806. Je joins à la présente la somme de . . . et m'engage à payer à mesure de chaque envoi qui me sera fait, un autre volume, de sorte qu'il y en ait toujours un payé d'avance, et que le dernier me soit envoyé gratis.

Nota. Il n'a été tiré qu'un petit nombre d'exemplaires au dessus de celui des abonnés actuels; et l'on prévient que les premiers volumes ne seront pas réimprimés avant 1808.

Les personnes qui reçoivent les premières livraisons, sont priées d'en adresser le montant de suite, si elles désirent ne point éprouver de retard dans les envois: l'expérience et les arrangemens de l'entreprise ne permettant aucun crédit.

DERNIER AVIS
AU LECTEUR. (*)

CE DICTIONNAIRE ne doit pas être confondu avec les tables incomplétes, que l'on intitulent Dictionnaire, et qui sont maintenant à la mode; il ne doit pas même être confondu avec *certaine jurisprudence* moderne, (à laquelle on reproche des inutilités.)

N'étant point l'objet d'une spéculation de commerce, il ne contient que des choses utiles et qu'il est indispensable de connaître.

On le repète, les règles consacrées par la Cour de Cassation, les principes qu'elle a admis, les maximes qu'elle proclame, sur une même matière, ont été récueillis dans les divers arrêts qu'elle a rendus sur cette matière, ou sur d'autres qui avaient avec elle de

---

(*) *J'ai desiré l'opinion du lecteur (page VIII du premier avis) mais je ne pensais pas être obligé de répondre à la question : Si le Dictionnaire de Jurisprudence de la Cour de Cassation serait autre chose qu'une table? Il faut vraiment n'avoir pas lu le premier volume pour faire une semblable question. Je vais, par quelques détails sur le plan de ce Dictionnaire, répondre à quelques questions générales, et je répondrai ensuite à quelques autres particulières, relatives à la confiance due à l'entreprise de cet ouvrage.*

l'analogie, de sorte que la généralité des articles de cet ouvrage est un composé de principes consacrés à diverses époques, dans le même esprit, mais souvent dans des occasions différentes; on y trouve le développement d'une opinion ou maxime, émise quelquefois en l'an IX, extrait d'un arrêt rendu en l'an XIII; et cette manière est certainement la plus sûre de prouver la persévérance des magistrats dans leurs principes; persévérance nécessaire pour établir ce qu'au barreau on nomme jurisprudence. En effet, présenter au lecteur un arrêt isolé, n'est point lui présenter la jurisprudence, mais bien une décision judiciaire, rendue sur un objet en contestation.

Pour former une jurisprudence, il faut que les juges ayent prononcés plusieurs fois de la même manière, dans des cas semblables! or, si je n'ai sous les yeux que des recueils d'arrêt assemblés sans ordre, il faut que je cherche dans chacun d'eux le fait qui était à juger, pour y appliquer les principes qui ont déterminé les juges dans leur décision.

Les arrêts de la Cour de Cassation, depuis l'an VIII, jusques et compris les 5 mois et 10 jours de l'an XIV, sont répandus dans 5 recueils principaux, composant 38 volumes, dont 9 in 4.°; chacun de ces recueils contient des arrêts qui ne sont point rapportés dans les autres; conséquemment, pour trouver tout ce que la Cour a prononcé sur une même espèce d'affaires, il faut posséder et compulser les 38 volumes, tenir des notes et sacrifier à ce travail rebutant un temps nécessaire, soit au magistrat, pour l'intérêt des justiciables, soit au jurisconsulte, pour l'intérêt des plaideurs, soit à l'étudiant pour son propre intérêt.

Le texte d'un arrêt et le rapport des faits et des

moyens employés pour la défense des parties contiennent des noms de lieux et de personnes qui font toujours distraction au fait ou aux principes dont on s'occupe; et souvent pour en faire une lecture fructueuse, on est obligé de tenir note de ces noms.

C'est ce travail pénible, qui distrait des occupations sérieuses, interrompt les rédactions, retrécit les idées, que ce Dictionnaire doit éviter au lecteur.

Pour atteindre à ce but, j'ai supprimé les noms propres de personnes et de lieux, si un personnage était nécessaire pour l'intelligence du fait, une personne indiquée par une initiale, ou le lecteur lui - même, remplit ce personnage.

J'ai pris pour méthode de composer, autant que possible, chaque article de trois membres: une *règle*, le *fait* et les *principes* à l'appui de la règle.

Le premier contient une règle, souvent extraite des considérant même de la Cour, ou du plaidoyer du ministère public, ou de la discussion; et lorsque j'ai été obligé de la rédiger moi-même, elle l'a été avec soin.

Le second membre, contient ou le fait, toutes les fois que le prononcé de la Cour ne le rappelle pas, ou les moyens principaux, employés par la partie qui a succombée: souvent j'ai placé dans ce second membre les dispositions des jugemens réformés.

Le troisième membre contient le prononcé de la Cour, dégagé des noms des parties et des lieux. Les dispositions contenues dans plusieurs arrêts y sont unies et liées par des particules conjonctives, de sorte que la rédaction ne présente qu'un sens.

jv

J'ai rédigé chacun de ces articles, comme si j'avais
eu l'intention de les employer dans un plaidoyer, et
suivant les règles de la dissertation; enfin chaque article est particulier à une espèce, et la réunion de tous
ces articles, sous un même mot, présente un traité
sur la matière que ce mot indique.

C'est ainsi qu'au mot *Acte* on trouve réunies toutes
les règles relatives aux actes, divisées ainsi qu'il suit:

ACTES d'administration.

— Règles générales, timbre et enregistrement.

— Présomption de droit en faveur des actes.

— sous-marqués, sous seings-privés.

— destructifs d'actes publics.

— portant vente d'immeuble.

— à considérer comme actes publics, en *Piémont*.

— de leur date et certitude.

— publics, témoins, signatures, etc.

— de l'état civil.

— nuls, rescision, à l'égard des émigrés, etc.

ACTES d'accusation en matière criminelle.

De même le mot *Actions*, divisé en deux parties,
présente d'abord les actions civiles, ensuite les actions
criminelles.

Ce qui est de règle générale, sur la matière indiquée par un mot, est en tête du chapitre destiné à ce
mot, et ensuite viennent les règles particulières à chaque distinction sur cette même matière.

Chaque mot a un numérotage particulier aux articles qui le composent pour les matières civiles et criminelles. (*)

(*) *Ce numérotage sera d'un grand secours pour la
liaison de ce Dictionnaire avec les volumes des années
suivantes, même pour les recherches à y faire.*

Lorsque Monsieur le Procureur-général ou ses Substituts ont développé dans leurs plaidoyers des principes adoptés par la Cour, je me suis empressé de les recueillir.

J'ai fait usage des notes marginales, contenant le titre énonciatif de la distinction présentée dans chaque article; les noms des parlemens, des coutumes et ordonnances, ou du code auquel il a rapport.

Dans l'intention d'éviter, aux personnes peu familières avec la langue française, le recours aux Dictionnaires, et de leur éviter des distractions, j'ai placé des notes grammaticales pour tous les mots thecniques et d'un usage peu familier.

J'ai indiqué, au bas de chaque page et avec des astérisques dans le discours, la date des arrêts, s'ils sont de rejet ou de cassation ; le nom de la partie qui a interjetté le pourvoi, et tous les recueils où chaque arrêt se trouve rapporté, (avec indication de la page) pour la commodité de MM. les jurisconsultes et des étudians qui ont intérêts de connaître les plaidoyers qui ont été débités devant la Cour.

Obligé, pour satisfaire à la curiosité du lecteur, de diviser, autant que possible, les matières, j'ai souvent rapporté des parties d'un arrêt à un mot, et les autres parties à un autre mot : mais, j'ai eu soin de prévenir le lecteur en ajoutant *Voyez tel ou tel mot.* (*)

____

(*) *Si je ne me suis abusé dans l'usage journalier que j'ai fais du manuscrit dans l'exercice de mes fonctions, ce Dictionnaire est utile pour les consultations et les jugemens, en ce qu'il présente à chaque mot la jurisprudence de la Cour de Cassation sur la matière; il est utile*

Je dis qu'il rapporte la jurisprudence et je le prouve: non parce qu'il rapporterait toujours plusieurs arrêts de la Cour, dans une même espèce, (ce qui n'est pas très-commun) mais en ce que du rapprochement des principes recueillis dans divers arrêts sur un point de droit ou de forme, il se voit que la Cour s'est expliqué positivement sur l'espèce, et que dans d'autres cas, elle s'est décidée par le même principe.

Or, si la Cour s'est décidée dans un cas, par un principe et que dans d'autres espèces elle ait développé ce principe, on est bien fondé à dire et à penser que ce principe est l'opinion constante de la Cour: car, si le jurisconsulte exige, je le répète, plusieurs arrêts semblables, rendus en pareilles circonstances, pour faire jurisprudence, ce n'est que pour établir la constance des juges dans leur manière de penser et de juger.

J'ai été beaucoup plus long que le croyais dans cette réponse à plusieurs questions qui m'ont été faites, elles étaient multipliées et étaient de nature à établir soit des doutes, soit le désir d'avoir des renseignemens sur le plan de ce Dictionnaire; c'est pourquoi je me suis déterminé à faire cette réponse en forme de dernier avis au lecteur.

Il me reste à répondre à quelques questions cathégoriques et qui exigent des réponses pertinentes.

Peut-on se rapporter avec confiance aux arrêts rapportés dans le Dictionnaire, etc.?

Je garantis tout ce qui y est rapporté avec guille-

à M. M. les professeurs et étudians, en ce qu'il présente aux uns des demandes et aux autres des réponses pour les examens et les cours d'étude.

mets, pour être les propres expressions des recueils cités aux notes qui se trouvent au bas des pages; et j'ai puisé par préférence dans le bulletin officiel de la Cour de Cassation. Seulement j'ai quelquefois interverti l'ordre adopté par la Cour, en plaçant le contenu dans un troisième considérant avant le contenu au premier: on doit sous entendre que les adverbes *ainsi*, les conjonctions *car, si, mais*, les relatifs *que*, les adverbes *vainement*, enfin, que toutes les conjonctions, soit copulatives, augmentatives, alternatives, conditionelles, soit explicatives, ou transitives, non point été distinguées; non plus que la substitution des initiales *A...B...* des noms *Pierre, Paul, Mævius* aux noms des parties ayant figurées au procès: mais toutes-les-fois que j'ai dû faire une phrase, pour lier les parties d'un arrêt, ou un arrêt à un autre, j'ai interrompu les guillemets, souvent même je me suis servi de parenthèses.

Après la réception de cette question, j'ai eu soin d'indiquer les phrases extraites des plaidoyers du ministère public, au moyen de guillemets placés au commencement et à la fin de chaque alinéa.

Je fais cette réponse minutieuse, peut-être, pour éviter tout reproche, et pour provoquer la confiance due, aux soins que j'ai pris pour l'arrangement de ce Dictionnaire.

Peut-on espérer qu'avec le Dictionnaire, etc. on puisse se dispenser des autres recueils? —— N'a-t-on point à craindre de ces superfluités ou répétitions imprimées pour grossir et multiplier les volumes?

Les détails rapportés ci-dessus peuvent mettre le lecteur à même de résoudre lui-même la première de ces questions.

Sur la seconde je réponds: lorsque les mêmes principes se sont trouvés applicables aux matières contenues à divers mots, je n'ai rapporté à ceux qui se sont présentés en second ordre, que les principales décisions, et j'ai terminé ces mots par une table des autres mots où les principes analogues sont rapportés.

On a cherché dans le premier volume des matières qui ne s'y sont pas trouvées.

Cela peut être: n'ayant à m'occuper que des matières jugées par la Cour, et ne faisant point un commentaire de mon chef, je n'ai pu présenter que les maximes résultantes des arrêts de la Cour. J'ai divisé les matières d'une manière très-complète; car il y a des mots dans le Dictionnaire qui ne se trouvent dans aucune table des arrêts de la Cour: les matières désirées se trouveront peut-être dans les volumes postérieurs, et suivant que la Cour de Cassation aura eue occasion de s'en occuper, ou non.

Peut-on compter sur la continuité annuelle de cet ouvrage telle qu'elle a été annoncée; question fondée sur le peu de délicatesse de trop d'auteurs qui ont surpris le public, par des annonces ensuite abandonnées.

Je garantis la continuation de ce Dictionnaire, fondé sur mes forces physiques et morales, et sur la volonté de transmettre à un autre mes matériaux et mes droits, en cas d'empêchement de ma part.

En foi de quoi j'ai fait apposer ici ma griffe.

DICTIONNAIRE

DE LA JURISPRUDENCE

DE LA

COUR DE CASSATION.

ACTION (*) CIVILE.

RÈGLES GÉNÉRALES.

ON sait que les actions se distinguent en actions principales et en actions incidentes de diverses natures : qu'aux termes de l'art. 2 du titre 10 de la loi du 24 août 1790 (*) toute action principale introduite en justice doit avoir été précédée de la tentative de conciliation.

Soumises à la tentative de conciliation.

1.º *Mais les demandes en main-levée d'opposition à l'exécution des jugemens, ou des*

(*) Le mot *action* considéré *grammaticalement*, se dit de ce qu'on fait, soit ordinairement, soit extraordinairement ; à la différence du mot acte que l'on n'emploie que pour indiquer ce qu'on a fait de remarquable.

En jurisprudence il signifie le droit qu'on a de poursuivre une demande ou prétention en justice ; il désigne toute sorte de procès qu'on intente, soit en matière civile, soit en matière criminelle ; il désigne aussi les dettes actives d'une personne ; l'intérêt que l'on a dans une société de commerce, ou dans quelqu'entreprise, pour en partager les bénéfices. *V. Actionnaire.* Il n'est point de notre ressort d'examiner ce mot sous ses autres significations.

(*) L'article 49 du nouveau code de procédure contient la même disposition.

II.ᵉ Vol.   A

*actes authentiques emportant exécution parée,
sont dispensées de cette formalité.*

En effet, « la demande en main-levée de
» l'opposition formée à une saisie faite en
» exécution d'un jugement, n'est pas une
» action principale qui nécessite la citation
» au bureau de conciliation : puisque ce n'est
» qu'une suite, un accessoire de la contesta-
» tion précédente, engagée entre les parties, et
» jugée par le jugement servant de base à
» l'exécution à laquelle il a été formé oppo-
» sition. » (1)

Enfin, « la demande en main-levée de l'op-
» position formée à un commandement d'exé-
» cution en vertu d'un titre paré, n'est point
» une action principale; cette demande n'est
» en elle-même qu'un moyen de défense contre
» ladite opposition, et une suite nécessaire du
» droit d'exécution accordé aux titres parés. »

« D'où il suit, qu'en décidant qu'une de-
» mande en main-levée d'opposition ne peut
» être reçue aux tribunaux de première
» instance, faute de la formalité de concilia-
» tion préalable, les juges feraient une fausse
» application du susdit article 2 du titre 10
» de la loi du 24 août 1790. » (2)

2.º *Les mises en cause, autorisées par jugemens, par suite d'action principale à fin de libération ou garantie de l'une des parties dé-
fenderesses au procès principal, sont exemptes
de la tentative de conciliation, lorsqu'elles sont*

____

(1) *Vend. an XII.* Cass. D**ussaut**. Bul. de la Cour,
an 12, p. 29.

(2) *Fruct. an XII.* Cass. P**aris**. Jur. an 13, p. 63.
— Jour. des Aud. an 13, p. 5. — Jour. du Pal. an
13, 1. s. p. 383.

effectuées à la diligence de la partie demanderesse, (*)

En effet, « la loi d'août 1790 ne soumet à
» l'essai préalable de conciliation que les de-
» mandes principales : ainsi, lorsque comme
» dans l'espèce jugée, le demandeur ne forme
» en première instance aucune demande con-
» tre la partie mise en cause, qu'il se borne
» à effectuer cette mise en cause, parce qu'un
» jugement l'a ordonnée, et que sans y satis-
» faire il ne pourrait suivre sur sa demande;
» *en le déclarant non-recevable sur son appel*
» *interjetté du jugement rendu en première*
» *instance, sauf à lui à mieux agir*, les juges
» d'appel feraient une fausse application de
» ladite loi d'août 1790, et commettraient un
» excès de pouvoir. » (1)

3.º *Les actions intentées contre la régie*   *Contre le*
du domaine, par exemple, sur opposition à   *Domaine.*
une contrainte pour droit d'enregistrement,
doivent être portées devant le tribunal
du lieu où est situé le bureau du receveur
poursuivant.

Si l'opposant à la contrainte décernée par
la régie disait : l'article 2 du titre 14 de la
loi d'août 1790 ne déroge point au droit
commun.— Il ne faut pas conclure de l'article
64 de celle du 22 frimaire an VII qu'il y ait
attribution de jurisdiction par l'opposition à

(*) Observez que cette règle n'est que l'exposé du
fait qui a donné lieu à la décision qui suit; pour ce
qui concerne l'état positif des comparutions en *conci-*
liation, voyez ce mot, et le titre 11 de *la Nouvelle*
pratique judiciaire, ou *Guide des officiers de justice.*

(1) 17 *Pluv. an XIII.* Cass. *Veuve* POMPEY. Bul. de
la Cour, an 13, p. 193.

A 2

la contrainte. — Trouve-t-on dans le fait de celui qui a présenté son acte à un bureau d'enregistrement éloigné du sien, la renonciation expresse qu'exige la loi, pour n'être pas jugé par ses juges naturels? — Quel intérêt d'ailleurs la régie peut-elle avoir d'être jugée dans un endroit plutôt que dans un autre? N'a-t-elle pas dans l'un ou dans l'autre endroit ses préposés qui peuvent par tout la défendre? Pour en conclure que ce défaut d'intérêt doit la faire déclarer non-recevable dans sa demande en renvoi devant les juges du bureau où la contrainte aurait été décernée.

Exception à la règle ACTOR SEQUITUR FORUM REI.

On lui répondrait « les principes qui règlent » la compétence en matière d'actions person- » nelles, ne régissent point les actions inten- » tées au nom des administrations publiques » pour le paiement des contributions; et l'ar- » ticle 64 sus-énoncé contient une dérogation » formelle à la règle *ACTOR SEQUITUR FORUM* » *REI*, en obligeant le contribuable opposant » à la contrainte à élire domicile dans la » commune où siège le tribunal du lieu où » le bureau est établi. »

D'où il suit que les juges du domicile de la partie, qui se déclareraient compétens pour faire droit sur l'opposition à la contrainte, fourniraient matière à un pourvoi en réglement de juges et à l'annullation de leur décision. (1)

Lorsqu'il s'agit d'une vente

4.º *Aucune action, ayant pour objet de faire mettre en question l'effet ou l'étendue d'une adjudication faite par l'autorité administra-*

---

(1) 14 *Niv. an XI.* Rej. ISNARD. Jour. du Pal. an 11, 1. s. p. 360. — 23 *Flor. an XIII.* Réglem. de juges. *Rég. des Dom.* Jour. du Pal. 2. s. an 13, p. 403. — Jour. des Aud. an 13, S. p. 138.

tive, ne peut être poursuivie devant les auto- rités judiciaires.

C'est-à-dire, que l'adjudicataire d'une re- *de Domaines* devance foncière, devenue propriété natio- *nationaux.* nale, ne peut être traduit devant les tribu- *Redevance,* naux, par le débiteur de cette redevance, *Transfert.* pour raison d'estimation, de ventilation et *Exception.* indemnité prétendue par ce débiteur, sur la redevance dont il s'agit; non plus que sur la question de savoir, si la redevance aliénée par le gouvernement était ou n'était pas sup- primée, lors de l'aliénation, par l'effet des lois des 25 août 1792, et 17 juillet 1793.

Que, l'adjudicataire d'un domaine natio- nal ne peut être traduit devant les autorités judiciaires, par celui qui prétendrait exercer l'action en revendication de quelques objets compris dans l'adjudication faite par l'auto- rité administrative.

En effet, *au premier cas,* « l'action du dé-
» biteur de cette redevance tend à faire
» mettre en question l'étendue et l'effet de
» l'adjudication faite par l'autorité adminis-
» trative, et pourrait même servir de pré-
» texte à une demande en indemnité contre
» le gouvernement, soit de la part du dé-
» biteur, si, nonobstant les droits par lui pré-
» tendus il était privé de la réduction pro-
» portionnelle qui lui serait assurée par les
» lois, soit de la part de l'adjudicataire lui-
» même, si la réduction demandée était pro-
» noncée, quoique la redevance dont il s'agi-
» rait lui ait été adjugée en totalité. »

(Or, il est de principe (*) « bien déterminé

____

(*) Ce qui est dans cette parenthèse est extrait d'un

» par la loi du 16 fructidor an III, que les
» acquéreurs de domaines nationnaux ne peu-
» vent recourir aux tribunaux, pour les faire
» expliquer sur ce qui a été vendu par les auto-
» rités administratives; de telles discussions
» entrent d'ailleurs nécessairement dans le
» contentieux des domaines nationaux , le-
» quel est expressement attribué par la loi
» du 28 pluviôse an VIII , aux conseils de
» préfecture. »

« On opposerait envain à ce sujet que les
» parties auraient procédé volontairement de-
» vant les tribunaux, puisque les incompéten-
» ces prononcées à raison de la matière, et pui-
» sées dans l'ordre public, ne se couvrent pas. »

« Ainsi toutes demandes tendantes à mettre
» en question la validité et l'effet d'un trans-
» fert nationnal consenti en faveur d'un par-
» ticulier, *d'une redevance appartenant pré-*
» *cédemment à l'état*, *doivent être portées*
» *devant le conseil de préfecture;* puisqu'il
» résulte des dispositions sus-référées, que
» c'est à l'autorité administrative seule qu'il
» appartient de statuer sur le seul effet des
» adjudications de biens nationaux. »)

Et *au second cas*, « s'agissant de la validité
» ou invalidité de l'adjudication des choses
» revendiquées, c'est au corps administratif
» dont cette adjudication est émanée , qu'il
» appartient exclusivement de décider si elle
» est valable ou nulle. » (1)

---

arrêt de cassation du 12 février 1806, que nous rapportons, par anticipation sur notre volume pour cette
année, à cause de l'urgence sur cette matière. Il est
rapporté Jour. du Pal. an 1806, 1. s. p. 533.

(1) 11 *Pluv. an VIII. Gérard.* Bul. de la Cour, an 8,

Il y a exception aux principes ci-dessus pour le cas où la demande en revendication de la chose vendue par l'autorité administrative, serait la suite d'une opposition que le demandeur aurait formée avant la vente du même objet.

C'est-à-dire « lorsque la demande est fondée
» sur ce que le particulier réclamant la pro-
» priété *de la chose vendue* conteste celle de
» la nation. »

« Cette question sur laquelle les opinions
» se sont divisées, ne se trouve résolue d'une
» manière expresse ni directe par aucune
» loi formelle dont la contravention puisse
» autoriser un pourvoi en cassation. »

« En attendant qu'elle soit résolue d'une
» manière positive par une loi, les tribunaux
» n'ont pu et ne pourront que suivre la règle
» qui leur est tracée par l'arrêté du ci-devant
» Directoire (*); et dont l'un des principes
» est que les tribunaux judiciaires demeu-
» rent compétens pour juger de la validité
» ou invalidité des ventes faites comme biens
» nationaux, toutes les fois que l'opposition
» ou l'action de celui qui en réclame la pro-
» priété, a précédé la vente; parce qu'il serait
» impossible de concevoir qu'une vente faite
» au préjudice de cette réclamation, ait pu
» déssaisir le pouvoir judiciaire de la connais-
» sance d'une action dont il a été légalement
» saisi, et qui subsiste toujours nonobstant

---

p. 131. — 29 *Frim. an XI.* Cass. PEIFFER. Bul. de la Cour, a 11, p. 88.

(*) « Du 2 nivôse an **VI**, lequel ordonne la pu-
» blication et l'insertion au bulletin d'un rapport du mi-
» nistre de la justice sur cette matière »

» la vente, dont la validité est nécessaire-
» ment demeurée subordonnée au sort que
» doit éprouver l'action antérieurement for-
» mée. » (1) (*)

Où les com-
munes sont
intéressées.

5.º « *Le droit de poursuivre les actions qui*
» *intéressent les communes est attribué, par*
» *la loi du 29 vendémiaire an V, à un agent*
» *public :* aucune action ne peut être intentée
» contre les communes sans l'autorisation de
» l'autorité administrative supérieure. »
Conséquemment, l'action en trouble dans
la possession annuelle de faire paître des bestiaux dans une bruyère, d'y faucher l'herbe,
&c., qui serait intentée par des particuliers,
se disant fondés de pouvoirs des autres habitans et *commun peuple* du lieu, le serait ir-
régulièrement, sous tous les rapports.

En effet, lorsque, comme dans l'espèce,
« les habitans d'un pays se sont qualifiés de
» communs habitans; lorsque c'est à titre de
» droit communal que l'action en complainte
» et réintégrande est formée; cette action
» d'après les dispositions de la loi de vende-
» miaire précitée, ne peut être intentée et
» poursuivie que par un agent public, et

____

(1) 4 *Therm. an VIII.* Rej. CREUILLE. Jur. Notice.
p. 318.

(*) *Nota.* On doit observer que l'arrêt de la Cour
précité, est postérieur de cinq mois à la loi du 28 pluviôse
an VIII qui a servi de base aux principes rapportés
p. 6, et que l'un ne déroge point à l'autre.

Pour ce qui concerne le surplus des actions résultantes
des opérations des corps administratifs, *Voyez* ci devant
page 46 et suivantes du *Traité de compétence*, et les
mots indicateurs des diverses matières sur lesquelles on
désirera des renseignemens.

» avec l'autorisation préalable de l'autorité
» administrative supérieure : donc, celle qui
» l'aurait été sans aucune autorisation par
» deux habitans (ne paraissant revêtus d'au-
» cun caractère public) comme fondés de
» pouvoir des autres habitans, serait une con-
» travention manifeste à cette loi. » (1)

« L'article 8 de la loi du 28 août 1792, n'ac-
» corde aux communes *l'action en réinté-*
» *grande* qu'autant qu'elles justifient avoir
» anciennement possédé les biens qu'elles
» réclament; ce qui, d'après le texte de la
» loi précitée, ne peut s'entendre que d'une
» possession à titre de propriétaire. » (2) *V.* ci-
après *En réintégrande.*

6.º *En thèse on ne peut introduire une ac-* *Exception*
tion civile sur un fait à cause duquel il y a eu *propre à l'ac-*
une action criminelle intentée, avant que cette *tion civile.*
dernière n'ait été terminée.

Car, « s'il était prononcé sur l'action civile
» avant qu'il ait été statué définitivement sur
» l'action criminelle résultant d'une plainte
» dont il n'y aurait aucun désistement, il y
» aurait excès de pouvoir et violation de l'ar-
» ticle 8 du code des délits et des peines. » (3)

7.º *L'action civile étant poursuivie, la partie*
est censée avoir renoncé à l'action criminelle
qu'elle aurait pu exercer, pour le même fait

---

(1) 29 *Frim, an XII.* Cass. Croezer Jour. des Aud. au
13. S. p. 144. —— Bul. de la Cour, an 12, p. 97.

(2) 9 *Pluv. an XIII.* Cass. *Dame* d'Austrupe. Bul.
de la Cour, an 13, p. 173.

(3) 22 *Messid. an VII.* Cass. Peudefer. Jur. Coll.
p. 226.

qui a donné lieu à l'action civile; elle ne pourrait pas même intervenir sur l'action publique intentée d'office, pour réclamer des dommages-intérêts à son profit.

En effet, « la partie ayant pris la voie ci-
» vile, a évidemment renoncé à la voie cri-
» minelle, et aux termes de l'article 8 du
» code du 3 brumaire an IV, son interven-
» tion *dans la poursuite criminelle* n'est pas
» recevable; donc, par voie de conséquence,
» nulle condamnation ne peut être prononcée
» à son profit, contre l'accusé, par les juges
» criminels. » (1)

8.º *L'action civile est parfaitement indépendante de l'action pénale; elle ne peut en rien influer sur la décision d'une affaire criminelle.*

C'est-à-dire, « que la décision rendue sur
» une action civile entre parties privées, ne
» doit établir aucune autorité sur le régle-
» ment, soit de la compétence, soit du fond
» d'une affaire poursuivie par action publique,
» par la voie criminelle, et que l'admission
» de l'autorité de la chose jugée dans cette
» espèce introduirait une violation des règles
» générales en matière criminelle. » (1)

9.º Enfin, *on doit considérer comme* ACTION
CIVILE *toutes les exceptions de propriété opposées, par les prévenus, aux poursuites exercées contre eux par voie criminelle:* néanmoins, pour que ces exceptions puissent être

---

(1) 18 *Mess. an XII.* Cass. DESTIN. Jour. des Aud. an 12, p. 508. —— Bul. de la Cour, an 12, part. crim. p. 264.

(2) 7 *Flor. an XII.* Cass. PIERRE PASCAU. Jour. du Pal. an 12, 2. s. p. 369. —— Bul. de la Cour, an 12, part. crim. p. 170.

considérées comme action civile, « elles doi-
» vent être la matière d'une question préju-
» dicielle; il faut qu'en les supposant prou-
» vées, elles justifient les prévenus des con-
» traventions qui leurs seraient imputées. »

En fait de délits de pâturage, l'exception,
« du droit de passage dans un bois ne pour-
» rait pas justifier un prévenu de la contra-
» vention qui lui serait imputée d'avoir été
» trouvé gardant à vue une vache pâturant
» dans le même bois. » (1)

Tandis, qu'en fait d'usurpation d'un chemin, servant à l'exploitation des propriétés
voisines ou à tout autre usage public,

« L'exception de propriété du terrain, sur
» lequel il aurait été fait des constructions,
» étant proposée par le prévenu devant les
» juges de police, toute action en réparation du
» prétendu délit doit dès-lors rester suspendue,
» jusqu'à ce que la question de propriété ait
» été décidée par qui de droit. »

C'est-à-dire, « que c'est une question pré-
» judicielle, dont la décision ne peut appar-
» tenir qu'au tribunal civil. » (2) *V. au mot :
Exception.*

10.º *L'action en remploi a, sous l'empire
de l'ancienne législation et généralement, été
considérée comme action mobiliaire:* (3) l'art.
529 et suivans du code civil semblent avoir

MOBILIAIRE.
En remploi,
résultante des
contrats
de mariage.

---

(1) 28 *Niv. an XII.* Cass. *L'Insp. des forêts de l'Escaut.*
Bul. de la Cour, an 12, part. crim. p. 87.

(2) 22 et 23 *Frim. an XIII.* Cass. *VERDERINE.* Bul. de la
Cour, an 13, part. crim. p. 65 et 68.

(3) *LEBRUN,* Traité de la communauté, liv. 4, chap.
2, sect. 3, nomb. 21.

fixé la nature de cette action dans le même sens.

11.º *La loi du 17 nivôse an II, n'a point exclu l'action en remploi des propres aliénés, au profit des héritiers de l'époux décédé.*

Par exemple, *Paul* marié sous l'empire de la coutume de *Waes*, (*) avait stipulé dans son contrat de mariage qu'*au décès de l'un des époux, les biens propres suivraient le côté d'où ils seraient venus ;* il aliéne ses biens propres, et depuis la publication de la loi du 17 nivôse an II, il acquiert d'autres biens : enfin, il décéde en l'an neuf sous l'empire de la même coutume.

Les héritiers de *Paul* sont fondés à demander à sa veuve le remploi des propres aliénés.

Envain cette veuve dirait-elle, pour se soustraire au remploi demandé contre-elle : mon mari ayant aussi dit. par notre contrat de mariage, que *les meubles et les conquêts appartiendraient en pleine propriété au survivant*, la transmission des biens de mon feu mari doit être réglée par les articles 13 et 14 de la loi de nivôse sous l'empire de laquelle il est décédé, lesquels ont donné aux époux la faculté de se faire tels avantages qu'ils jugeraient à propos, s'ils n'avaient point d'enfans; par cette disposition, est abolie l'action en remploi est abolie, puisqu'il serait absurde de vouloir maintenir le moyen d'exécution d'un article prohibitif, après même que la prohibition aurait cessée d'exister, *CESSANTE CAUSA, CESSAT EFFECTUS :* et, si cette loi ne reconnaît

(*) Endroit situé dans les ci-devant Pays Bas, et qui avait sa coutume particulière.

ni acquêts ni propres, comment serait-il possible de faire le remploi de cette dernière espèce de biens.

On lui répondrait avec succès, « bien que
» votre contrat de mariage vous donne les
» meubles et conquêts immeubles comme
» survivante, comme il porte aussi que les
» propres tiendront côté et ligne, et que la
» coutume de *Waes* ordonne le remploi des
» propres aliénés sur les conquêts et choses
» partageables, en vous condamnant à faire
» le remploi des propres de votre mari, l'on
» ne violerait ni la loi des contrats, ni la
» coutume ; la loi de nivôse n'ayant dérogé
» en rien aux droits et avantages résultant
» aux époux des coutumes, statuts et usages,
» non plus qu'à ceux résultant de leur con-
» trat de mariage. » (1) *V. Avantages entre
époux ; et le mot Loi.*

12.º *L'action VENDITI et celle EX EMPTO résultantes d'une vente de droits féodaux faite
avant la suppression de la féodalité, peuvent
encore être intentées maintenant.*

C'est-à-dire, que si, en 1780, j'ai vendu, sous toute garantie, une terre consistant uniquement en droits de haute, moyenne et basse justice, droits horifiques, droits de petite régale et de chasse, et en une recevance en grains due par chaque habitant du lieu, payable moitié en ladite année, et l'autre moitié dans l'année suivante :

Si cette vente a été suivie de tradition et de prise de possession, avec jouissance des droits

______

(1) 11 *Fruct. an XIII.* Rej. GHENT. Jour. des Aud.
an 14, p. 18.

acquis; l'abolition de la féodalité prononcée en 1792, ne me prive point du bénéfice de l'action *VENDITI*, que je peux encore intenter aujourd'hui pour raison de la moitié du prix de la vente qui n'aurait point été acquittée en 1783; comme l'acquéreur serait fondé à intenter l'action *EX EMPTO*, dans le cas où des terres que je lui aurais vendues au même temps, comme de mon patrimoine, se trouveraient être domaniales, ou appartenir à d'autres personnes.

Vainement soutiendrait-on ces actions non-recevables, en disant que tous les droits féodaux utiles ou honorifiques, et par moi vendus, sont abolis, que tous les titres qui y étaient relatifs ont du être anéantis, et qu'il n'y en a aucuns qui puissent être produits, soit pour établir si l'acquéreur a la puissance ou non de l'universalité des droits utiles que je lui ai vendus et garantis, soit pour éclaircir la question de domanialité des terres, par moi vendues, ou autrement contestées, comme n'ayant point fait partie de mon patrimoine.

Il suffirait d'opposer à ces moyens, « que » les actions *VENDITI* et *EX EMPTO* ne sont » point du nombre de celles dont les lois des » 25 août 1792 et 17 juillet 1793 prononcent » l'extinction, lors même qu'elles seraient » relatives à des droits ci-devant seigneu-» riaux; que tous ces droits sont éteints du » ci-devant suzerain à son ci-devant seigneur, » et de celui-ci aux habitans de sa ci-devant » seigneurie; mais qu'aucune loi n'a entendu » dispenser celui qui a acquis un fief avant » l'extinction du régime féodal, d'en acquit-» ter le prix, ni affranchir le vendeur de » l'action en garantie qui serait fondée, ou » sur un défaut de tradition, ou sur un fait

» ayant une autre cause que l'extinction du
» régime féodal. » (1) *V. au mot : Abolition,*
pag. 8. nomb. 2.

13.º *L'action en restitution d'un titre sous seing privé, portant des conditions contraires ou explicatives de celles contenues dans un acte notarié, et confié à une partie intéressée qui refuse de le rendre, est une action purement civile personnelle.*

En restitution de titre soustrait.

C'est-à-dire qu'on ne doit point agir par voie de plainte en détournement d'un titre emportant obligation ou autres effets, comme ayant été confié gratuitement, &c.

Parce « que nonobstant que le fait d'avoir
» détourné à son profit un acte sous seing
» privé qui a été confié, et qui établit qu'une
» acquisition a été faite en commun entre
» *le dépositaire et le déposant,* soit bien, par
» sa nature un délit, d'après les dispositions
» de l'article 12 de la loi du 25 frimaire
» an VIII, qui devrait être poursuivi par
» voie de police correctionnelle ; néanmoins
» lorsque le fait du dépôt, l'existence de la
» convention et de l'acte que l'on soutient
» l'avoir établie, est contesté par le prévenu,
» qui se prévaut d'un acte notarié, et duquel
» il résulte qu'il est seul acquéreur ; alors il
» s'élève une autre question principale (le
» fait du dépôt, qui pour l'ordinaire, ne peut
» être prouvé que par témoins) qui rentre
» évidemment dans la compétence exclusive
» des tribunaux civils, et ne peut être jugée
» que conformément aux dispositions de la
» loi. »

______

(1) 20 *Janv.* 1806. Cass. *GUILLET-MOIDIER.* Jour. des Aud. an 14 et 1806. p. 184.

« En effet en agir autrement ce serait intro-
» duire, en matière de convention, la preuve
» testimoniale, dans des cas où la loi géné-
» rale la prohibe formellement. » (1)

En dommages intérêts.

14.° *L'action civile, en dommages-intérêts,*
est la seule que l'on doive intenter contre celui
qui, par ses entreprises sur une eau courante,
porte préjudice à ses voisins.

En effet, « les travaux faits pour se procurer
» un volume d'eau plus utile à un pré, en
» supposant qu'ils pussent faire quelque pré-
» judice au voisin ou à ceux ayant droit d'user
» du même cour d'eau, ne peuvent donner
» ouverture qu'à une action civile ordinaire,
» en dommage-intérêts. » (2)

15.° *La même action est aussi la seule qui*
puisse être intentée contre celui qui prend in-
duement la qualité d'imprimeur d'une personne
titrée.

Parce que sur le fond « il est constant que
» la loi du 19 juillet 1793 assure aux auteurs
» d'écrits en tout genre le droit exclusif de
» disposer de leurs ouvrages et d'en céder la
» propriété, en prohibant toute édition im-
» primée sans la permission des auteurs; on
» ne peut sans violer cette loi, contester à
» telle personne que se soit le droit de dispo-
» ser de son ouvrage, ... de choisir un im-
» primeur, et de lui conférer le droit exclu-
» sif de le vendre. »

---

(1) 12 *Messid. an XI.* Cass. ROLLIN. Bul. de la Cour,
an 11, part. crim. p. 296.

(2) 7 *Therm. an* 11. Cass. SIMON. Bul. de la Cour,
part. crim. p. 289.

Mais

Mais « la défense de prendre la qualité
» d'imprimeur de telle personne ou de telle
» autorité, ne peut donner lieu qu'à une
» action civile qui ne peut, dans aucun cas,
» être portée devant les tribunaux crimi-
» nels. » (1) à la différence de l'action en
contrefaçon desdits ouvrages pour laquelle
il faut voir au traité de compétence *pag.* 118.
nomb. 11.

16.º *En principe général, sur l'action hypo-*
thécaire, « il est incontestable, d'après le droit
» commun et d'après la jurisprudence, que
» le créancier hypothécaire est fondé à diri-
» ger ses actions contre le possesseur des biens
» affectés au paiement de sa créance. »

Par une suite du même principe, « le pos-
» sesseur de ces biens est incontestablement
» tenu, par l'effet de l'action hypothécaire,
» de payer la totalité de la créance, ou de
» délaisser les biens soumis à l'hypothéque. »

17.º *Le créancier hypothécaire d'une succes-*
sion, dans laquelle il se trouve un héritier
émigré et réprésenté par l'état, peut-il agir
pour la totalité de sa créance contre les co-
héritiers possesseurs d'une partie des biens qui
lui ont été donnés en hypothèque ? ou, lesdits
héritiers, co-partageant avec l'état, passé au
droit de l'émigré, ne sont-ils tenus des dettes
hypothécaires que dans la proportion seulement des biens dont ils ont été mis en possession ?

Cette dernière proposition se résoud néga-

Hypothé-
caire.

Lorsqu'il y a
des émigrés
intéressé.

______

(1) 29 *Therm. an XI.* Cass. *Malassis.* Bul. de la Cour,
part. crim. an 11, p. 306.

tivement et la première affirmativement, par les principes suivans :

« La nation, en se déclarant, par l'article
» 11 de la loi du 1.ᵉʳ floréal an III, débitrice
» des créanciers d'émigrés, n'a pas altéré
» l'action hypothécaire qui compète au créan-
» cier sur les biens possédés par le co-débiteur
» non émigré : au contraire, il résulte de l'ar.
» ticle 12 de ladite loi, que l'état n'a éteint
» que dans son unique intérêt l'action et la
» solidarité à raison des créances sur les
» émigrés. »

« La législation est d'autant plus positive
» sur ce point, que le conseil des anciens
» a rejetté, dans le temps, des résolutions
» qui tendaient à faire affranchir indistinc-
» tement de la solidarité les co-propriétaires
» des biens d'émigrés, les débiteurs et les
» cautions. »

« On ne peut, par conséquent, appliquer
» à des particuliers les dispositions d'une loi
» qui a eu l'intérêt exclusif de l'état pour
» objet. »

D'où il suit que le créancier d'une sem-blable succession, ou de biens possédés par indivis avec un émigré à quelque titre que se soit, peut agir par action hypothécaire contre les co-héritiers, ou co-propriétaires avec l'émigré, pour la totalité de ses préten-sions; et que les juges qui accueilleraient les prétentions contraires, fourniraient matière à la réformation de leur décision, même par voie de cassation, « pour fausse application de
» l'article 11, et violation de l'article 12 de
» la loi de floréal précitée. » (1)

---

(1) 5 *Niv. an XIII.* Cass. *Dame GOUBLAIE.* Jour. du Pal.

18.º « Aux termes de l'article 10 du titre POSSESSOIRE.
» 3 de la loi du 24 août 1790, le juge de paix
» connaît sans appel, jusqu'à la valeur de 50
» francs, des actions pour usurpations de
» terres, arbres, haies &c., commises dans
» l'année, et de toutes autres actions pos-
» sessoires. »

*Cette disposition de la loi autorise le juge de
paix à prononcer en dernier ressort, toutes les
fois que la somme demandée en dommages-
intérêts n'excède pas 50 francs;*

Pour établir le principe contraire, vainement dirait-on qu'il faut entendre la disposition de la loi en ce sens, que, pour que le
juge de paix puisse prononcer en dernier ressort, en matière possessoire, il faut que la
contestation n'ait pas pour objet de produire
dans l'intérêt des parties une différence de
plus de 50 francs; que, s'il en était autrement, la compétence en matière possessoire,
serait livrée à l'arbitraire du demandeur,
qui, toutes les fois qu'il aurait intérêt à faire
prononcer souverainement sur une action
possessoire dont la valeur excéderait de beaucoup le taux de la compétence en dernier
ressort, ne manquerait pas de demander des
dommages-intérêts qu'il fixerait à 50 francs ou
au-dessous.

Pour détruire ce raisonnement, plus spé-
cieux que solide, il suffit de consulter une
instruction annexée à la loi du 26 octobre
1790, relative à la forme de la procédure
devant les justices de paix, ou l'on trouve

---

an 13, 1. s. p. 481. —Bul. de la Cour, an 13, p. 116.
— Jur. an 13, p. 270.

B 2

une observation du législateur, sur une formule de cédule de citation, ayant pour objet
une demande en réintégrande, portant, « si
» le dommage causé à la propriété *du deman-*
» *deur* n'avait pas excédé la valeur de 50
» francs, et qu'il n'eut conclu qu'à cette
» somme, le juge de paix en aurait connu
» en dernier ressort, aux termes de l'article
» 10 du titre 3 de la loi du 16 août 1790. »

C'est dans le même sens que, lorsqu'il « s'a-
» git d'une action en usurpation d'arbres,
» intentée dans l'année, dont la valeur est
» fixée par la demande à 50 francs, le juge
» de paix doit juger en dernier ressort ; et
» qu'en déclarant l'appel de son jugement
» non-recevable, parce que la matière appar-
» tient au premier et dernier ressort, encore
» bien que ce jugement ne soit pas qualifié,
» les juges loin de violer la disposition de la
» loi, s'y conformeraient au contraire stric-
» tement. » (1)

Aux termes de l'art. 670 du code civil.   19.º *L'action possessoire relative aux haies séparatives des héritages et réputées mitoyennes, n'a point éprouvée de variation par la disposition de l'article 670 du code civil.*

C'est-à-dire que le juge de paix est demeuré compétent pour connaître des contestations qui s'élèvent à l'occasion des haies
séparatives.

La raison de le décider ainsi est « que,
» selon l'article 670 du code civil, une haie

---

(1) 20 *Therm.* et 23 *Fruc.* an *XII.* Rej. DOUTRELEAU.
Jour. des Aud. an 12, p. 61. — Jour. du Pal. an 13, 2.
s. p. 469. — Autre, après partage d'opinions; 20 *Vent.*
an *XIII.* Jour. des Aud. an 13, S. p. 95. — Jur. an 13,
S. p. 155. — Jour. du Pal. an 13, 2. s. p. 465.

» mitoyenne peut se prescrire par une posses-
» sion suffisante; conséquemment l'on peut
» posséder exclusivement une haie, et celui
» qui jouit d'une telle possession peut, s'il y
» est troublé, agir en complainte; »

« Donc, le jugement rendu en semblable
» matière par la justice de paix, et celui d'un
» tribunal civil, qui sur l'appel du premier,
» déclarerait qu'il a été compétemment jugé
» par le juge de paix, loin de violer l'article
» 670 précité, s'y conformerait parfaitement.
(1)

Voyons maintenant quels faits peuvent donner lieu à l'action possessoire dont la connaissance est exclusivement dévolue aux juges de paix.

20.º *Le fait d'un trouble, apporté à la jouis-sance de certaines eaux, donne lieu à l'action possessoire contre l'auteur du trouble.* — Pour fait de trouble. Commune.

Envain cet individu, pour décliner la compétence du juge de paix, se prévaudrait-il de la concession de la source des eaux dont il serait question, qui lui aurait été faite par le conseil municipal de la commune, et dirait-il que l'autorité judiciaire est incompétente pour changer ou modifier cette concession.

En effet, dans l'espèce, « la cause n'aurait
» évidemment pour objet que le sort d'une
» action possessoire. »

« Vainement opposerait - il la concession
» faite par le conseil municipal de la com-
» mune, et chercherait - il à établir que l'au-
» torité administrative aurait déjà prononcé;

____

(1) 8 *Vend. an XIV.* Rej. JARNAN. Jour. des Aud. an 14, p. 9.

» car cette concession n'aurait pu transférer
» à l'acceptant plus de droit que n'en avait
» la commune elle-même. »

Or, « il est incontestable que la contesta-
» tion qui aurait pu s'élever avant la conces-
» sion, sur le possessoire, entre la commune
» et le demandeur en trouble, aurait été de
» la compétence exclusive de la justice de
» paix; et par une conséquence forcée, la jus-
» tice de paix est compétente, après la con-
» cession, pour connaître de ladite contesta-
» tion, tant sous le rapport de la possession en
» elle-même que sous le rapport des innova-
» tions dont le demandeur porterait plainte. »

D'où il suit, « qu'en considérant la contes-
» tation au possessoire comme terminée ad-
» ministrativement par la concession dont il
» s'agit, et en refusant sous ce prétexte d'en
» connaître, les juges feraient une fausse ap-
» plication des lois qui défendent aux tribu-
» naux de connaître des actes d'administra-
» tion, et violeraient formellement l'article
» 10 titre 3 de la loi d'août précitée. » (1)

Pour être maintenue.   21.° *La demande en maintenue de la possession annale et jouissance d'un fossé et du ter-
rain sur lequel il est établi, avec dommages-
intérêts évalués à 100 francs, forme l'objet d'un
action possessoire, sur laquelle le juge de paix
ne doit prononcer qu'en premier ressort.*

La raison de cette règle est « que l'objet de
» cette action possessoire est indéterminé, en-
» core que les dommages-intérêts aient été
» évalués à 100 francs, puisque la partie suc-

---

(1) 15 *Prair. an XII.* Cass. *VALDEREY.* Bul. de la Cour,
an 12, p. 285.

» combante dans cette action se trouverait pri-
» vée de la possession du terrain ou fossé dont
» il s'agit, jusqu'au jugement du pétitoire. »
Conséquemment « le jugement en dernier
» ressort rendu par le juge de paix, serait
» contraire à l'article 10 ci-dessus cité. » (1)

22.° *La demande en maintenue dans la possession annale d'un droit de pâturage exclusif sur ces propres terres, rentre dans la classe
des actions possessoires.*

Si l'on proposait un déclinatoire contre la
justice de paix, fondé sur ce que lesdites terres
seraient mélangées ; et sur ce que la demande
de l'un des propriétaires, telle qu'elle est indiquée ci-dessus, tendrait à imposer sur les
terres de l'autre une servitude, ce qui consti-
tuerait une matière réelle, dont on soutien-
drait la connaissance hors de la juridiction
du juge de paix.

L'on répondrait « que l'action telle qu'elle
» est indiquée, est une action possessoire,
» qui peut et doit être portée devant le juge
» de paix, seul compétent pour en connaî-
» tre, en première instance. »

D'où il suit que les juges « en annullant
» le jugement rendu sur le fond, comme
» incompétemment rendu, violeraient la dis-
» position du même article 10 précité. » (2)

23.° *Lorsqu'un particulier est cité en police,* Résultant
pour avoir, par exemple, barré et empêché le d'un excep-

---

(1) 24 *Prair. an XII.* Cass. Mesenge. Bul. de la Cour,
an 12, p. 311.

(2) 19 *Vend. an XI.* Cass. Dumoulin. Bul. de la Cour,
an 11, p. 20.

tion proposée en jugement. passage ou chemin à talon libre sur sa propriété ; s'il conteste le droit de passage , la
contestation résultante de son exception constitue une action possessoire de la compétence du juge de paix , jugeant comme tel , et
non du juge de police.

En effet , « lorsque, dans l'espèce , le droit
» de passage sur le terrain en question est
» contesté ; dès-lors la poursuite du délit doit
» rester suspendue jusqu'à la décision de cette
» contestation par les juges civils , à qui elle
» doit être renvoyée. »

Or , « le tribunal de police confondrait et
» cumulerait des pouvoirs essentiellement dis-
» tincts, en prononçant par un seul et même
» jugement sur cette action possessoire, comme
» justice civile , et sur la poursuite du délit,
» comme justice de police. » (1)

DE SERVITUDE.
Conformé-
ment au droit
romain.
Parlement de
TOULOUSE.

23.º *Les actions de servitude peuvent être
suivies , nonobstant tout jugement portant inhibition* (*) *de l'usage de la servitude, lorsque
l'effet de ce jugement a été atténué par une
possession immémoriale , depuis qu'il a été
rendu.*

En d'autres termes , l'action de servitude
fondée sur une possession immémoriale(conformément au droit romain et à la jurisprudence
du ci-devant Parlement de Toulouse) n'a point
été interrompue par l'effet d'un jugement prohibitif de cette possession , lorsque ce juge-

---

(1) 20 *Therm. an XI.* Cass. BERNARDET. Jour. des
Aud. an 12, p. 21. —— Bul. de la Cour , an 11. part.
crim. p. 310.

(*) *Inhibition,* INHIBITIO, défense faite par la loi, ou
par le juge, de faire usage d'une chose.

ment est resté sans effet pendant plus de trente années; c'est-à-dire lorsque le prescrivant a toujours joui de la possession, nonobstant la défense portée audit jugement, de continuer à jouir de la servitude en question.

Envain dirait-on contre ces principes, que la possession du prescrivant ne pourrait remonter plus haut que la date de ce jugement, pour en tirer la conséquence que, s'il ne s'était écoulé qu'un laps de temps de 58 ans depuis qu'il aurait été rendu, cette date serait trop peu ancienne pour supposer une possession immémoriale depuis cette époque.

En effet, « par la loi 10 ff. *SI SERVIT. VIN-* » *DIC.* les servitudes peuvent s'acquérir par la » seule possession. »

« Règle générale on a pu, suivant le droit » romain, acquérir les servitudes par dix ans » entre présens, et par vingt ans entre ab- » sens; cependant, dans la jurisprudence du » parlement de Toulouse, constatée par plu- » sieurs arrêts, les servitudes discontinues ne » pouvaient s'acquérir que par la possession » immémoriale, c'est ainsi qu'on avait inter- » prété la loi 3, § 4. *de AQUA QUOT.*

« Or, dans l'espèce, le jugement portant » inhibition de l'usage de la servitude en » question, avait été attaqué par la voie de » l'appel, et supposait, par ses dispositions » mêmes, la possession du prescrivant; il n'est » donc point impossible que cette prescrip- » tion ait continué pendant le procès et de- » puis. »

De plus, « l'effet de tout jugement étant » emporté par une possession contraire de » trente ans, et le jugement étant considéré » comme non-avenu, rien n'empêche alors

» que, malgré ce jugement, le prescrivant ne
» soit de fait, par lui ou ses auteurs, en posses-
» sion immémoriale de la chose à prescrire. »

« D'où il suit qu'en rejettant la preuve qui
» serait offerte de cette possession immémo-
» riale, nonobstant et malgré le jugement,
» les juges saisis de la contestation violeraient
» en même temps les lois romaines et la ju-
» risprudence du parlement de Toulouse, et
» encore le principe constant que les juge-
» mens sont détruits par une possession con-
» traire de 30 ans. » (1)

CODE CIVIL.   25.º *Les dispositions du code civil, sur les servitudes, sont en certain cas, (*) applicables à une action intentée avant sa publication, et en vertu des lois antérieures:*

Sans succès opposerait-on à cette règle, la doctrine de *DOMAT*, livre préliminaire de son traité des lois civiles, pour établir que les affaires pendantes et indécises lorsqu'il survient de nouvelles lois, se jugent par les dispositions des lois précédentes; envain invoquerait-on la disposition de l'article 2 du code, et dirait-on: l'intention de nos législateurs a été d'exclure toute cause, tout prétexte même d'effet rétroactif de la loi; dès-lors tous les droits acquis avant la publication du code civil sont

------

(1) 5 *Flor. an XII.* Cass. *DUCREJOLS.* Jur. an 12, p. 247. —— Jour. du Pal. an 12, 2. s. p. 417. —— Bul. de la Cour, an 12, p. 243.

(*) Par exemple, si je fais des constructions qui portent obstacle à des servitudes que mon voisin prétend sur mon héritage; mais pour lesquelles il n'a point de titre portant une convention, ni aucuns signes extérieurs de servitude à m'opposer.

inviolables, et toutes les affaires nées antérieurement, doivent être jugées selon les anciennes lois; ainsi, le titre du code civil concernant les servitudes ou services fonciers, ne
peut être appliqué à l'action intentée dès le
18 vendémiaire an XII.

Car, on répondrait: « s'il n'existe à l'égard
» des biens qui font l'objet du litige, ni con-
» ventions particulières, ni signes extérieurs
» qui aient pu les soustraire à l'empire de la
» loi du 10 pluviôse an XII, concernant les
» servitudes, les juges ne peuvent commettre
» aucune contravention en jugeant conformé-
» ment à la disposition de cette loi, après sa
» publication dans le lieu de la situation des
» biens qui ont donné lieu au procès. » (1)

26.º *On ne peut poursuivre que par action* Résultante
civile celui qui dépose sur son propre terrain du voisinage.
des choses portant des exhalaisons ou des odeurs
nuisibles.

En effet, « le propriétaire d'un terrain, ne
» fait, en y déposant son fumier ou autres
» choses, qu'user d'un droit légitime, sauf à
» toutes personnes intéressées à se pourvoir
» par devant le tribunal civil, comme seul
» compétent, pour le faire condamner à en
» faire l'enlèvement, s'il en échappe des ex-
» halaisons nuisibles au voisinage. » (2) Il
existe un grand nombre d'arrêts contenant le
même principe.

2 7º *De l'action en revendication*, *il résulte* En revendication.

----

(1) *Vent. an XIII.* Cass. Menier. Bul. de la Cour,
an 13, part, crim. p. 168.

(2) 17 *Therm. an XIII.* Rej. Backer. Jour. des Aud.
an 13, p. 504. —— Jour. du Pal. an 14, p. 177.

Expropria-
tion forcée.

plusieurs conséquences forcées, du nombre desquelles est:

Le sursis de l'adjudication des immeubles affichés, et le droit d'appel réservé aux parties, sans qu'il soit besoin d'aucune demande ni réserve de leur part, lors du jugement sur la revendication.

C'est-à-dire, qu'il suffit qu'il y ait eu une action en revendication introduite avant l'adjudication d'un immeuble dont la vente forcée est poursuivie, pour que cette adjudication ne puisse avoir lieu qu'après la huitaine réservée pour le droit d'appeler du jugement rendu sur l'action en revendication; que le silence des parties lors de l'adjudication qui aurait lieu immédiatement après le jugement sur la revendication, et même leurs mises aux enchères, ne pourraient opérer contre-elles une fin de non-recevoir sur l'appel qu'elles interjetteraient du jugement rendu sur la demande en revendication après l'adjudication consommée.

Envain, dirait-on : le revendiquant ayant enchéri, depuis le jugement qui a rejetté sa demande, sur tous les bien compris en l'affiche, a par-là acquiescé à ce jugement; donc, il n'y a plus de demande en revendication qui puisse fournir matière à l'application de l'article 29 de la loi du 11 brumaire an VII, sur les expropriations forcées; et au surplus n'y ayant pas eu de sursis demandé en première instance avant l'adjudication, le défaut d'un tel sursis ne peut pas être proposé en cause d'appel, d'après l'article 23 de la même loi.

Car, un semblable raisonnement se détruit par la disposition du même article 29, « lequel » veut en termes généraux et sans exception,

» que toutes les fois qu'il y aura une revendi-
» cation, il soit sursis à l'adjudication des ob-
» jets revendiqués ; et cette volonté serait il-
» lusoire si, de suite après le rejet de la re-
» vendication par un tribunal de première
» instance, ce tribunal pouvait procéder à
» l'adjudication, au mépris de la faculté d'ap-
» peler de ce rejet, qui ne peut être exercée
» qu'après la huitaine. »

Or, « lorsqu'il y a une revendication, de
» la part de l'acquéreur par vente volontaire,
» fut il vrai que celui-ci eût acquiescé au ju-
» gement qui aurait rejetté la demande en
» revendication, il resterait toujours que la
» partie saisie a, de son chef, en sa qualité de
» garante de la vente volontaire par elle faite,
» intérêt à faire surseoir à l'adjudication,
» jusqu'à ce qu'il ait été souverainement sta-
» tué sur la revendication, ou qu'à défaut
» d'appel dans le délai légal, ce jugement ait
» acquis force de chose jugée en dernier res-
» sort. »

Enfin, « le sursis, étant prononcé par la loi
» même, il n'est point du nombre de ces for-
» malités dont l'omission doive avoir été pro-
» posée aux premiers juges, pour être pro-
» posable en cause d'appel, la demande d'un
» tel sursis se trouvant renfermée dans celle
» en revendication. » (1)

28.° *L'action en paiement des effets de com-* En matière
merce appartient à tous porteurs d'iceux, bien de commerce
que ces billets ne soient point passés à leur

---

(1) 8 *Vent. an XIII.* Cass. *Dame Simorre.* Jour. des
Aud. an 13, p. 302 —— Jour. du Pal. an 13, 2. s. p. 241.
Bul. de la Cour, an 13, p. 212.

ordre, parce que le porteur d'un billet de commerce en est censé le propriétaire.

Cette règle est puisée dans « les articles 23, » 24, 25 et suivans du titre 5 de l'édit de » 1673 portant : *les lettres de change endossées* » *appartiennent à celui du nom duquel l'ordre* » *est rempli sans qu'il soit besoin de transport* » *ni de signification :* D'où l'on doit conclure » que celui qui est porteur de billets de com- » merce est toujours censé par le fait, avoir » procuration pour en toucher le montant. » (1) *V. Effets de commerce.*

En revendication exercée par un courtier.

Valenciennes

29.° *L'action en revendication ne peut être exercée par un courtier pour raison des mar-chandises qu'ils aurait vendues et livrées au nom et pour le compte d'un marchand;* ces sortes de personnes étant sans qualité pour exercer une action qui ne compéte qu'au propriétaire desdites marchandises.

Inutilement, un courtier de Valenciennes, (*) invoquerait-il l'article 13 d'un réglement de 1762, particulier aux courtiers de cette ville, et aux termes duquel ils doivent aussi-tôt la vente des marchandises ou les termes de paiement échus, en remettre le prix aux fabriquans, pour en faire conclure que ces courtiers étant chargés par la nature de leurs fonctions, de recevoir des négocians le prix des marchandises qu'ils vendent, ils ont aussi la faculté de poursuivre en justice le paiement de ce prix. Envain, s'appuirait-il de la règle

(1) 18 *Mess. an X.* Rej. P*IANE.* Jour. du Pal. au 10, 2. s. p. 403.

(*) *Nota.* Cet exemple pris dans l'espèce de la cause jugée par l'arrêt cité ci-après, peut servir pour tous ré, glemens et pour tous autres pays.

de droit consacrée par les lois 1 et 2 ff. *DE
INSTITORIA ACTIONE*, et de la doctrine de *VOET*
dans son commentaire sur le Digeste sur les
mêmes lois et sur celle 13, §. 25. ff. *DE ACTIO-
NIBUS EMPTI ET VENDITI*, pour établir que
du contrat par lequel un courtier a vendu la
chose de son commettant, il dérive deux actions différentes pour en obtenir le prix, l'une
directe, qui ne pourrait être exercée que par le
courtier, et l'autre *utile*, dont l'exercice serait
accordée par faveur au commettant.

On opposerait à ces raisonnemens, « qu'en
» décidant que le courtier est sans qualité
» pour exercer, en son nom, des poursuites
» en justice, afin de paiement du prix et de
» revendication de marchandises vendues par
» son entremise ; les juges loin de contreve-
» nir à quelque loi, se conformeraient exacte-
» ment et justement aux principes qui régis-
» sent les pouvoirs des courtiers, et à la
» maxime suivant laquelle, en France, on ne
» peut plaider par procureur. » (1)

30.° *L'action du porteur d'une lettre de
change, contre le donneur d'aval ou l'endosseur,
est prescrite par le laps de quinze jours ;* s'il
néglige pendant ce délai de dénoncer le protêt fait contre le payeur de la lettre de change,
à défaut de paiement.

*De la
prescription.*

« Les juges en accueillant la fin de non-re-
» cevoir, proposée par l'endosseur, résultant
» de la non-poursuite par le porteur, dans la
» quinzaine de l'échéance des traites, feraient
» une juste application des articles 13 et 15

____

(1) 2 *Brum. an XIII.* Rej. *Les hérit. BOULY.* Jour. des
Aud. an 13, S. p. 39.

» du titre 5 de l'ordonnance de 1673. » (1)
V. Lettres de change, Endosseur, Aval.

EN RÉINTÉ-
GRANDE.

*Par des
communes.*
Loi du 28
août 1792.

31.° *L'action en réintégrande accordée aux
communes par l'article 8 de la loi du 28 août
1792, n'a pu et ne pourrait être exercée que
pour les choses qu'elles auraient anciennement
possédées en qualité de propriétaires*

En effet, « si des communes avaient an-
» ciennement stipulé avec leur seigneur et
» obtenu un droit de servitude de parcours
» et de glandée à titre onéreux, ou si elles
» n'avaient obtenu que des droits d'usage sur
» un bois, tant pour le chauffage, que pour
» les réparations de leurs maisons, à la charge
» du paiement des redevances, ces droits de
» servitude ainsi réclamés et ainsi obtenus,
» démontreraient à l'évidence que le ci-devant
» seigneur du lieu était reconnu propriétaire. »

« La faculté accordée à ces communes de
» mettre ledit bois en bas, et de réclamer
» des indemnités des étrangers mésusans,
» ne présenterait pour objet que l'intérêt des
» usagers ; et n'aurait porté aucune atteinte
» au droit de propriété établi par des titres
» en faveur du même ci-devant seigneur. »

« Car, *il est de principe*, que la nature des
» actes possessoires doit être déterminée d'a-
» près les titres dont ces actes émanent. »

Or, dans l'espèce, « les décisions arbitra-
» les, *rendues par des arbitres forcés, en vertu
» de ladite loi*, ou les décisions judiciaires
» qui auraient réintégré ces communes dans
» la propriété dudit bois auraient fait une

---

(1) 9 *Flor. an* X. Rej. *Les trois sections réunies.* LAUFREY.
Jour. du Pal, an 10, 2. s. p. 177.

» fausse

» fausse application de la loi citée et fourni-
» raient matière à leur cassation. » (1) (*)

En effet, les ci-devant seigneurs illégitime-
ment dépossédés par de semblables décisions
peuvent les attaquer en cassation , nonobstant
l'exécution de leur part de ces mêmes décisions.

En vain, « les communes opposeraient-elles,
» contre le pourvoi, et comme fin de non-
» recevoir, 1.º que, devant les arbitres, le
» demandeur en cassation aurait formelle-
» ment reconnu la légitimité de la demande
» en réintégrande, 2.º qu'il aurait volontai-
» rement exécuté le jugement des arbitres
» forcés, en payant les dommages-intérêts et
» les dépens.

La raison de cette règle est. « que l'opinion
» commune était en l'an II (**), que les juge-
» mens d'arbitres forcés n'étaient point sus-
» ceptibles d'être annullés par la Cour de cas-
» sation ; d'où il suit que leur exécution, qui
» remonte à cette époque, ne doit opérer
» aucune fin de non recevoir contre la de-
» mande ayant pour objet de les faire casser
» et annuller. » (2)

---

(1) 26 *Niv. an XIII.* Cass. *Hérit.* GRAMMONT. Bul. de
la Cour, an 13, p. 159 et 152.

(*) Mais comme il pourrait peut-être s'élever des doutes
sur la possibilité d'attaquer, quant à présent, de semblables décisions arbitrales, à cause de l'exécution qu'elles
auraient reçues ; nous établirons ici, par forme d'incident et comme complément de cette espèce d'action,
la légitimité du pourvoi en cassation contre ces sortes
de jugement.

(**) Il faut remarquer que cette époque est celle
de la cause jugée par la Cour.

(2) 9 *Phuv. an XIII.* Cass. *Veuve DE CHAUNE.* Bul. de
la Cour, an 13, p. 173.

II.ᵉ Vol. C

Il en est de même des communes usagères dans les forêts domaniales qui auraient été privées de leurs droits d'usage par arrêts du conseil du roi, rendus en exécution des articles 1.er et 10 du titre 20 de l'ordonnance de 1669. Elles seraient mal fondées à se croire rétablies dans leurs droits par l'article 8 précité de la loi d'août 1792.

Pour justifier cette règle il suffit d'examiner « que cet article de loi n'a réintégré les
» communes que dans la jouissance des biens
» et des droits dont elles avaient été privées
» par l'effet de la puissance féodale, et que
» l'ordonnance de 1669 (*) n'est point un effet
» de la puissance féodale, mais, au contraire
» une loi sage et de grande police, nécessitée
» par l'intérêt urgent de l'état, et dont la
» dégradation actuelle des forêts réclame im-
» périeusement l'exécution : ce serait donc
» par une fausse application de la loi de 1792,
» et une violation manifeste de l'ordonnance
» des eaux et forêts, que des arbitres auraient
» réintégré des communes dans les droits
» d'usage sur une forêt domaniale ; une Cour
» qui, sur l'appel d'un semblable jugement
» interjetté par un Préfet, confirmerait sa
» disposition partagerait les vices du premier
» jugement, fournirait matière à la cassa-
» tion de son arrêt et au renvoi des parties
» devant une autre Cour d'appel. » (1)

Enfin, « *il résulte de ladite loi d'août* 1790,
» *et des termes de celle du 10 juin 1793, art.*

(*) Cet exemple, pour l'ancienne France, doit également servir pour les pays réunis, dont les ordonnances forestières avaient des dipositions semblables.

(1) 25 *Germ. an X.* Cass. *Préfert du Jura.* Bul. de la Cour, an 10, p. 292.

» 9, *que l'esprit de ces lois a été de réprimer*
» *seulement les abus de la puissance féodale,*
» *et les usurpations ;* ainsi lorsqu'elles établis-
» sent une présomption contre les ci-devant
» seigneurs, ce ne peut être que contre ceux
» qui étaient seigneurs du territoire même
» dans lequel les communes possédaient et
» avaient pu, parconséquent, souffrir de l'abus
» de leurs prérogatives : mais point à l'égard
» de ceux qui n'ont jamais été seigneurs du
» territoire des communes, et qui ne possé-
» daient que des droits d'usage dans les bois
» communaux, et ne pouvaient par une con-
» séquence ultérieure abuser de la puissance
» féodale contre les habitans de la commune
» propriétaire. »

D'où il suit « que si un droit d'usage dans les
» bois communaux d'une commune légale-
» ment constaté avait par suite été converti,
» pour l'avantage de tous, en la propriété
» d'une portion de ce bois, à titre de can-
» tonnement; cette opération ne pourrait, tout
» au plus, donner lieu qu'à *l'action en ré-*
» *vision* indiquée en l'article 6 de la loi d'août
» 1792, si l'on était encore à temps utile pour
» la former, mais non à l'expropriation des
» usagers non seigneurs de ce bois, qui n'exer-
» çaient leur droit d'usage que comme des
» particuliers, sans puissance féodale à l'égard
» de la commune propriétaire. » (1)

32.° *L'action en réintégrande intentée par*   Emigrés.
(contre les)

____

(1) 17 *Vend. an XIII.* Cass. *Seig. de Menetey et Che-*
vigni. Jour. des Aud. an 13, p. 59. —— Jur. an 13, p.
80. —— Bul. de la Cour, an 13, p. 8. —— Jour. du Pal.
an 13, 1. s. p. 32.

*des communes , contre des personnes inscrites
sur la liste des émigrés , a dû l'être contre la
nation , en la personne du Procureur-général du
département où les biens revendiqués étaient
situés*

Parce que, » les actions à intenter sur les
» immeubles séquestrés ou sujets au séques-
» tre des émigrés , ne pouvaient être diri-
» gées que contre la nation ; d'où il suit que
» l'arrêté d'un district, non autorisé par l'ad-
» ministration centrale, et la nomination d'ar-
» bitres faite d'office par le juge de paix pour
» l'émigré, n'auraient pas suffi pour régulari-
» ser l'action intentée contre cet émigré. »
Enfin, « à compter du jour de l'approbation
» de cette nomination, la nation devait avoir
» un délai d'un mois pour produire ses dé-
» fenses. »
D'où il suit, « que le jugement arbitral qui
» aurait été rendu dès le lendemain de la
» confirmation des arbitres contiendrait une
» contravention aux lois des 12 février, 8 avril,
» 2 septembre 1792 , et à l'article 12 de celle
» du 10 juin 1793 , et fournirait motif à sa
» cassation » (1) sur le pourvoi à exercer
maintenant par le Préfet du département dans
les formes ordinaires.

DE RÉMÉRÉ.
Exercée
par un
Cessionnaire.

33.° *L'action de réméré peut être exercée
par le cessionnaire du vendeur qui s'est réservée
cette faculté ; ce principe est sans contradiction.*

« *Et l'offre du prix de la vente est la seule
» que ce cessionnaire puisse et doive faire, en*

______

(1) 15 *Messid. an* XI. **Cass.** POULTIER. Bul. de la
Cour, an 11, p. 318.

» partant du contrat de vente sous faculté de
» rachat. »

Mais si l'acheteur refuse ces offres, par le
motif qu'il lui est dû d'autres sommes par le
vendeur, en vertu d'actes postérieurs au
contrat de vente,

Cette prétention ne peut devenir juste « qu'a
» lors qu'elle est accompagnée de l'offre de
» délaisser un autre héritage, que celui vendu
» sous faculté de rachat; et c'est seulement
» lorsque l'acquéreur en fait la demande, en
» vertu d'actes passés entre lui et le vendeur,
» que le cessionnaire peut être obligé d'ajou-
» ter d'autres sommes à celle premièrement
» offerte. »

Mais au cas où le cessionnaire, n'ayant
point accepté les offres de l'acquéreur, aurait été débouté de son action de réméré,
demeurant cependant cette offre de l'acqué-
reur, le cessionnaire pourrait, pendant trente
ans, à dater de ce jugement de débouté,
poursuivre son action de réméré, en satis-
faisant aux offres de l'acquéreur. (*)

Car « l'option donnée au cessionnaire, par
» le jugement dont il s'agit, de retirer l'hé-
» ritage vendu sous faculté de rachat, en
» remboursant à l'acquéreur toutes les sommes
» par lui demandées, a soumis cet acqué-
» reur à délaisser, dans ce cas, cet autre
» héritage à l'acquéreur. »

D'où il suit : « que si l'action du cession-
» naire, *aux fins de réméré,* était valable
» dans son origine, elle a nécessairement été
» prorogée par ce jugement, et le cession-

(*) Pour cette action, *V.* les articles 1660 et suivans
du code civil.

» naire a pu, pendant trente ans, demander
» l'exécution de ce jugement, puisque ce n'était
» que du jour de ce jugement, et en exé-
» cution de ce jugement qu'il aurait pu con-
» traindre l'acquéreur à lui délaisser cet au-
» tre héritage. »

Donc, « les juges qui, dans l'espèce, au-
» raient déclaré l'action en réméré, (exercée
» par le cessionnaire, dans les trente années
» du jugement passé en force de chose ju-
» gée, tenantes les offres de l'acquéreur),
» prescrite, auraient violé la loi 3. au code
» *DE PRÆSCRIPT.*, 30 *VEL* 40 *ANN.*, et l'art.
» 5 du titre 27 de l'ordonnance de 1667. (1)

Exercée par
le vendeur.
Enregistrem.

34.° *L'action de réméré exercée par le ven-*
deur lui-même n'opère point une nouvelle mu-
tation ; au contraire, celle exercée par le
cessionnaire opère une nouvelle mutation,
et donne, parconséquent, lieu à un nouveau
droit d'enregistrement.

Envain dirait-on : la distinction établie dans
cette règle entre la faculté de réméré, exercée par le vendeur lui-même, et celle exercée
par son cessionnaire n'étant pas dans la loi,
on ne peut l'admettre ;

La loi assujettit, sans aucune distinction, au
droit de 50 centimes par cent, « les re-
» traits exercés en vertu de rémérés par actes
» publics, dans les délais stipulés, » et si
le retrait est exercé dans les délai convenu, il
n'est dû que le droit de 50 cent. par cent francs.

A ce raisonnement on répondrait : « dans
» les vrais principes, la vente à faculté de

____

(1) 28 *Flor. an XI.* Cass. *GARRIGNON.* Bul. de la Cour,
an 11, p. 266.

» réméré, est translative de propriété, et
» parfaite, quoique résoluble sous condition,
» lorsqu'en vertu de cette clause, le ven-
» deur exerce lui-même le retrait, dans le dé-
» lai fixé par la vente, l'acte par lequel
» s'opère ce retour de l'immeuble aliéné,
» dans les mains de l'ancien propriétaire,
» n'est qu'une simple résolution de la vente,
» et il n'opère aucune mutation ; mais il n'en
» est pas de même lorsque le retrait est
» exercé par un tiers, en vertu de la ces-
» sion que le vendeur lui a faite de la fa-
» culté de réméré qui lui est réservée ; dans
» ce cas la remise de l'immeuble, consentie
» en faveur de ce cessionnaire, doit opérer
» incontestablement le même effet que si le
» vendeur exerçait lui-même le retrait con-
» ventionnel, et qu'ensuite il fasse la vente
» des mêmes biens au tiers qui en est mis en
» possession ; ainsi la transmission n'est point
» faite par l'acquéreur que le retrait expro-
» prie, mais bien par le vendeur originaire,
» au nom duquel le retrait est exercé. »
   D'où il suit, « que le retrait qui est fait
» par un tiers cessionnaire de la faculté de
» réméré opère une nouvelle mutation, dont
» le prix se compose tant de la somme stipulée
» pour le prix de la cession de la faculté de
» rémérer, que de celle remboursée au pre-
» mier acquéreur, et auquel s'appliquent les
» dispositions du n.° 11, §. 2. de l'article 69
» de la loi du 22 frimaire an VII. » (1)

———————————————————————

(1) 21 *Germ. an XII.* Cass. *Rég. de l'enregist.* Jour.
du Pal. an 12, 2. s. p. 371. — Bul. de la Cour, an 12,
p. 235. — 15 *Messid. an XIII.* Rej. COCHIN *et* GUÉRY.
Jour. des Aud. an 13, p. 478.

En
RÉSILIATION.

34.º *En principe*, « l'action en résiliation
» *suppose l'acte dont il s'agit, originairement*
» *valable;* elle ne tend qu'à le priver d'effet
» à l'avenir, pour cause étrangère à son es-
» sence ou à sa forme, et survenue depuis
» sa date; » c'est ce qui la distingue de l'action en nullité. *V.* ci-après: *En nullité.*

« Une demande en résiliation est une de-
» mande principale, qui doit être introduite
» selon les formes prescrites pour les deman-
» des principales, et être caractérisée par des
» conclusions expresses. » (1)

En
RESCISION.

35.º *L'action en rescision est une action mobiliaire.*

En vain dirait-on : la demande en rescision
tend à faire rentrer le vendeur dans la propriété du bien vendu ; elle est une véritable
revendication, *TENDIT AD IMMOBILE ;* elle est
une action réelle et immobiliaire ;

Car, en thèse « l'action en rescision pour
» cause de lésion dans le prix de la vente à
» pour objet principal et direct le supplément
» du juste prix de l'immeuble vendu ; et si
» elle a pour effet de faire rentrer l'immeu-
» ble entre les mains du vendeur, ce n'est
» qu'éventuellement, au cas auquel l'acqué-
» reur aime mieux le rendre au vendeur que
» suppléer le prix, suivant l'option que la loi
» lui en accorde ; enfin, en aucun cas l'ac-
» tion en rescision ne peut être considérée
» comme une aliénation de l'immeuble qui
» en fait l'objet, puisqu'il ne dépend point
» du vendeur de priver l'acquéreur de la

(1) 8 *Pluv. an XIII.* Cass. *Sr.-Viand - Vaumoine.* Jour.
des Aud. an 13, p 273. — Jour. du Pal. an 13, 2.s. p. 161.
Bul. de la Cour, an 13, p. 163.

» faculté qu'il a de conserver en suppléant
» le juste prix. » (1)

Une des conséquences de ce principe est que *Coutume de* d'après les dispositions des art. 226 et 228 de la *Paris , art 226* ci-devant coutume de Paris (réitérées dans l'art. *et 228.* 1428 du code) le mari peut intenter seul, et sans *Code civil,* le concours de sa femme , l'action en rescision de *art. 1428.* la vente d'un héritage propre de sa femme.

Vainnement , dirait-on , contre cette conséquence de la règle précédente , l'action en
rescision doit son origine à la loi 2, C. *DE RES-
CIND. VEND.* ainsi que s'en explique *POTHIER* ,
(dans son traité du contrat de vente , n.° 331
et suivans :) l'action en rescision d'un propre
de communauté , est-elle même un propre
de même espèce ; et de même que le mari
ne pourrait seul revendiquer un de ces propres, il ne peut non plus seul, et sans le concours de sa femme , intenter l'action en rescision d'un propre de communauté.

On opposerait à ce système , « qu'en ad-
» mettant le mari à intenter et suivre en cette
» qualité la rescision de la vente d'un bien,
» faite par sa femme , et en condamnant
» l'acquéreur , par suite de cette action , à
» suppléer le juste prix, ou à délaisser cet
» immeuble , les juges ne seraient aucune-
» ment contrevenus aux articles 226 et 228
» de la coutume de Paris , qui défendaient

______

(1) 23 *Prair. an XII.* Rej. *DUPONT.* Jour. des Aud. an
12, p. 430. —— Jour. du Pal. an 12, 2. s. p. 401.—— Jur.
an 12, p. 369.

Nota. Cette doctrine est controversée par quelques Jurisconsultes , qui s'appuient de *POTHIER,* au contrat de
vente , nombre 331 et suivant.

» au mari d'aliéner les propres de sa femme
» sans le consentement de celle-ci; qu'ils se
» seraient au contraire conformés à l'esprit des
» articles précités, puisqu'ils avaient essentiel-
» lement pour objet de protéger la femme et
» de prévenir la dissipation de ses biens. » (1)

Des principes anciens et de ceux de la loi du 16 nivôse an 6.

36.° *L'action en rescision, pour cause de lésion, contre tout contrat de vente n'était plus recevable, d'après les anciennes lois, toutes les fois que, par un acte postérieur au contrat, le vendeur avait reçu un supplément de prix.*

Les mêmes principes sont applicables à l'action en rescision exercée en vertu de la loi du 16 nivôse an VI.

Ainsi, si j'ai vendu un immeuble en 1792, et qu'en l'an III, j'ai ratifié cette vente et rénoncé à toute action en rescision, moyennant un supplément de prix; les juges seraient fondés à me déclarer non-recevable dans l'action en rescision que j'aurais intentée postérieurement à l'acte de l'an III.

En vain dirais-je, pour le soutien de cette action, que la loi de nivôse an VI établissait un droit nouveau et indépendant de l'ancienne législation.

Car « les juges ne contreviendraient ni à
» l'article 5 de la loi du 16 nivôse an VI, ni
» aux autres dispositions de cette loi, ni à cel-
» les de la loi du 19 floréal suivant, en me dé-
» clarant non-recevable dans l'exercice de
» l'action en rescision, parce que ces lois
» n'admettent l'exercice de cette action que

---

(1) 23 *Prair. an XII.* Rej. DUBOUT. Jour. des Aud. an 12, p. 430. — Jour. du Pal. an 12, 2. s. p. 401.

» *dans les cas de droit*, c'est-à-dire dans les
» cas où les lois anciennes l'autorisaient. » (1)

37.° *L'action en rescision admise par la loi
du 19 floréal an VI, pour les ventes faites en
papier monnaie ; a été déclarée, par la loi du 2
floréal an VII, non applicable aux ventes et
reventes de biens nationaux ;* ce point de législation n'est susceptible d'aucun doute.

Mais les transactions, les arrangemens faits
entre parties, pour des reventes de biens
nationaux, pendant l'intervalle qui s'est écoulé
entre ces deux lois, doivent-ils avoir leur
exécution ? En d'autres termes, les transactions faites pendant ce temps, sur des actions en rescision, intentées aux termes de
la loi de floréal an VI, peuvent-elles être
attaquées de nullité, en vertu de la loi du
2 prairial an VII ? *NON.*

Si l'on disait, pour soutenir l'affirmative
de cette dernière proposition, qu'en rappro-
chant les lois précitées, il en résulte que
l'action en rescision pour cause de lésion dans
les reventes de biens nationaux n'a jamais existé ; qu'en appliquant de la sorte celle de
prairial an VII, ce n'est pas lui donner un
effet rétroactif, puisqu'aucune loi précédente
n'avait dit que les ventes de biens nationaux
étaient sujettes à l'action en rescision pour
cause de lésion. Qu'envain l'on voudrait appliquer à ces transactions la règle, qu'étant
le fruit d'une erreur de droit, elle ne peuvent
être annullées, puisque ce principe est susceptible d'exception, ou plutôt d'une distinc-

(1) 15 *Messid. an XII.* Rej. *CHALEIT.* Jour. des Aud,
an 12, p. 467.

tion qui doit être faite dans le cas particulier entre l'erreur particulière et l'erreur générale, en ce que l'erreur particulière suppose toujours une sorte d'incertitude qui motive suffisamment les transactions; que dans l'espèce il est évident que c'est par l'effet d'une erreur égale, et dans la supposition fausse d'une action qui n'existait pas, que les parties ont traité; qu'enfin, cette erreur étant reconnue, elle annulle le traité, comme étant fait sans cause.

L'on répondrait : « en réglant la manière » dont serait exercée la rescision dans les » ventes faites en papier monnaie, entre par- » ticuliers, jusqu'à la publication de la loi » du 14 fructidor an III, qui a supprimé pour » l'avenir l'action en rescision pour cause de » lésion, la loi du 19 floréal an VI n'ad- » mettait aucune exception en faveur des » acquéreurs de biens originairement na- » tionaux. »

« L'acquéreur pouvait avoir de justes craintes » que l'événement de l'expertise ordonnée par » la loi ne lui fut pas favorable ; or, lors- » que la transaction est antérieure à la loi » du 2 prairial an VII, les juges en la main- » tenant ne peuvent avoir violé cette loi. » (1)

En effet, « il est de principe qu'une tran- » saction ne peut, dans aucun cas, être » annullée, sur le motif d'une erreur de droit ; » ceci résulte des ordonnances de 1539 et » 1560, qui veulent que les transactions con- » senties de bonne-foi soient exécutées ; et » dans l'espèce, les transactions ne peuvent

---

(1) 18 *Messid.* an X. Rej. CHAUVIN. Jour du Pal. an 10, 2. s. p. 519. — Jur. an 10, S. p. 335.

» pas l'être d'avantage d'après la loi de prai-
» rial an VII, qui d'ailleurs n'a pas d'effet
» rétroactif. » (1)

38.° *L'action en rescision d'une vente ne peut généralement être intentée et poursuivie que devant les juges civils :* c'est-à-dire, que les juges criminels ne peuvent connaître de cette action. s'il n'est articulé contre la partie aucun fait particulier de dol ou de fraude.

Or, dire que des actes respirent la fraude la plus caractérisée, qu'ils ont été pratiqués à l'égard d'une personne âgée de quatre vingt ans, sourde depuis vingt-cinq ans, et infirme depuis plusieurs années; qu'il paraît constant qu'on a abusé de son grand âge et de ses infirmités, pour lui faire signer un acte, dont vraisemblablement on lui a déguisé le contenu; ce n'est point articuler des faits de dol et de fraude, et « des juges criminels qui,
» sur une semblable plainte, prononceraient
» la nullité d'un acte ainsi que de tout ce
» qui en aurait été la suite, et condamne-
» raient les parties poursuivies en des dom-
» mages-intérêts excèderaient leur pouvoir
» et contreviendraient aux règles de compé-
» tence établies par la loi. »
En effet, « les juges civils sont compétens
» pour connaître d'une action en nullité ou
» en rescision d'un engagement, fondée sur
» le dol personnel ou sur la lésion; aux ter-
» mes de l'article 1341 du code civil la preuve
» testimoniale (nécessaire pour établir les faits
» articulés ci-dessus) ne peut pas être admise

Comment cette action doit - elle être poursuivie ? Quels juges en doivent connaitre ?

---

(1) 10 *Prair. an XII.* Cass. Bouchot. Jour. du Pal. an 12, 2. s. p. 305. — Bul. de la Cour, an 12, p. 282.

» contre un acte écrit, à moins qu'il ne soit
» attaqué de dol qualifié, et par des faits cons-
» tituant un véritable délit soumis à la vin-
» dicte publique, et qui aient été la cause
» productive de l'acte. »

Ainsi, « les faits ci-dessus posés ne présen-
» tant pas les caractères de délits prévus par
» l'article 35 de la loi du 22 juillet 1791, la
» décision rendue, dans les termes ci dessus
» rapportés, par des juges criminels, serait
» cassée, sauf aux parties plaignantes à se
» pourvoir à fins civiles, ainsi qu'elles avise-
» raient. » (1)

EN NULLITÉ.   39.º *L'action en nullité « est celle qui atta-*
» *que l'acte en soi, dans sa forme ou dans son*
» *essence; c'est ce qui la distingue de l'action*
» *en résiliation. » V.* ci-devant *nomb.* 34.

C'est encore ce qui fait, qu'en cause d'appel, on ne peut substituer l'une à l'autre : la
circonstance que dans les moyens fournis à
l'appui de la demande en nullité, devant les
premiers juges, il en aurait été employé de
particuliers à la demande en résiliation, tels
que les dégradations, ou la non exploitation
d'une chose louée, &c. ne permettrait point
aux juges de convertir la demande en nullité,
en une demande en rescision.

En effet, « si la partie n'a jamais conclu à
» la résiliation de l'acte ; que devant les pre-
» miers juges, elle se soit bornée à requérir
» que cet acte fut déclaré nul et comme non-
» avenu; si le jugement de première instance

---

(1) 13 *Fruct. an XII.* Cass. *Dame* FLEUROT, BAYARD
et DOUVILLE. Jour. du Pal. an 13, 1. s. p. 342. — Jour.
des Aud. an 13, p. 21. — Bul. de la Cour, an 10, p. 516.

» a prononcé conformément à ces conclusions
» et dans ces mêmes termes, et que sur l'ap-
» pel, la partie ait requis purement et sim-
» plement l'exécution de ce jugement, cela
» ne constitue, comme en première instance,
» qu'une demande en nullité; »

Enfin, « si la partie a fait valoir des raisons
» qui soient de nature à être proposées à l'ap-
» pui d'une demande en résiliation, mais
» qu'elle ne les ait toutes fois employées que
» comme moyens propres à faire confirmer
» le jugement dont appel, les juges d'appel
» en dénaturant la cause qui leur est sou-
» mise, en transformant ces moyens en de-
» mande en résiliation, pour déclarer l'acte
» résolu, commettraient un excès de pouvoir,
» que l'erreur de la partie défenderesse, dans
» la qualification de la demande formée contre
» elle, ne pourrait couvrir, surtout si elle
» avait été rétractée. » (1)

40.° *L'action en nullité* « *subsiste pendant*
» *trente ans ;* parce que l'article 134 de l'or-
» donnance de 1539, qui restreint le délai à
» dix ans, n'est relatif qu'aux actions résci-
» soires qui n'ont rien de commun avec cel-
» les en nullité, pour lesquelles il n'était pas
» besoin de lettres de rescision lorsqu'il
» s'agissait de mineurs. » (2) *V.* l'art. 2262,
du code civil.

Péremption. Ordonnance de 1539.

41.° *L'action en nullité* « *dirigée contre une*
» *décision arbitrale, attaquée pour usurpation*

Décision arbitrale.

---

(1) 8 *Pluv. an XIII.* Cass. *VAUMOINE. V. à la note* p. 40.

(2) 3 *Mess. an IV.* Cass. *PINTHON,* Jur. notice, p. 83.

» *de pouvoirs, ne peut être intentée que par*
» *voie d'action principale et en première ins-*
» *tance ;* » (1)

Il en est de même de celle attaquée pour
cause de nullité du compromis sur les arbitres.

« En recevant l'appel interjetté d'un juge-
» ment arbitral, pour cause de nullité du
» compromis, sans que cette demande ait subi
» le premier dégré de juridiction voulu par
» la loi, les juges fourniraient matière à la
» conversion du pourvoi en cassation, en de-
» mande en réglement de juges ; sans égard
» à la décision des juges d'appel, laquelle se-
» rait déclarée nulle et comme non avenue ;
» et par suite l'affaire et les parties renvoyées
» devant un tribunal de première instance,
» pour être fait droit sur le tout, ainsi qu'il
» appartiendrait. » (2)

D'une ordon-
nance rendue
par un juge
de paix.

Code civil.

42.° *L'action en nullité d'une ordonnance,*
d'un juge de paix, rendue en matière de tutelle,
contrairement au vœu de l'article 448 du code
civil, doit être portée devant le tribunal de
première instance : mais les juges de ce tribunal, en prononçant sur cette demande, ne
peuvent y prononcer comme juges d'appel.

En effet, « le législateur en voulant, par
» l'article cité, que ces sortes de contestations
» soient portées en première instance devant le
» tribunal d'arrondissement, sauf l'appel, a in-
» terdit aux tribunaux de première instance de
» s'ériger en juges d'appel ; en le faisant, dans

____

(1) 12 *Prair. an X.* Cass. Dame BENY. Jur. an 10,
p. 316.

(2) 1.er *Frim. an XII.* Cass. GERMAIN. Jour. des Aud.
an 12, p. 147. —— Jour. du Pal. an 12, 1. s. p. 517.

» l'espèce,

» l'espèce, ils excéderaient leurs pouvoirs, et
» contreviendraient au susdit article 448 du
» code civil. » (1)

43.° *L'action en réformation des décisions* *En réforma-*
arbitrales , obtenues par des communes contre *tion des dé-*
l'etat (en fait de forêts prétendues nationa- *cisions arbi-*
les) est censée nationale; et, comme telle, peut *trales.* Introduite
subsister même après la levée du séquestre par la loi du
apposé sur les biens des émigrés, lorsque ces 28 brum. an 7.
biens sont demeurés indivis entre l'état et
l'émigré rayé , ou ses représentans.

C'est-à-dire « qu'en cas de partage de pré-
» succession , entre l'ascendant d'un émigré
» et la république, pour obtenir la levée du
» séquestre apposé sur les biens formant l'objet
» du partage; si l'action en réformation d'une
» décision arbitrale (de l'espèce ci-dessus,)
» n'a point été comprise ni dans l'état des biens
» à partager, ni dans le partage, cette action
» est nécessairement restée dans la main de la
» nation , et est restée nationale pour le tout. »
« D'après le principe que les biens séques-
» trés doivent tant que dure le séquestre,
» être réputés nationaux. » (2) *Voyez* au mot
Appel , nomb. 18.

44.° *En fait d'ACTION DANS LES SOCIÉTÉS ,* (*) DE SOCIÉTÉ
les actionnaires ne peuvent stipuler qu'ils ne de commerce.
seront pas tenus des dettes de la société.

C'est-à-dire que dans le cas de faillite d'un

____

(1) 15 *Vent. an XIII.* Cass. *SCHÆFFER ; père.* Jour.
des Aud. an 13, S. p. 98. — Bul. de la Cour, an 12, p. 230.

(2) 21 *Prair. an XIII.* Rej. *Commune de Mettou.* Jour.
du Pal. an 14, 1. s. p. 3.

(*) Résultante de l'intérêt d'un sociétaire dans une société de commerce, ou dans quelqu'entreprise, avec partage des bénéfices.

IIe *Vol.*   D

actionnaire, et de l'adjudication de ses actions, il ne peut être stipulé que l'adjudicataire entrera dans tout l'avoir de la société,
sans entrer dans aucune des dettes particulières à la charge du failli.

Les juges qui admettraient une semblable
stipulation, surtout dans les pays anciennement régis par le droit romain, contreviendraient aux dispositions des lois romaines sur
le contrat de société.

En effet, « d'après les dispositions des lois
» 67 au digeste, §. *DE SOCIET.* et 52, §. *EODEM.*
» adoptées en France, et particulièrement
» usitées dans les départemens réunis, tout
» acquéreur d'une *action de société* succède
» de droit aux bénéfices et charges de l'as-
» socié qu'il représente à l'égard des autres
» associés, quelles que soient les clauses de
» son acquisition. » (1)

Solidaire
contre les
associés.

45.° *L'action solidaire contre les associés
peut être exercée par tout porteur d'engagemens souscrit par un des sociétaires ; (bien
que la signature de cet engagement ne porterait pas l'addition des mots et compagnie)*
en justifiant, soit par des écrits, soit par des
circonstances que la cause de l'engagement
intéresse la société.

Cette règle est fondée « sur ce que l'article 7
» du titre 14 de l'ordonnance de 1673 portant :
» que les associés sont obligés solidairement,
» lorsque l'un d'eux a signé, *s'il a signé pour
» la compagnie, et non autrement,* n'a pas
» restreint la preuve que la signature a été

____

(1) 23 *Vent. an VIII.* Cass. *Société Bellevue.* Bul. de
la Cour, an 8, p. 173 — Jur. Coll. p. 287.

» donnée au nom de la compagnie, à la for-
» mule usitée parmi les négocians, qui con-
» siste à ajouter à leur nom ces mots *et com-*
» *pagnie*; et que cette disposition n'a pas
» exclu les autres preuves résultant des actes
» ou des circonstances, pour établir que celui
» qui a signé son nom seul a agi pour sa com-
» pagnie, ou que les objets fournis ont tourné
» au profit de sa société. » (1)

46.° *L'action récursoire qui appartient au porteur d'un billet non négocié, est éteinte après la quinzaine, date du protêt, expirée,* lorsqu'il n'a pas fait les diligences envers la caution pure et simple, aux termes de l'article 13 du titre 5 de l'ordonnance de 1673.

En vain, le porteur d'un semblable billet dirait-il, contre la rigueur de cette règle, qu'il faut soigneusement distinguer dans les billets ceux non négociés de ceux qui sont purs et simples; qu'en parcourant tous les articles du titre 5 précité, on est convaincu qu'il n'y est question que ... de billets à ordre négociés; mais que nulle part il ne s'agit de billets à ordre purs et simples, ce qui démontre jusqu'à l'évidence que le législateur les a laissés dans la sphère du droit commun.

Ce systême, faux dans son principe, serait rejetté et « les juges, en déclarant ce porteur » non-recevable à exercer son *action récur-* ».soire, faute d'avoir dénoncé le protêt dans » le délai de quinzaine, feraient une juste

De COMMERCE. Récursoire.

---

(1) 13 *Frim. an XIII.* Rej. P*aulée.* Jour. du Pal. an 13, 2. s. p. 129.

» application de l'article 13 du titre 5 de la
» prédite ordonnance de 1673. » (1)

EN GARANTIE   47.º *L'action en garantie conventionnelle et*
De toutes   *absolue peut être exercée pour cause de l'évic-*
évictions.   *tion de l'acquéreur procédant des vices du con-*
trat même, comme si l'un des vendeurs étant
interdit, l'on avait omis les formalités requises par la loi.

Si le garant disait, pour se soustraire à la
garantie dont il s'agit, que le respect dû à la
loi et à la morale, ne permet pas de supposer
qu'une promesse de garantie de tous troubles,
comprenne la garantie de la violation des lois
conservatrices des intérêts des mineurs et in-
terdits ; qu'en le décidant ainsi les juges n'auraient fait qu'interpréter cette clause de garantie, et que quand ils se seraient trompés sur
ce point, ce serait un mal-jugé dont la Cour
de cassation ne pourrait connaître.

On lui répondrait, « les vendeurs s'étant
» obligés solidairement à garantir l'acquéreur
» non seulement de tous dons, douaires et
» hypothèques, mais encore de tous troubles,
» évictions et autres empêchemens, cette
» clause générale et qui n'excepte rien, a
» l'effet de prévoir tous les genres d'évictions
» possibles, même celle procédant des vices
» du contrat ; cette éviction particulière doit
» d'autant moins être exceptée, que la sti-
» pulation d'une pareille garantie n'est dé-
» fendue par aucune loi, ni contraire aux
» mœurs ; enfin, aucuns juges ne peuvent
» dispenser les majeurs de l'exécution de la

______

(1) 14 *Flor.* an X. Rej. P*ARSY.* Jur. an 10, p. 283. —
Jour. du Pal. an 10, 2. s. p. 147.

» loi qu'ils se sont eux-mêmes imposée par » les contrats. »

D'où il suit que les juges qui, dans l'espèce, débouteraient le demandeur de sa demande en garantie, « contreviendraient à l'ordon- » nance de 1610 qui défend d'annuller les » contrats légalement passés entre majeurs » et fourniraient matière à la cassation de leur décision, si elle était en dernier ressort. (1) *V.* l'article 1334 du code civil. (*)

Cette action peut encore être exercée main- tenant, pour raison d'une garantie de trouble et éviction pour cause de biens féodaux vendus antérieurement à la suppression de la féodalité.

En effet « cette action reposant sur une cause » antérieure à la suppression des droits féo- » daux, les juges doivent examiner, au fond, » si l'action est bien ou mal fondée. » (2) *V.* au traité de compétence, *p.* 19. *nomb.* 17, et ci-devant *celle* EX EMPTO *nomb.* 11, *pag.* 13.

48.º *Les actions s'éteignent par la prescrip- tion;* c'est un principe général auquel toutes les actions sont soumises ; mais, chacune d'elles a des règles qui lui sont particulières, et sur lesquelles il faut consulter le mot *Pres- cription.*

La prescription est du nombre des excep- tions péremptoires ; elle peut être proposée en tout état de causes.

DE LA PRESCRIP- TION.

---

(1) 19 *Flor. an XII.* Cass. QUENTIN. Jour. des Aud. an 12, p. 442. —— Jour. du Pal. an 12, 2. s. p. 276.

(*) *Nota.* Cette action n'est point assujetti à la tenta- tive de conciliation. Art. 49 du code de procédure.

(2) 8 *Vent. an XII. POLISSE.* Cass. Jour. du Pal. an 12, S. p. 149. —— Bul. de la Cour, an 12, p. 187.

En effet, « les juges qui rejetteraient la
» prescription, sous prétexte que la partie ne
» l'aurait pas proposée *IN LIMITE LITIS*, con-
» treviendraient formellement aux disposi-
» tions de l'article 7, titre 1.er de l'ordonnance
» de 1673; (*) une pareille fin de non-recevoir
» contre la prescription n'étant non seule-
» ment établie par aucune loi, mais étant
» contraire aux règles du droit commun et
» à la jurisprudence française, d'après les-
» quelles la prescription peut être valable-
» ment opposée, en tout état de cause, jus-
» qu'au jugement définitif. » (6) *V.* l'art. 2224
du code civil; et *Péremption.*

DU DÉFAUT
DE QUALITÉ.
Divorce.

49° *Pour intenter valablement une action
il faut avoir nécessairement qualité.*

*Le défaut de qualité, survenu depuis l'ac-
tion intentée, opère une fin de non-recevoir
qui peut être prononcée en toute état de
cause.*

Si j'intente une action contre mon épouse,
« le divorce que cette dernière fera pronon-
» cer entre elle et moi, pendant le cours de
» l'instance *par moi intentée*, fera cesser *IPSO
» JURE* la qualité dans laquelle j'avais pu in-
» tenter mon action, le divorce nous ayant
» rendu entièrement étranger l'un à l'autre. »
« Cette circonstance étant survenue avant
» le jugement de ma demande *prononcé*, elle
» me rend non-recevable à le poursuivre. »
Si, avant le divorce prononcé, la cause

(*) Lorsqu'il s'agit d'affaire de commerce, comme
dans l'espèce jugée.

(1) 6 *Therm. an XII.* Cass. FRANÇOIS. Jour. du Pal.
an 12, 2. s. p. 369. —— Bul. de la Cour, an 12, p. 374.

de l'interdiction de mon épouse a été jugée en première instance et portée en appel, après le divorce prononcé, je ne suis plus habile à poursuivre le procès sur l'appel, et la cour peut valablement me déclarer non-recevable dans mes poursuites en reprise d'instance devant elle.

« En le décidant ainsi, les juges d'appel » ne violeraient ni la loi du 3 brumaire an II, » ni l'article 3 du titre 5 de l'ordonnance de » 1667 » (maintenant remplacée par le code de procédure)« ni les principes sur la non- » rétroactivité des actes, parce qu'aucune loi » ne défend aux juges d'avoir égard en tout » état de cause à des exceptions péremptoires, » nées pendant le cours de l'instance, et dont » l'effet est d'anéantir le titre de l'action, » ou de changer la qualité réciproque des » parties. » (1)

EN MATIÈRE CRIMINELLE.

1.º *En matière criminelle on distingue l'ac- tion publique et l'action privée.*

PUBLIQUE. (Action.)

« De l'article 5 de la loi du 3 brumaire an IV » il résulte que l'action publique est distincte » de l'action privée; que celle publique ayant » pour objet de punir les atteintes portées à » l'ordre social, appartient essentiellement au » peuple, et qu'elle est exercée en son nom » par des fonctionnaires publics institués à » cet effet. » (2)

---

(1) 24 *Vend. an XII.* Rej. CORBIN. Jour. des Aud. an 12. p. 90. — Jour. du Pal. an 12. 1. s. p. 195. — Jur. an 12, p. 65.

(2) 18 *Flor. an X.* Cass. FLORENCE, PERRIER. Bul. de la Cour, an 10, part. crim. p. 526

Action publiq. En principe, s'il se présentent des cas où l'on ne puisse citer aucune loi qui eût été offensée, mais qui par eux-mêmes prennent un caractère d'atrocité, l'action publique n'en existe pas moins contre les auteurs de ces atrocités, et les jugemens de condamnation rendus sur des semblables faits ne fourniraient point motif à leur cassation ;

Parce qu'en thèse, « lorsqu'il a été décidé » par les juges que les faits qui forment le » sujet de la plainte ont troublé la tranquil-» lité publique, les tribunaux sont essentiel-» lement juges de la moralité de *ces sortes* » *d'actions*, qui peuvent être poursuivies par » le ministère public, dès qu'elles se lient à » l'intérêt de l'ordre social. » (1)

2.º « *L'action publique, à laquelle donne* » *essentiellement lieu toute espèce de délit, ne* » *peut être intentée que par des fonctionnai-* » *res spécialement établis à cet effet.* »

« Il s'ensuit que *les parties civiles sont sans* » *qualité, pour s'immiscer dans l'exercice de* » *cette action, et même pour attaquer les ar-* » *rêts ou jugemens de compétence rendus sur* » *ces sortes d'actions.* »

Expliquons ceci par une figure ; je suis, par supposition en société commerciale avec *Manlius* ; celui-ci abusant de la signature sociale, souscrit plusieurs effets de commerce pour l'acquit de ses dettes personnelles ; je dissous la société et j'en passe acte devant notaire ; postérieurement à ce fait, *Manlius*

______

(1) 28 *Vend.* an X. Rej.... Jur. an 14, p. 6.

pratique la même manœuvre, et antidate
plusieurs autres effets.

Si je porte ma plainte devant le magistrat de sûreté, contre *MANLIUS* comme faussaire; et que par suite la cour criminelle spéciale déclare être incompétente pour connaître des faits exposés dans ma plainte :

Dans cet état de choses, je suis inhabile à attaquer en cassation cet arrêt de compétence, et sur mon pourvoi la Cour de cassation « par les motifs qui composent les règles » ci-dessus me déclarerait non-recevable. » (1)

3.º Mais, *le ministère public peut exercer l'action publique incidemment aux poursuites exercées par la partie civile devant le tribunal correctionnel.*

C'est-à-dire, si je poursuis *MANLIUS* par voie de police correctionnelle, comme auteur ou complice d'une banqueroute frauduleuse, et que de l'instruction du procès il résulte que *MANLIUS* soit en contravention à des réglemens de police, le ministère public peut requérir le renvoi du prévenu devant l'autorité compétente.

Les circonstances que j'aurais présenté ces contraventions à l'appui de ma plainte devant les premiers juges; et que le ministère public y aurait conclu au renvoi des fins de ma plainte; que j'y aurais conclu au renvoi de *MANLIUS* devant le Directeur du jury, pour le fait de banqueroute frauduleuse, ne pourraient autoriser une cour criminelle, à re-

____

(1) 28 *Germ. an XIII.* Cass. *IMBERT et CHATEAU.* Bul. de la Cour, an 13, p. 217. — Jour. du Pal. an 13, Coll. p. 427. — Jur. an 13, p. 314.

 fuser de statuer sur le requisitoire du Procureur général (tendant au renvoi du prévenu pour contravention aux lois de police, devant qui de droit) sous le faux prétexte que le tribunal de première instance n'aurait rien prononcé sur cette contravention.

Car, « les conclusions du Procureur impérial, ainsi que les miennes, prises devant » le tribunal correctionnel, auraient été étrangères à l'action publique résultant de la » contravention aux lois de police ; d'où il » résulterait qu'il n'aurait été exercé contre » *Manlius* aucune action publique pour la » contravention, dont il serait prévenu. »

Or, « il est de principe que les inductions » tirées par une partie plaignante à l'appui » d'une action civile, ne peuvent être regardées comme établissant l'exercice de l'action publique à laquelle tout délit donne » essentiellement lieu ; ainsi l'action publique » pour la contravention, n'ayant aucunement » été réglée par les juges correctionnels, et » l'exercice en étant ouvert au ministère public, la cour criminelle commettrait un excès » de pouvoir en refusant de statuer sur les susdites requisitions du Procureur-général. » (1)

« Enfin, l'action pénale une fois intentée, » une fois les tribunaux saisis légalement de » cette action, il ne dépend plus du ministère public de la rendre illusoire par des » conclusions qu'il croirait devoir donner à » décharge du prévenu. » (2) *V.* au traité de compétence, *p.* 160, *nomb.* 56.

____

(1) 13 *Brum. an XI.* Cass. *Proc. imp. près le trib. de la Seine.* Bul. de la Cour, part. crim. p. 45.

(2) 14 *Pluv. an XII.* Cass. d'office. Jour. du Pal. an

4.° « *L'action criminelle contre un délit de*
» *suppression d'état, ne peut commencer qu'à-*
» *près le jugement définitif, à rendre au civil*
» *sur la question d'état.* » (1)

V. les faits posés, et les principes rapportés pour le développement de cette règle; au traité de compétence. *p.* 130, *nomb.* 25; et, aux mots : *Actes* et *Etat civil.*

5.° *L'action publique, qui accompagne toujours l'action privée, est nulle, si cette dernière est sans objet.*

C'est-à-dire, qu'une partie qui, après avoir obtenue par action civile tout ce qu'elle avait droit de prétendre, formerait plainte contre la même partie, pour le même objet, ne fournirait point matière à l'exercice de l'action publique.

En effet, « l'action du ministère public, qui
» suit la plainte d'une partie privée, ne peut
» être considérée que comme un accessoire
» de l'action intentée par cette partie, et
» commencée par ladite plainte; or, celle-ci
» étant nulle par défaut d'objet, celle qui n'en
» est que l'accessoire ne peut pas l'être moins,
» suivant cette règle de droit, que l'acces-
» soire ne peut exister sans le principal. » (2)

6.° *L'action intentée devant les juges civils, et par eux réjettée, ne peut être réitérée devant les juges criminels, s'il n'est avancé aucun fait constitutif d'un délit.*

Par exemple, si j'ai formé une demande

12, 2. s. p. 246. — Jour. des Aud. an 12, p. 250.
— Bul. de la Cour, an 12, p. 94.

(1) 20 *Prair. an XII.* Rej.

(2) 11 *Frim. an XI.* Cass. Mollard. Bul. de la Cour, an 11, p. 76.

Actionpubliq. en restitution de dépôt volontaire, effectué dans un moment où j'étais menacé d'une saisie exécution, et que les juges civils m'aient débouté de ma demande ; je ne peux porter plainte contre la même personne, devant les juges criminels, qu'en articulant des faits constitutifs d'un délit ; encore que la partie ait fait, devant les juges civils, des déclarations avantageuses à l'action criminelle.

En effet, « m'étant pourvu d'abord par la
» voie civile en restitution du dépôt dont il
» s'agit, si ce n'est que sur une déclaration
» passée devant le tribunal civil, et qui ne
» peut y être divisée, que j'ai fondé ma
» plainte en police correctionnelle ; il en ré-
» sulte que je n'y exerce qu'une action ayant
» indentiquement le même objet que celle
» jugée au civil ; or, si je n'articule aucun
» fait constitutif d'un délit, autre que la non-
» restitution du dépôt civilement réclamé,
» il y aurait excès de pouvoir de la part
» des juges criminels qui admettraient ma
» plainte. » (1) *Voyez* le mot *Aveu.*

7.° *Le résultat d'une action jugée civilement ne peut avoir aucun effet sur l'action publique.*

C'est-à-dire, lorsque par suite de faux in-cident les juges civils ont déclaré une pièce fausse, cette déclaration ne peut servir de base aux juges criminels prononçant à charge de l'auteur du faux.

Cette règle se justifie par le principe « qu'en
» toute affaire criminelle, la loi prescrit aux
» juges de vérifier personnellement, d'abord

----

(1) 3 *Flor. an* X. Cass. *Bompart.* Bul. de la Cour, an 10, part. crim. p. 302. — Jour. du Pal. Coll. an 13 p. 345.

» la matérialité du fait , puis l'application *Action publiq.*
» du fait à l'accusé , et que l'autorité de la
» chose jugée ne peut être invoquée que
» lorsque les jugemens ont été rendus en-
» tre les mêmes parties et sur la même action. »

« D'où il suit que le jugement des juges
» civils, rendu sur une action civile, (celle
» relative à un faux incident) entre parties
» privées , ne doit établir aucune autorité
» sur le réglement , soit de la compétence ,
» soit du fond d'une affaire poursuivie par
» action publique. » (1)

8.º *De même la décision rendue sur une* RÈGLES
action criminelle ne doit point préjuger une GÉNÉRALES.
action civile.

Par exemple , s'il s'agissait d'une action criminelle à cause de la soustraction d'une partie
indéterminée d'effets appartenans à une société , les juges criminels ne pourraient valablement condamner le prévenu à restituer
la totalité des effets mis en société.

En effet , « sous le rapport de l'action crimi-
» nelle , la réparation du dommage que le dé-
» lit a causé ne peut consister que dans la res-
» titution de la valeur des objets soustraits et
» dans les dommages-intérêts ; donc en éten-
» dant la restitution à la totalité des choses
» mises en société , sans ajouter aucune réserve
» pour le cas où , par l'événement des comptes
» de la société , il serait reconnu que le plai-
» gnant ne peut répéter la totalité des choses
» mises en société , les juges criminels *préjuge-*

____

(1) 7 *Flor. an XII.* Cass. PASCAU. Jour. des Aud. an 12,
p. 360. — Jour. du Pal. an 12, 2. s. p. 369. —Bul. de la
Cour, an 12, p. 170.

Règles génér. » *raient une action civile indépendante de celle*
» *introduite devant eux, et commettraient un*
» *excès de pouvoir.* » (1)

9.º Mais, *l'action criminelle vainement ten-tée, n'empêche pas que le même fait puisse devenir l'objet d'une action civile.*

C'est à dire, que des juges criminels, après avoir déclaré le prévenu ou l'accusé acquitté de l'action criminelle contre lui dirigée, peuvent renvoyer les parties à fins civiles, pour raison des dommages-intérêts résultant du fait sur lequel l'accusé a été acquitté.

Si l'acquitté, poursuivi civilement en dommages-intérêts pour le même fait sur lequel il aurait été acquitté de l'action criminelle, disait : par une déclaration du jury, suivie d'un jugement criminel, tout est fini ; les lois romaines, l'ordonnance de 1667 et la loi du 3 brumaire an IV s'opposent invinciblement à l'exhumation et au renouvellement du procès terminé.

La même question ne peut être agitée deux fois entre les mêmes parties, encore bien que ce soit par une action différente et devant d'autres juges.

Les lois 3, 5 et 7 au Digeste DE EXCEP-TIONE REI JUDICATÆ, sont positives ; et l'article 5 du titre 27, ainsi que l'article 2 du titre 18 de l'ordonnance de 1667, modifiés par la nouvelle organisation des cours criminelles, ne sont pas moins formels.

S'il ajoutait : l'article 426 du code pose pour maxime fondamentale de notre droit criminel :

---

(1) 22 *Niv. an XII.* Cass. WENTZEL. Jour. des Aud. an 12, p. 214.

qu'on ne peut être recherché deux fois pour Règles génér.
le même fait. Donc, si l'on ne peut plus
être poursuivi ni puni pour le fait qui a servi
de base à l'accusation dont on a été acquitté,
on ne peut non plus, sous le prétexte de
cette accusation condamnée et rejettée, être
passible de dommages-intérêts, puisque les
dommages intérêts sont l'accessoire et la suite
de l'accusation.

Enfin, s'il terminait par cette apostrophe
aux juges : Puis-je être innocent et coupable ?
peut-on m'infliger une peine quand je suis com-
plettement disculpé ?

Peut-on me condamner à des dommages-
intérêts quand on juge qu'il n'y a ni tort,
ni dommages ?

On lui répondrait : « à la vérité l'article
» 426 du code des délits et des peines porte
» que : *tout individu acquitté ne peut être*
» *repris ni accusé pour raison du même fait ;*
» cette disposition est uniquement relative
» à l'action criminelle, ce qui résulte de
» ces expressions, *repris ni accusé*, ainsi en-
» tièrement étrangères aux actions civiles,
» elle ne peut pas leur être appliquée. »

« Il est certain que l'acquittement d'un
» prévenu ne met pas la partie plaignante
» dans l'impossibilité de demander ensuite les
» mêmes restitutions ou dommages - intérêts
» par action civile ; que la loi autorise les
» juges criminels à renvoyer à fin civile,
» lorsque n'ayant pas trouvé de charges suffi-
» santes pour condamner le prévenu à des
» peines, ils ont néanmoins la conviction qu'il
» est passible de restitutions ou dommages-
» intérêts ; telle est la disposition de l'article 2
» du titre 18 de l'ordonnance de 1667. »

Règles génér. (1) C'est aussi celle des articles 1382 et 1383 du code civil.

Enfin, « d'après la disposition de l'article 8
» du code du 3 brumaire an IV, lorsque
» l'action publique a été éteinte par la dé-
» claration négative du jury d'accusation,
» l'action civile, à raison du dommage souffert
» à cause du crime n'a pu concourir avec
» l'action publique ; or, si la partie lésée
» veut ensuite intenter l'action en dommage,
» cette action doit nécessairement rentrer dans
» la connaissance ordinaire des tribunaux
» civils, et parconséquent, les tribunaux cor-
» rectionnels et criminels sont incompétens
» pour en connaître. » (2)

10.º *L'action criminelle étant intentée, même
par la partie publique, elle suspend les effets
de l'action civile qui auraient été introduite
pour le même fait.*

En effet, « l'article 8 du code du 3 bru-
» maire an IV impose à la partie privée l'obli-
» gation d'attendre qu'il ait été statué sur
» l'action publique, pour reprendre devant
» les juges civils la suite de son action pri-
» vée, qui s'est trouvée suspendue par l'exer-
» cice de l'action publique. » (3) *V. ci-devant* Action civile *nomb.* 8.

11.º Mais « *l'action criminelle se trouve elle-*

---

(1) 17 *Niv. an XIII.* Rej. Antoine Gros. Jour. des
And. an 13, p. 285. —— Jur. an 13, p. 205. —— Jour. du
Pal. Coll. an 13, p. 345.

(2) 21 *Therm. an VII.* Cass. Cordey. Jur. notice,
p. 236.

(3) 18 *Messid. an XII.* Cass. Destin. Jour. des Aud.
an 12, p. 508. —— Bul. de la Cour, an 12, p. 264.

» *même*

même suspendue lorsque le prévenu excipe Règles génér.
de la propriété de l'objet qui fait celui du délit.

C'est-à-dire, que s'il s'agit d'un délit résultant de l'usurpation d'un chemin, et que le prévenu oppose pour défense que le terrain dont il s'agit est sa propriété privée, « les ju-
» ges de l'action pénale ne peuvent que sus-
» pendre l'action exercée en réparation du
» délit, jusqu'à ce que la question de pro-
» priété, dont ils ne peuvent connaître, ait été
» décidée par qui de droit. » (1) Car, d'une
« semblable défense, il résulte une question
» préjudicielle, dont la décision ne peut appar-
» tenir qu'au tribunal civil ; Or, des juges de
» police ne pourraient prévenir le jugement
» légal de cette question, et la résoudre eux-
» mêmes, en déclarant le prévenu coupable
» de dégradation et d'usurpation du terrain
» contentieux , et le condamner enconsé-
» quence, sans commettre un excès évident
» de pouvoir ; » (2) toute action en réparation
» de prétendu délit, devant dès-lors rester
» suspendue jusqu'à ce que la question de pro-
» priété ait été décidée par qui de droit. » (3)
Si « dans l'espèce, le délit, ou du moins
» prétendu tel, avait été constaté par un pro-
» cès-verbal, comme ayant été commis dans
» une rue publique, et que le prévenu sou-
» tienne que le lieu indiqué n'est ni une rue

______

(1) 26 *Frim. an XI.* Cass. LOCHÉ. Bul. de la Cour, an
11, p. 97.

(2) 22 *Frim. an XIII.* Cass. VERDERINE. Bul. de la
Cour, an 13, p. 65.

(3) 23 *Frim. an XIII.* Cass. DÉSIRÉ BERGER. Bul. de
la Cour, an 13, p. 70. —— Et une foule d'autres arrêts
rendus dans le même esprit.

II.ᵉ Vol.   E

Règles génér. » ni une voie publique ; mais, qu'il est une
» propriété particulière, commune entre lui et
» les propriétaires des autres maisons formant
» avec la sienne un cul de sac, et qu'il dé-
» cline la juridiction des juges de police, en
» demandant son renvoi devant les tribu-
» naux compétens. »

« La qualification de petite rue donnée à
» ce cul de sac par l'officier de police admi-
» nistrative, dans son procès-verbal, ne pour-
» rait pas détruire l'exception du prévenu,
» et justifier le refus du déclinatoire par lui
» proposé. » (1) *V. Exception de propriété*, où
ce principe est plus amplement développé.

12.° *Pour que l'action criminelle doive être
suspendue par l'exception de propriété, il faut
que l'existence du fait posé par le prévenu,
dans sa défense, soit de nature à le justifier de
tout délit.*

Par exemple, s'il s'agissait d'un délit de
paturage à garde faite dans une forêt nationale, en vain le prévenu exciperait-il du droit
de passage dans cette forêt, et produirait-il,
à l'appui de cette assertion, un certificat du
maire de sa commune ; une semblable exception ne pourrait servir de prétexte pour suspendre l'action du délit.

En effet, « le droit de passer avec ses bes-
» tiaux par un chemin dans cette forêt, ne
» pourrait être la matière d'une question pré-
» judicielle, qu'autant qu'en le supposant
» prouvé, il justifirait le prévenu de la con-
» travention qui lui serait imputée ; tandis

______

(1) 16 *Vent. an XIII.* Cass. *Labrousse.* Bul. de la
Cour, an 13, p. 179.

» que, dans l'espèce, le procès-verbal du *Règles génér.*
» garde-forestier constatant qu'une bête a été
» trouvée en délit dans la forêt, dont il s'agit
» et gardée par une personne, il en résulte
» l'espèce de contravention prévue et punie
» par l'article 10 du titre 32 de l'ordonnance
» de 1669, et que le droit de passage dans
» cette forêt ne pourrait justifier. » (1)

13.º En thèse, *l'action criminelle peut être intentée pour cause de contravention aux contrats passés entre parties privées.*

Ainsi, si les faits, qui constituent la contravention, «présentent par eux-mêmes le fait
» d'un délit, indépendant de toute contestation civile, dont le jugement ne dépende
» que de la preuve matérielle qui en doit
» être produite, dès-lors, l'action est évidemment soumise à la juridiction criminelle, correctionnelle, ou de police; suivant l'espèce
» du délit. »

« Mais, il ne peut en être de même de
» l'action intentée, pour cause de prétendu
» délit, en vertu des clauses d'un contrat qui
» renfermant des conventions et des charges
» réciproques, peut donner lieu à des doutes
» et à des différens sur son exécution. »

» Lorsqu'il s'élève des contestations sur les
» droits que la partie prévenue de délit prétend faire dériver de son acte, le délit dont
» elle peut être accusée dépend essentiellement
» de la question, si le fait sur lequel la plainte
» est fondée, est ou n'est pas légitime d'après

---

(1) 28 *Niv. an XII. Inspect. des forêts de l'Escaut.* Jour. des Aud. an 12, p. 606. — Bul. de la Cour, an 12, p. 87.

Règles génér. » les clauses et les conventions de l'acte; or,
» cette question préjudicielle ayant pour ob-
» jet l'interprêtation d'un contrat et la fixa-
» tion des droits pouvant en résulter, est es-
» sentiellement civile, et conséquemment hors
» du domaine des juges criminels; ce n'est,
» *comme dans le cas précédent*, que par le ré-
» sultat de l'examen des juges civils et de leur
» décision, que peut être fixé le fait du délit,
» et ce n'est qu'alors que ce fait, ainsi dé-
» terminé, peut devenir l'objet d'une pour-
» suite criminelle; » (1) conséquemment l'action relative à la poursuite du délit doit rester suspendue jusqu'à la décision des juges
civils sur l'interprêtation du contrat.

Des principes ci-devant rapportés il demeure constant que dès-lors qu'il « s'éleve une
» question sur la propriété, incidemment à la
» demande en réparation d'un prétendu dé-
» lit, cette question devient nécessairement
» préjudicielle, et comme telle, doit être ren-
» voyée aux tribunaux civils, *ou en certains*
» *cas à d'autres autorités*, toute chose d'ail-
» leurs demeurant *en état.* » (*)
  « Enconséquence, aussitôt que le défendeur

---

(1) 2 *Messid. an XIII.* Cass. *PARENT LA GARRENNE.*
Jour. des Aud. an 13, p. 413. —— Jour. du Pal. an 14,
1. s. p. 217. —— Bul. de la Cour, an 13, p. 286.

(*) *En état*, expression admise au bareau, et par
laquelle on entend que les choses, (c'est-à-dire, dans
l'espèce, la procédure,) resteront dans l'état où elles
se trouvent.

Nota. Nos dictionnaires ne nous ont point donné de
renseignemens sur cette expression; il est cependant
vraisemblable qu'elle peut avoir pris son origine du mot
latin STATOR, dont M. l'abé d'OLIVET et le père DANET
ont fait *Stateur.*

» actionné (comme dans la première espèce *Règles génér.*
rapportée ci-dessus) « en réparation d'un dé-
» lit rural, se prétend propriétaire du terrain
» contentieux, les juges criminels ne peuvent
» faire droit à la demande, sans que préala-
» blement il ait été décidé au civil, si réelle-
» ment ledit terrain est la propriété du dé-
» fendeur ; »

Enfin, si en laissant à l'écart la question
de propriété, « les juges criminels condam-
» naient le défendeur comme délinquant, et
» lui appliquaient les dispositions des lois pé-
» nales, ils commettraient un excès de pou-
» voir évident, » et fourniraient motif à la
cassation de leur décision. (1)

14.° *L'action publique s'éteint par le défaut* *Comme l'ac-*
d'appel dans le délai utile, soit de la part de *tion publique*
la partie publique, soit de la part de la partie *s'éteint.*
privée et intéressée.

Par exemple, « si le ministère public ne se
» rend point appelant du jugement de pre-
» mière instance qui acquitte le prévenu,
» l'appel de la partie plaignante ne présente
» à juger que la question relative à ses
» intérêts civils ; et les juges criminels qui
» appliqueraient d'office contre le prévenu
» les peines portées par la loi, feraient revi-
» vre l'action publique, éteinte par le silence
» du ministère public : cette disposition con-
» tiendrait un excès de pouvoir et une con-
» travention formelle aux articles 5, 8, 192,
» 193, 194, 195 et à la sixième disposition de
» l'art. 456 de la loi du 3 brumaire an IV,

____

(1) 14 *Germ. an XIII.* Cass. d'office. Bul. de la Cour»
an 13, p. 208.

 » fournirait matière à sa cassation et au ren-
» vois des parties et de la procédure devant
» d'autres juges criminels, pour être statué
» par nouveau jugement sur l'appel de la
» partie privée. » (1)

Les mêmes principes s'appliquent au cas
« où les juges correctionnels auraient con-
» formément aux conclusions du Procureur-
» impérial, renvoyé les parties devant les ju-
» ges civils; » (2) ainsi qu'au cas où les juges,
statuant sur l'appel de la partie privée, « an-
» nulleraient sur le tout et indéfiniment le
» jugement dont il aurait été interjetté ap-
» pel. » (3)

15.° *L'action publique est également éteinte
par le fait d'un appel déclaré non-recevable:
ou lorsque le prévenu a été déclaré absous de
l'avis du ministère public.*

« En principe, lorsque les juges ont déclaré
» un appel non-recevable, là cesse leur pou-
» voir relativement au fond de l'affaire. »

« Ainsi, lorsque par l'effet d'une fin de non-
» recevoir proposée et admise, les juges ont
» déclaré, en conformité de la loi, le minis-
» tère public déchu de l'appel qu'il avait émis
» d'un jugement rendu correctionnellement,
» en se permettant d'annuller ledit jugement
» pour prétendus vices de forme, et de ren-
» voyer devant un autre tribunal pour le
» procès être recommencé, quoique par la

---

(1) 18 *Flor. an* X. Cass. Florence, Perriere. Bul.
de la Cour, an 10, p. 326.

(2) *Idem.* p. 339.

(3) 23 *Flor. an* X. Cass. Tardif. Bul. de la Cour,
an 10, p. 337.

» fin de non-recevoir accueillie il soit irré- *Règles génér.*
» vocablement terminé ils, commettent un
» excès de pouvoir. » (1)

Il en est de même « lorsqu'un tribunal dé-
» charge le prévenu des fins de l'action pu-
» blique, si le jugement a été rendu conformé-
» ment aux conclusions du ministère public,
» et qu'il n'en ait point été interjetté d'appel
» par le fonctionnaire chargé de l'exercice
» de cette action (le proc. génér. près la cour
» criminelle); l'appel émis par la partie plai-
» gnante ne pouvant avoir trait qu'à l'action
» civile lui compétant; »

» Les juges en annullant, sur l'appel seul de
» cette partie du jugement correctionnel, le
» tout et indéfiniment, commettraient un ex-
» cés de pouvoir, et contreviendraient aux
» distinctions énoncées dans les articles 5 et 8
» du code des délits et des peines, » (2) sur
la poursuite des actions publique et privée.
V. au mot *Appel.*

16.º *L'action de vol ne peut être exercée par* Domestique.
l'un des époux à charge de l'autre: elle ne peut (a)
l'être, dans le cas du silence de l'époux, par le *Vol par l'un*
ministère public. *des époux*
envers l'autre.
En vain dirait-on: pour le soutien du principe
contraire, en faveur de l'action publique,
que le ministère public ne doit considérer que

____

(1) 12 *Pluv.* an XIII. Cass. Monin *et* Vigier. Bul.
de la Cour, an 10, p. 120.

(2) 27 *Niv.* an X. Cass. Jour. du Pal. an 10, 1. s. p.
525 — Bul. de la Cour, an 10, p. 160.

(a) C'est-à-dire, des cas où les faits qui se passent
dans l'intérieur des familles, peuvent donner lieu à l'action publique.

la repression des délits ; et, que les lois nouvelles ne faisant aucunes distinctions, mais
dérogeant par des dispositions expresses aux
lois anciennes, il y aurait contravention aux
lois nouvelles de la part du juge qui refuserait
de poursuivre un pareil fait sur la dénonciation du ministère public.

On opposerait à ce système, « que le si-
» lence du ministère public, dans le cas dont
» il s'agit, est commandé par des considéra-
» tions morales, par le respect dû aux liens
» du mariage, dont les principes sont expri-
» més dans les lois 17 et 22 au code *DE FURTO*
» et dans la loi 1.ere au digeste, *DE ACTIONE*
» *RERUM AMOTARUM.* Que ces principes fon-
» dés sur la nature du fait lui-même et sur
» l'honneur du mariage repoussent également
» et l'action publique et l'action privée. »(1)

Mauvais trai-
temens d'un
époux envers
l'autre.

17.º *Les mauvais traitemens exercés par un*
époux envers l'autre rendent le premier jus-
ticiable des tribunaux, lorsqu'il y a eu scan-
dal public.

En vain, l'époux qui aurait exercé les mauvais traitemens, dirait-il pour se soustraire
à l'action de la justice : que du texte de la
loi pénale il résulte, qu'elle ne s'applique
qu'aux mauvais traitemens exercés sur des
citoyens; d'où la conséquence qu'elle est exclusive des personnes confondues dans une
union constante, placées sous la puissance
l'une de l'autre.

Il suffit, pour que l'époux soit justiciable
des tribunaux, « que les juges aient décidé

---

(1) 6 *Pluv. an* X. Rej. Jour. du Pal. an 10, 1. s. p. 477.
— Jur. an 13, p. 10. — Quest. de Droit, au mot *Vol.*

» que les faits qui forment le sujet de la
» plainte du ministère public ont troublé la
» tranquillité publique : parce que les tribu-
» naux sont essentiellement juges de la mo-
» ralité de ces sortes d'actions, qui peuvent
» être poursuivies par le ministère public. » (1)

18 ° *La soustraction de deniers par un fils envers son père ou sa mère donne lieu à l'action publique criminelle.*

Vainement le fils accusé dirait-il : nos lois (art. 15, 16 et 17 tit. 10 de celle du 24 août 1790) ont investi les père et mère d'une magistrature domestique, en vertu de laquelle ils peuvent infliger à leurs enfans des peines correctionnelles, et invoquerait-il la doctrine de *VOUGLANS*, livre 3 tit. 6.; ainsi que la loi 13 cod. ff. *DE HIS QUI ACCUSARE NON POSSUNT.*

« Parce que les lois nouvelles, sur la ma-
» tière, n'ont point dérogé à la loi 14, titre
» 1.er livre 9 au Digeste *DE HIS QUI NON ACCU-*
» *SARE POSSUNT*, qui autorise la mère à porter
» plainte contre ses enfans, lorsqu'elle ne
» trouve pas dans sa tendresse pour eux d'ex-
» cuse aux délits dont ils se sont rendus cou-
» pables. »

D'où il suit « que l'article 35 titre 2 de la
» loi du 22 juillet 1791, peut bien être appli-
» quée au genre de délit dont il s'agit; lors-
» que les juges ont reconnu clairement que
» la soustraction de deniers a eu lieu en ins-
» pirant, par le fils au père ou à la mère,

Soustraction de denier par un fils envers ses père et mère. (a)

---

(1) 28 *Vent. an XII.* Rej. d'office. Jur. an 14, p. 5. — Quest. de Droit, au mot *Vol.*

(a) *Nota.* Il y a connexité entre cet article et le suivant pour les principes; ils ont été extrait du même arrêt.

» des craintes chimériques et en abusant de sa
» crédulité. »

SPOLIATION
*d'une succes-
sion par l'un
des enfans
du défunt.*

19.° *Un héritier ne pourrait poursuivre par la
voie criminelle son co-héritier, qui aurait spolié
l'hoirie du défunt.* (*)

La raison de la différence est « que celui-ci
» (le co-héritier) a un droit acquis à la chose
» qu'il a spoliée, et que l'on ne peut réelle-
» ment dire qu'il a commis un véritable vol,
» à la différence du cas précédent où il s'agit
» d'un droit éventuel; ou, ce qui revient au
» même, quand la soustraction a eu lieu
» avant la mort de celui dont les effets ont
» été spoliés, par la raison que ce dernier,
» jusqu'à son décès, est le seul, le véritable,
» et l'incontestable propriétaire desdites cho-
» ses. » (1)

*Exceptions
aux règles ci-
dessus.*

20.° *Le complice d'un vol commis, par un
époux envers l'autre, est passible des poursuites criminelles.*

La circonstance « que le mari serait pro-
» priétaire des meubles et conquêts de sa
» femme, (lesquels, pendant une demande en
» séparation de la part de la femme, il aurait
» dégradés méchamment) pourrait bien, eu
» égard à sa qualité de mari, écarter l'idée
» d'un délit de sa part, et le mettre à l'abri
» des poursuites criminelles, à cause de l'hon-
» neur du mariage; mais, ses complices n'en

(*) *Spolié*, terme de palais; ôter le bien, les héritages à quelqu'un,

L'hoirie, *idem*, c'est une succession en ligne directe
descendante, et aussi le droit de succéder.

(1) 10 *Pluv. an* X. Rej. PLISSON. Jur. an 14, p. 7.

» seraient pas moins dans le cas d'être pour-
» suivis criminellement, si le cas le requé-
» rait. » (6) *V.* au mot *Adultère.*

DU RESSORT
DE LA POLICE
SIMPLE.
*Injures
verbales.*

1.º *Quelques graves que soient ou puissent être de simples injures verbales, lorsqu'elles ont été proférées contre des particuliers, non fonctionnaires publics, civils ou militaires, dans l'exercice de leurs fonctions, elles ne donnent lieu qu'à l'action de simple police;* pour raison des dommages-intérêts qui peuvent être prononcés, par cette juridiction, à quelque somme qu'ils puissent monter, proportionnellement à la nature et à la gravité des injures.

C'est-à-dire, qu'en aucuns cas l'action au grand criminel ne peut être exercée pour raison d'injures verbales.

En vain, pour soutenir la validité de l'action d'injures intentée devant une cour criminelle, dirait-on, d'une part: que les injures dont il s'agirait seraient d'une gravité révoltante, et que d'après l'article 605 du code des délits et des peines, il n'y a que les simples injures verbales qui donnent lieu à l'action de simple police; et d'autre part, que l'action au grand criminel ayant été poursuivie devant une cour de justice criminelle, d'après la teneur du même article 605, les tribunaux de police simple ne sont compétens que dans le cas où il n'y a pas eu de poursuite devant les cours criminelles.

« En effet, cet article ne fait aucune dis-
» tinction entre la qualité des injures verba-

---

(1) 26 *Pluv. an XIII.* Rej. LEROI. Jur. an 14, p. 12.
— Jour. du Pal. an 13, 2. s. p. 311.

» les; la qualification de simples qui se lit dans
» cet article ne s'y trouve que par opposition
» aux injures de toutes autres espèces, et s'il
» est ajouté, s'il n'y a eu poursuite par la
» voie criminelle, cette exception ne peut se
» rapporter qu'à la qualité des personnes in-
» juriées; ce qui résulte évidemment des dis-
» positions des lois précédentes, et notamment
» du décret sur l'organisation judiciaire, et
» de la loi du 22 juillet 1791, dont le code du 3
» brumaire n'a fait qu'ordonner l'exécution. »

D'où il suit, qu'une cour criminelle, ou un
tribunal correctionnel, qui admettrait devant
lui une action en réparation d'injures verbales contre un particulier « ferait une usur-
» pation de pouvoir. » (1)

Injures
écrites.

2.º *Les injures par écrit ne donnent lieu.
qu'à l'action civile, qui ne peut être poursuivie que devant les juges civils.*

En effet, « l'article 605 ci-devant cité, ne
» peut s'étendre sur l'injure écrite, et l'art.
» 7, première disposition du titre 2 de la loi du
» 19 juillet 1791, non plus qu'aucune autre
» loi criminelle, de police correctionnelle, ou
» de simple police, ne doit pas être appliquée
» à l'injure écrite, ces lois se taisant sur cette
» sorte d'injures; d'où il suit, qu'elle rentre
» dans la classe générale des torts dont on peut
» se plaindre, et pour lesquels on peut obtenir
» des dommages-intérêts par action civile, en
» s'adressant aux juges ordinaires. » (2)

------

(1) 21 *Pluv. an XI.* Cass. MOINE. Bul. de la Cour, an
11, p. 145.

(2) 20 *Vend. an XII.* Cass. FLESCH. Bul. de la Cour,
an 11, p. 183.

3°. *L'action en réparation d'injures verbales ne peut être poursuivie, si les injures dont il s'agit n'ont pas un caractère déterminé.*

C'est-à-dire, si je me plains d'avoir été volé par des brigands, et que l'individu soupçonné et contre lequel la justice informe pour raison de ce vol, s'avise de dire que je suis un fripon, que je me suis volé moi-même, &c.; il est certain que je ne peux pas être admis à poursuivre la réparation de ces prétendues injures avant que le procès sur mon vol soit terminé.

En effet, « les propos tenus par cet individu » sont relatifs au vol dont il s'agit, et peuvent » servir d'indices à la justice; dès-lors ces pro- » pos ne peuvent être poursuivis comme don- » nant lieu à une action d'injures, jusqu'à » ce que leur caractère ait été déterminé » par le résultat de l'instruction et du juge- » ment sur la plainte formée de ma part. » (1)

4.° En principe, « *lorsqu'il est constaté qu'il* » *y a eu dégradation d'une clôture, ce fait,* » *imputé à une personne étrangère à la posses-* » *sion légitime de cette clôture, constitue l'ac-* » *tion indiquée par l'article* 17 *du titre* 2 *de la* » *loi du* 6 octobre 1791, *et est conséquemment* » *du ressort de la police simple*; ce n'est que » par des circonstances particulières qu'elle » peut être jugée n'en avoir point le carac- » tère. »

En fait de dé-gradation à des clôtures.

Parconséquent, « le tribunal de police qui, » sans établir aucune circonstance atténuante, » se permettrait de déclarer purement et sim-

____

(1) 24 *Frim. an* XIII. C**ass.** P**ierre** V**inet.** Bul. de la Cour, an 13, p. 74.

» plement, que le fait dont il s'agit ne peut
» donner lieu à une action publique, pour
» raison de ce délit, commettrait une con-
» travention à la disposition formelle de la
» loi. » (1) *V.* ci-devant *en dommages-intérêts*,
pag. 16.

En fait de bes-
tiaux diva-
guant

5.º *L'action de police simple peut être sui-*
vie d'office pour cause de blessures faites par
des animaux abandonnés à eux-mêmes, contre les gardiens de ces animaux, ou contre
les propriétaires.

En effet, « s'il est établi en fait qu'un tau-
» reau était à l'abandon, et suivi seulement
» d'un enfant de huit ans, quoique le pro-
» priétaire d'un bœuf que cet animal aurait
» blessé, ne se serait pas plaint, le pâtre, à qui
» la garde en était confiée, n'en serait pas
» moins contrevenu au réglement de police,
» et ainsi il serait passible des peines por-
» tées par l'article 605 du code des délits et
» des peines. » (2)

6.º *Elle peut aussi être exercée contre ceux*
qui abandonnent leurs chiens, lorsque ceux-ci
ont mordu quelqu'un.

Car, « un chien qui se jette, sans provo-
» cation, sur les personnes pour les déchirer
» ou les mordre, est nécessairement un ani-
» mal féroce et mal faisant. » (2)

En fait de
Police
des ports et
marchés.

7.º *L'action en police peut être exercée con-*
tre ceux qui refusent de payer le droit de

---

(1) 3 *Therm. an XI.* Cass. Comm. *de police de Toul.*
Bul. de la Cour, an 11, p. 317.

(2) 1.ᵉʳ *Fruc. an XI.* Cass. Comm. *de police de Long-le-*
Saulnier. Bul. de la Cour, an 11, p. 344.

*location des places qu'ils occupent dans les mar-
chés et sur les ports*, « lorsqu'il existe une
» délibération du conseil de la commune,
» portant réglement sur le droit dû par ces
» personnes, homologuée par arrêté du Pré-
» fet du département, et ordonnant que ceux
» qui refuseraient de payer les places par eux
» occupées, seront traduits au tribunal de
» police du canton. »

En principe, « les contraventions aux ré-
» glemens de police sont soumises à des pei-
» nes par la disposition générale des articles
» 5 de la loi du 14 octobre 1789, 2 et 5 de celle
» du 16 août 1790; disposition à laquelle il n'est
» point dérogé par l'article 605 du code des
» délits et des peines, qui n'est point limita-
» tif, mais seulement démonstratif. »

Or, dans l'espèce, « l'attribution fixée par
» l'arrêté du Préfet, ne peut avoir pour ob-
» jet que de faire prononcer par le tribunal
» de police, contre les refusans, les peines
» ordonnées par la loi contre les violations
» des réglemens de police, en même temps que
» la condamnation au paiement des droits. »

Ainsi, « le tribunal de police, devant lequel
» cette action serait portée, par cela même
» qu'il condamnerait le contrevenant au paie-
» ment du droit de place par lui dû et re-
» fusé, ne pourrait se dispenser de le con-
» damner ou à une amende, ou à un empri-
» sonnement, en graduant la peine selon la
» gravité du fait et les circonstances. » (1)

____

(1) 26 *Flor. an XIII.* Cass. LEMETTAIS. Bul. de la
Cour, an 13, p. 244.

(2) 23 *Niv. an XI.* Cass. Comm. *de police de Luxem-
bourg.* Bul. de la Cour, an 11, p. 118.

CORRECTION-
NELLE.
Règles génér.

1.° *Les actions dont les tribunaux correc-tionnels peuvent connaître sont déterminées par l'article 168 du code du 3 brumaire an IV.*

« Aux termes de cet article la juridiction
» des tribunaux correctionnels est renfermée
» dans la connaissance et la punition des dé-
» lits dont la peine n'est ni afflictive ni infa-
» mante, mais est néanmoins au-dessus de
» l'attribution conférée aux tribunaux de po-
» lice par la même loi. » (1)

2.° *L'action correctionnelle* « *ne peut avoir*
» *lieu sur une allégation vague, par exemple*
» *en fait de fraude et d'escroquerie*, qui ne
» tendrait qu'à faire admettre une preuve,
» par témoins, contre et outre le contenu
» aux actes; ce qui serait contraire aux dis-
» positions de l'article 54 de l'ordonnance de
» Moulin, et de l'article 2 du titre 20 de
» l'ordonnance de 1667, dispositions confir-
» mées par l'article 1341 du code civil. »
V. Nullité au mot: *Actes.*

FORESTIÈRES
Règles génér.

3.° *S'il s'agit d'actions forestières*, « résul-
» tante d'une adjudication de coupe qui ait
» été précédée d'un martelage et d'un bali-
» vage, où l'objet de l'exploitation et les droits
» de l'acheteur soient fixés d'une manière
» précise, la coupe des arbres marquées an-
» térieurement à l'adjudication ou celle d'ar-
» bres hors la surface dans laquelle elle a été
» circonscrite présente par elle-même la ma-

____

(1) 2 *Messid. an XIII.* Cass. PARENT LA GARENNE.
Bul. de la Cour, an 13, p 268. — Jour. du Pal. an 14,
1. s. p. 209. — Jour. des Aud. an 13, p. 413. —
Jur. an 13, p. 318.

» tière

» tière d'une action correctionnelle indépen-
» dante de toute contestation civile, dont le
» jugement ne dépend que de la preuve ma-
» térielle qui doit en être produite, et qui
» dès-lors, est évidemment soumise à la juri-
» diction des juges correctionnels; mais il ne
» peut en être de même, lorsqu'il y a contes-
» tation sur le mode ou sur l'étendue de la
» jouissance qu'a pu exercer l'adjudicataire
» sur les droits qu'il prétend faire dériver de
» son titre, » ainsi qu'il est expliqué *page*
65, en parlant des exceptions qui peuvent
suspendre les actions criminelles.

Car, « lorsqu'il y a contestation sur l'exé-
» cution des engagemens résultans d'un con-
» trat, portant, par exemple, adjudication de
» la coupe d'une surface quelconque de bois
» (qui doit être abattue dans le cours de
» plusieurs années, d'après le martelage qui
» doit en être postérieurement fait, en vertu
» des clauses du contrat renfermant des con-
» ventions et des charges réciproques) les
» parties n'étant pas d'accord sur leurs droits
» et sur leurs obligations réciproques, les
» tribunaux correctionnels sont radicalement
» incompétens pour connaître de l'action de
» l'administration forestière : aux seuls tribu-
» naux civils appartient le droit de juger,
» préjudiciellement à toute poursuite correc-
» tionnelle, quelles doivent être entre les par-
» ties, les engagemens et les effets du contrat
» d'adjudication intervenu entre elles; et de
» déterminer, d'après cet examen, les faits
» qui peuvent constituer une contravention à
» ce contrat, un abus, ou un excès de jouissan-
» ce, de statuer ensuite sur tout ce qui peut
» se résoudre en intérêts civils, et de ren-

» voyer devant les tribunaux correctionnels,
» sur les malversations qui ont le caractère
» d'un délit. » (1)

ACTIONNAIRE. (*)

*Les actionnaires d'une societé, avec faculté à
chaque associé de céder à qui il plaira tel nombre de leurs actions qu'ils jugeront à propos,
peuvent transmettre à leurs cessionnaires d'actions, par l'effet de la cession seulement, la
qualité de co-propriétaires des fonds sociaux
et de membres de la société.*

En effet, « lorsque les associés ont le droit
» de céder leurs actions; ces actions ne peu-
» vent changer de nature entre les mains des
» cessionnaires, qu'autant que cela aurait été
» dit expressement dans le contrat de société;
« Si au contraire l'on trouve dans cet acte
» une disposition, où il soit dit que les ces-
» sionnaires partageront les profits et suppor-
» teront les pertes de la société, ce qui est
» le signe caractéristique de l'association, il
» n'est plus permis de méconnaître la qualité
» d'associé en la personne du cessionnaire. »
De la circonstance « que, dans l'acte de
» société, il y aurait que les cessionnaires ne
» pourraient avoir voix déliberative sans le
» consentement unanime et spécial des asso-
» ciés, il ne pourrait s'induire autre chose, si

____

(1) 2 *Messid. an XIII.* Cass. PARENT LA GARRENNE.
Bul. de la Cour an 13, p. 286. — Jour. du Pal. an 14,
1. s. p. 209. — Jour. des Aud. an 13, p. 413. — Jur.
an 13, p. 318.

(*) *Actionnaire*, celui qui a une ou plusieurs actions
dans une compagnie de commerce, pour en partager les
bénéfices à proportion de la somme qu'il y a mise.

» non que les cessionnaires ne pourraient,
» en vertu de cette qualité, concourir aux dé-
» libérations, mais il ne s'ensuivrait nulle-
» ment qu'ils ne dussent pas jouir de tous
» les autres droits sociaux. » (1) *V. Société.*

ADJUDICATAIRE. (*)

1.º *L'adjudicataire d'une superficie de bois*   D'une coupe
peut être poursuivi ou correctionnellement ou   de bois.
civilement pour les malversations ou excès par
lui commis dans son exploitation.

C'est-à-dire, que, « dans le cas d'une adju-
» dication de coupe, qui a été précédée d'un
» martelage et d'un balivage, ou l'objet de
» l'exploitation et les droits ont été fixés d'une
» manière précise; alors la coupe des arbres
» marqués antérieurement à l'adjudication,
» ou celle d'arbres placés hors la surface dans
» laquelle elle a été circonscrite, présente
» par elle-même le fait d'un délit indépen-
» dant de toute contestation civile ; et dès-
» lors *l'adjudicataire* est évidemment soumis à
» la juridiction correctionnelle. »

Mais, s'il s'agit « de la coupe d'une surface
» quelconque de bois, devant être abattue

---

(1) 3 *Fruct. an IX, et* 24 *Niv. an X ;* sur un délibéré
après partage. Cass. *Créanciers* SERILLY. Quest. de Droit,
au mot *Actionnaire.*

(*) Le plus offrant et dernier enchérisseur à l'adjudication d'un bail, ou à la vente d'un héritage qu'on
loue ou qu'on vend en justice : c'est aussi celui à qui
on adjuge des ouvrages, ou des réparations au rabais.
Au premier cas, c'est celui qui offre la somme la plus
forte qui est *adjudicataire;* au second cas, c'est celui
qui offre de faire les ouvrages pour le moindre prix.
V. Rabais.

» dans l'espace de plusieurs années, d'après
» le martelage fait postérieurement en vertu
» des clauses du contrat qui renfermerait des
» conventions et des charges réciproques,
» pouvant donner lieu à des doutes et à des
» différens sur son exécution; dans ce cas s'il
» survient contestation sur le mode ou sur
» l'étendue de la jouissance qu'a pu exercer
» l'adjudicataire, sur les droits qu'il prétend
» faire dériver de son contrat; les délits dont
» il peut être accusé, dépendent essentielle-
» ment alors de la question, si les faits sur
» lesquels la plainte est fondée, sont légiti-
» mes, d'après les clauses et les conventions
» du contrat; cette question préjudicielle, qui
» a pour objet l'interprétation d'un acte et
» la fixation des droits qui peuvent en ré-
» sulter, est essentiellement civile et hors du
» domaine des tribunaux criminels; » d'où
il suit qu'en pareil cas, l'adjudicataire doit
être traduit devant les tribunaux civils. (1)
V. Délits forestiers.

D'un immeuble.
Expropria-
tion, bail, ré-
siliation.

2.° *L'adjudicataire d'un bien rural vendu par expropriation forcée, ne peut expulser sans indemnité, un fermier porteur d'un bail authentique.*

En vain chercherait-on à contester cette règle, en disant, que par l'effet de la saisie immobilière, et aux termes de l'art. 8 de la loi du 11 brumaire an VII, le débiteur saisi devient séquestre judiciaire, et qu'aussitôt la signification du jugement d'adjudication et sa transcription, il est tenu de délaisser la pos-

---

(1) 2 *Mess. an XIII.* Cass. *PARENT LA GARRENNE.* Jour. du Pal. an 14, 1. s. p. 217. *V. la note* p. 82.

session ; que le fermier ne pouvant avoir plus de droit que le débiteur saisi , et l'entretien du bail ne faisant point partie des conditions de l'adjudication , l'adjudicataire doit nonobstant le bail, être mis en possession.

Que du système contraire il résulterait qu'un propriétaire accablé de dettes affermerait , avant les poursuites en expropriation dont il serait menacé, ses biens à vil prix, au préjudice de ses créanciers, et jouirai impunément de sa fraude.

Il suffirait d'opposer à ces raisonnemens, « que le bail à ferme étant consenti par contrat » authentique, et l'adjudication ne pouvant » être envisagée que comme une acquisition » à titre singulier, c'est au prix du fermage » que l'adjudicataire a droit, tant qu'il ne » se conforme pas aux dispositions de la loi » pour parvenir à la *résiliation.* » (1) *V.* ce mot. *V. Expropriation forcée* et *Bail.*

3.° *L'adjudicataire d'un domaine national ne peut être attaqué, par celui qui se prétend propriétaire d'une portion de ce bien, que devant l'autorité administrative.*

C'est-à-dire « que toutes questions tendan- » tes à savoir si une portion de terrain se » trouve comprise dans le fond adjugé par » l'autorité administrative, tient essentielle- » ment à la substance de l'adjudication ; » D'où il suit « qu'aux termes de la loi du » 16 fructidor an III , portant défenses itéra- » tives aux autorités judiciaires de connaître » des actes d'administration , en renvoyant » dans l'espèce les parties devant l'autorité

____

(1) 7 *Messid. an XII.* Cass. D*ARDENNES.* Jour. des Aud. an 12, p. 465.

» administrative, les juges ne feraient que
» se conformer à la loi. » (1) *V. Adjudication*,
nombre 10.

ADJUDICATION (*) *en justice.*

Règles génér·   1.º « *En matière d'adjudication publique*,
» *les nullités doivent être restreintes dans de*
» *justes bornes.* » *V. Expropriation forcée.*

« 2.º *Toutes les fois qu'un acte d'adjudica-*
» *tion contient une réserve expresse d'élection*
» *de command, la qualité de l'adjudicataire*
» *est incertaine* pendant le délai accordé par
» la loi, pour faire cette élection ; d'où il ré-
» sulte que lorsqu'elle a eu lieu dans cet inter-
» valle, elle ne forme qu'un seul et même acte
» avec celui de l'adjudication. » (1)

En pays de droit écrit, avant la publication du code civil.   3.º *L'adjudication, faite en justice en pays de droit écrit, était nulle si la tradition né-cessaire pour transmettre la propriété de la chose vendue n'avait point eu lieu.*

C'est-à-dire, que si *Pierre* était demeuré ad-judicataire, devant la justice du lieu, de ma maison et qu'il n'eût point payé le prix de l'ad-judication ni pris possession ; si j'étais de-

----

(1) 29 *Messid. an XII.* Rej. Morin. Jour. des Aud. an 12, p. 514 — 16 *Pluv. an XI.* Même recueil et page. *V. au Traité de Compétence*, p. 62, nomb. 62.

(2) 3 *Brum. an XIV.* Rej. *Régie. de l'enregist.* Jour. du Pal. an 1806 ; 1. s. p. 161.

(*). Acte par lequel on adjuge au dernier enchéris-seur une chose qui se vend en justice, soit un meuble, (auquel cas *V. Encan*), soit un bail à ferme ; soit la pro-priété d'un héritage ; soit enfin un ouvrage, ou une entre-prise que l'on donne au rabais, c'est-à-dire, à celui qui offre de le faire pour la moindre somme. *V. Enchère, Rabais.*

meuré paisible possesseur et habitant de ma maison et que par suite je l'aie vendue à *Paul*, qui m'en aurait payé le prix, se serait mis en possession, et aurait fait des réparations à cette maison, l'adjudication de *Pierre* devrait être considérée comme nulle, et l'acquisition de *Paul* maintenue.

Parce « que la translation de propriété ne » s'accomplit point par de simples conven- » tions, et qu'elle ne s'opère que par la tra- » dition de la chose vendue. »

« Que dans l'espèce, il n'y aurait jamais eu de » tradition au profit de *Pierre*, enconséquence » de l'adjudication, puisque je serais resté en » possession de la maison, que j'en aurais tou- » jours payé les impositions, comme proprié- » taire. »

« Qu'au contraire, *Paul* aurait eu la tradi- » tion de l'objet par lui acquis et payé; qu'il en » aurait eu la possession, et aurait fait des chan- » gemens et des réparations comme proprié- » taire; au vu de tout le monde et sans au- » cune opposition. »

D'où il suit « qu'en maintenant l'adjudica- » tion faite au profit de *Pierre*, les juges vio- » leraient la loi 20 du code, liv. 2, tit. 3, qui » porte : *TRADITIONIBUS ET USUCAPIONIBUS* » *DOMINIA RERUM, NON NUDIS PACTIS TRANS-* » *FERUNTUR.* » (1)

4.º *Adjudication (l'acte portant) d'un im-meuble sur expropriation forcée, n'est point un jugement.*

Sur Expropria-tion forcée.

Parce que « l'article 4 du titre 14 de l'or- » donnance de 1667 et l'article 15 du tit. 5 du » décret sur l'ordre judiciaire du 24 août 1790,

_____

(1) 3 *Niv. an VI.* Cass. *KIENNER.* Jur. notice, p. 126.

» n'ont aucun rapport avec une adjudication
» forcée, qui n'est qu'un simple procès-verbal
» dressé ensuite d'une procédure particulière,
» pour la confection duquel la présence des
» parties n'est pas d'une nécessité indispen-
» sable; qu'il suffit qu'elles aient été duement
» et reguliérement appellées. » (1) *V. Ex-*
propriation forcée.

Remise au lendemain.

5.° *L'adjudication qui n'a été faite que le lendemain du jour pour lequel elle avait été annoncée, n'est pas nulle;* lorsque la première audience a été absorbée par des discussions litigieuses et continuée au lendemain, affiche tenante.

Car « encore bien que l'adjudication indi-
» quée au 5 du mois n'ait lieu que le lende-
» main 6, à dix heures du soir, sans nouvelle
» affiche, le vœu de la loi n'est pas violé
» pour cela; lorsque cette remise a été néces-
» sitée par les nombreux incidens que *le*
» *saisi* a cru devoir élever pour son intérêt,
» et qu'elle n'a eu lieu qu'affiche tenante,
» et avertissant le public et le barreau qu'il
» serait procédé à l'adjudication le lende-
» main sans désemparer. » (2)

Des Revendica-tion.

Avant le code de Procéd.

6.° *L'adjudication d'un objet revendiqué n'a pus avoir lieu valablement avant que le jugement qui avait rejetté la revendication eut acquit force de chose jugée.*

---

(1) 27 *Fruct. an* X. Cass. PRIMET. Jour. du Pal. an 11, 1. s. p. 1.ᵉ —— 18 *Vend. an XII.* Jour du Pal. an 12, 1. s. p. 261. — Jur. an 11, p. 24. —— 18 *Vend. an XII.* Cass. CELLIER. Bul. de la Cour, an 12, p. 9.

(2) *Vent. an XIII.* Rej. BOLNA. Jour. du Pal. an 13 2. s. p. 225.

En effet « l'article 29 de la loi du 11 bru-
» maire an VII voulait en termes généraux
» et sans exception, que toutes les fois qu'il
» y aurait une revendication, il fut sursis à
» l'adjudication des objets revendiqués. »
Or, « cette volonté aurait été illusoire si,
» de suite après le rejet de la revendication,
» en première instance, il avait été procédé
» à l'adjudication, au mépris de la faculté
» d'appeler de ce rejet, qui ne pouvait être
» exercée qu'après la huitaine. » (1) *V. Re-*
vendication.

« 7.º *Adjudication (le jugement d') ne doit*   *Du jugement.*
» *point, à peine de nullité, faire mention de*
» *la préparation des bougies, qui ont été allu-*
» *mées aux enchères ; »*
« Et la mention faite dans ce jugement du
» nombre de bougies qui ont été allumées
» aux enchères, prouve suffisamment que les
» formalités voulues par l'art. 13 de la loi du
» 11 brumaire an VII ont été remplies. » (2)
V. Enchères et *Expropriation.*

8.º *Adjudication (la nullité d'une) fondée sur*   Des nullités.
ce qu'elle aurait été faite en masse, n'a pu être   Appel.
proposée sur l'appel ;
Parce « que le débiteur ayant été prévenu
» par les affiches que l'adjudication aurait
» lieu *de telle manière*, devait, s'il croyait
» avoir intérêt à ce que l'adjudication se fît
» *autrement*, se présenter et requérir qu'il fut
» procédé ainsi. » *V.* au mot *Nullité.*

---

(1) 8 *Vent. an XIII.* Cass. SIMORRE. Jour. du Pal. an
13. 2. s. p. 241. —— Jour. des Aud. an 13. p. 302.

(2) 10 *Pluv. an XIII.* Cass. GOBERT. Jour. du Pal.
an 13, Coll. p. 215. —— Bul. de la Cour, an 13, p. 185.

Lorsque l'appel d'un procès-verbal d'adjudication était admissible, on a pu y procéder suivant les règles ordinaires. (1)

Par exemple, s'il s'agissait de juger, par la cour d'appel séant à Nancy, « s'il y avait
» lieu de donner défaut contre l'appelant et
» de le déclarer déchu de son appel, et non
» des formalités nécessaires pour les expro-
» priations forcées : cette cour a dû consulter
» l'ordonnance de 1707, et non les dispositions
» de la loi du 11 brumaire an VII. » (2)

Des biens d'un interdit.
9.° *L'adjudication, des biens d'un interdit, qui a été faite sur une seule publication, est nulle.*

Donc, « bien loin que les juges commet-
» tent un excès de pouvoir en annullant, en
» ce qui concernerait un interdit, par le dé-
» faut des publications usitées en pareil cas,
» l'adjudication faite sans ce préalable, en
» décidant le contraire ils violeraient la loi
» du 7 messidor an II. » (3) *V.* l'art. 748 du cod. de Procèdure.

Devant l'autorité administrative.
10.° *L'adjudication faite devant l'autorité administrative, rend toutes les contestations, relatives à la chose vendue, du ressort de la même autorité.*

En d'autres termes : si j'ai acheté, devant l'autorité administrative, le terrain sur lequel

---

(1) 20 *Frim. an XII.* Cass. DELMAS. Bul. de la Cour, an 12, p. 85.

(2) *Therm. an XII.* Rej. DUNAUD. Jour. des Aud. an 12, p. 585.

(3) 19 *Flor. an XII.* Rej. QUENTIN. Jour. du Pal. an 12, 2. s. p. 276. — Jour. des Aud. an 12, p. 442. — Bul. de la Cour, an 12, p. 264.

est construit un moulin et des ouvrages com-
mencés par l'ancien propriétaire pour la construction de ce moulin ; si mon voisin « de-
» mande qu'une vanne construite pour nos
» moulins respectifs reste constamment ou-
» verte, sans conclure à la réintégrande ; s'il ne
» dit rien qui présente l'idée de l'exercice
» d'une action possessoire ; s'il n'allègue pas
» même la possession d'an et jour qui est la
» condition essentielle de l'action en réinté-
» grande. »

« Enfin, si je soutiens pour ma défense de-
» vant les juges, que la digue et la vanne, qui
» se trouve dessus, m'ont été vendues l'une et
» l'autre comme une dépendance du bien
» national à moi adjugé ; et que reciproque-
» ment nous ayons discuté nos titres respec-
» tifs devant le tribunal qui aurait prononcé
» sur le pétitoire. »

De tout ce que dessus il résulterait « excès
» de pouvoirs, et motif à la cassation non-
» seulement du jugement de première ins-
» tance et de l'arrêt rendu sur l'appel ; mais
» encore de toute la procédure sur laquelle
» ils seraient intervenus : sauf aux parties à
» se pourvoir devant l'autorité administra-
» tive. » (1)

11.º *Adjudication (en fait d') de bois natio-* De bois natio-
naux.
naux, l'adjudicataire et sa caution peuvent
être poursuivis, à fin de paiement, par une Enregistrem.
seule et même contrainte.

C'est-à-dire, que la régie de l'enregistrement peut se contenter de notifier et dénon-

______

(1) 23 *Germ. an XI.* Cass. PECRI. Bul. de la Cour,
an 11, p. 214.

cer à la caution, de l'adjudicataire en retard de payer, la contrainte et les commandemens de payer dirigés contre l'adjudicataire, et faire à cette caution, personnellement, la sommation de payer.

En vain la caution opposante à ces notifications et sommations, prétendrait-elle que la régie devant procéder par voie de contrainte, cet acte doit être basé sur un titre qui y donne lieu; et que dans l'espèce il n'y aurait pas de contrainte décernée sur son cautionnement, pour en conclure que le commandement de payer qui lui aurait été fait serait nul.

On lui répondrait, « vous êtes solidaire-
» ment obligé avec l'adjudicataire; celui-ci
» n'ayant pas satisfait, la même contrainte a
» pu vous être notifiée, avec sommation de
» payer; il eût même été frustratoire d'en
» décerner une nouvelle, sur laquelle il eût
» fallu obtenir un nouveau visa, &c. » (1)

ADMINISTRATEURS, (*) ET ADMINISTRATIONS.

En fait de Voie publique. 1.º *LES QUESTIONS D'USURPATION SUR LA VOIE PUBLIQUE, doivent être décidées administrativement.*

____

(1) 19 *Therm. an XII.* Cass. *Régie de l'enregist.* Bul. de la Cour, an 12, p. 390.

(*) *Administrateur,* celui qui est chargé de régir les biens d'une autre personne; qui est chargé du soin de les administrer. *Administrator, Curator, Procuratrix.*

Administration; composée de plusieurs administrateurs chargés de la distribution, soit des finances, soit d'occupations; et commis pour y maintenir l'ordre. — Sous

C'est-à-dire, « qu'un tribunal de police, (ou
» autre) en décidant que la voie, dont il s'agi-
» rait devant lui, serait (ou ne serait pas) che-
» min vicinal, ou un sentier, entreprendrait
» sur l'autorité administrative. » (1)

2.º *CELLES RELATIVES AUX RENTES CONCÉ-
DÉES PAR L'ÉTAT à des particuliers, sont également soumises à l'autorité administrative.*

Si j'ai acheté de l'état une redevance sans
aucune charge ; et que le débiteur prétende
faire opérer une estimation, par ventilation de
prétendues indemnités résultant à son profit
de certains droits, privilèges et exemptions
supprimés, pour en faire diminution sur la
redevance à moi concédée ;

« L'action de ce débiteur tend à faire met-
» tre en question l'étendue et l'effet de l'ad-
» judication qui m'a été faite par l'autorité
» administrative ; . . . . . et les tribunaux ne
» peuvent connaître de la contestation élevée
» entre moi et le débiteur, à moins que l'au-
» torité administrative ne leur en eut fait le
» renvoi. » (2) *Voyez* au mot *Action*, pag. 4,
nombre 4, et *au traité de compétence*, pag. 62
nomb. 62.

De même, *si j'ai obtenu de l'autorité admi-*

---

ses rapports politiques, c'est le gouvernement des affaires, l'exercice de la justice distributive ; elle suppose
prééminence d'emploi, et une sorte de liberté dans le
département dont on est chargé ; elle désigne sagesse et
habilité à l'égard des choses, et de la subordination à
l'égard des personnes.

(1) 4 *Pluv. an XIII.* Cass. Bul. de la Cour, an 13,
part. crim. p. 113.

(2) 29 *Frim. an XI.* Cass. PEIFFER. Bul. de la Cour,
an 11, p. 88.

nistrative (*) *l'exploitation de certaines pièces de terres contenant des mines ;* lesquels auraient auparavant appartenues à un particulier qui les aurait vendues, sous la réserve du droit d'exploitation ; si en vertu de la loi du 28 juillet 1791 les derniers propriétaires de la surface font des exploitations particulières, et que par suite il y ait entre eux et moi contrat d'union , homologué par l'autorité administrative pour l'exploitation, à temps limité, des mines à moi accordées antérieurement ; l'autorité administrative a dû sommer le *particulier* ancien *propriétaire* de déclarer dans la quinzaine s'il entendait se réunir à l'union formée pour l'exploitation desdites mines.

Si ce *particulier* a gardé le silence et que par suite il nous traduise (**) en justice pour nous faire condamner à lui abandonner ladite exploitation ; les tribunaux sont incompétens pour prononcer sa maintenue dans la possession, qu'il avait avant le trouble, de jouir des mines dont il s'agit.

Parce « que l'autorité administrative ayant
» homologué, par un arrêté, l'union ayant
» pour but l'exploitation des mines en ques-
» tion pendant un tems déterminé, la con-
» testation mue par le *particulier* est essen-
» tiellement administrative, puisqu'elle a pour
» objet de renverser la possession et la jouis-
» sance qui dérivent de l'arrêté administra-
» tif. »

D'où il faut conclure « que les juges qui

____

(*) Soit de l'Intendant de la ci-devant province, ou des autorités constitutionnelles.

(**) Nous parties unies pour l'exploitation, en vertu d'un contrat d'union, comme il est dit ci-devant.

» nous feraient défenses de troubler ce *par-*
» *ticulier* dans la possession des mines en
» question, au lieu de se borner à se décla-
» rer compétens sur le droit de propriété,
» sauf aux parties à se pourvoir après que le
» droit de propriété (aussi contesté) aurait été
» fixé, par devant l'autorité administrative
» supérieure, pour être statué ainsi qu'il ap-
» partiendrait, violeraient l'art. 8 de la loi du
» 12 juillet 1791, et l'art. 13 du titre 10 de celle
» du 24 août 1790. » (1)

Cheptel.

3.° *Il en est encore de même lorsqu'il s'agit*
de décider, si le prix du remplacement d'un
cheptel fixé par arrêté de l'administration,
doit être payable en papier monnoie (*) *ou en*
numéraire: surtout lorsque l'autorité administrative a été saisie légalement et primitivement de la contestation:

En effet, « l'autorité administrative ayant été
» saisie légalement et primitivement de la
» question *ci dessus posée;* et, s'agissant de
» l'interprétation et de l'exécution d'un ar-
» rêté administratif; toute décision judiciaire
» contiendrait excès de pouvoir et contra-
» vention à la loi du 21 fructidor an 3, au
» réglement pour l'organisation du conseil
» d'état du 5 nivôse an VIII, et à l'art. 52 de
» la constitution. » (2)

---

(1) 14 *Niv. an XI.* Cass. Treich, *Veuve* Lachaud.
Bul. de la Cour, an 11, p. 98.

(*) Nous pensons que cette règle est applicable au
cas où il s'agirait de l'estimation du cheptel, ou de
toute autre contestation sur le mode de remplacement.

(2) 11 *Vent. an XI.* Cass. *Régie des domaines.* Bul.
de la Cour, an 11, p. 189.

En fait de contributions.

« Les principes qui règlent la compétence » en matière d'actions personnelles ne régi- » sent point les actions intentées, au nom des » administrations publiques, pour le paiement » des contributions· » (1)

En fait de liquidation.

« 4.º *Tous les objets dont la liquidation est* » *décrétée* doivent être liquidés par voie admi- » nistrative, aux termes des articles 1 et 2 de » la loi du 22 décembre 1790.» *V. Liquidation.*

« 5.º *La liquidation des dettes des commu-* » *nes*, sans distinction de celles exigibles et » de celles constituées, fait partie des attri- » butions administratives, aux termes de » l'article 85 de la loi du 24 août 1793.» *V. Communes.* (2)

Fournisseurs de l'Etat.

6.º *Les contestations entre les fournisseurs* *et leurs sous-traitans* ne sont point réglées administrativement; « il n'y a que les sous- » traitans avec une régie, une agence du » Gouvernement, à prix ferme, dont les in- » térêts doivent être réglés et arrêtés par « l'autorité administrative. « *V. Fournisseurs,* et au *traité de compét.* pag. 31 nomb. 31.

De l'enregistrement.

Recouvrement.

7.º « *LES ADMINISTRATEURS DE L'ENREGIS-* » *TREMENT, leurs receveurs ou préposés ne* » *peuvent, en matière de recouvrement, être* » *entraînés pour l'exercice de leurs poursui-*

---

(1) 23 *Flor. an XIII.* Régl. de juges. *Régie de l'enregist.* Jour. du Pal. an 13, 2. s. p. 403.

(2). 4 *Fruct. an XI.* Cass. *Comm. de Theux.* Jour. du Pal. an 12, Coll. p. 257.

» *tes* ,

» tes, dans d'autres tribunaux que ceux des
» lieux ou leurs bureaux sont établis. »

Parce « que l'art. 64 de la loi du 11 frimaire
» an VII, contient une dérogation formelle à
» la règle *ACTOR SEQUITUR FORUM REI*, en
» obligeant le contribuable opposant à la con-
» trainte ; (*) à élire domicile dans la com-
» mune où siège le tribunal du lieu où le bu-
» reau est établi. »

» Ces principes ont été constamment ap-
» pliqués par plusieurs arrêts de la Cour de
» Cassation. » (1)

8.º *LES ADMINISTRATEURS ET LEURS SECRÉ-
TAIRES ne peuvent être poursuivis en justice,
sans l'autorisation du Gouvernement ;* c'est la
disposition formelle de l'article 75 de la constitution.

Poursuite contr'eux et leurs secrétaires.

Autorisation.

C'est-à-dire « qu'un ex-secrétaire greffier
» d'une municipalité, ne pourrait être pour-
» suivi, même pour crime de faux, commis
» dans l'exercice de ses fonctions, en vertu
» de la simple dénonciation du Sous-Préfet,
» à qui le pouvoir d'accorder pareille auto-
» risation n'a pas été délégué. » (2) *V. Agent
du Gouvernement*, et *Autorisation.*

9.º *LES ADMINISTRATEURS D'UNE COMMUNE
ne peuvent être traduits devant les juges de
paix,* pour le fait d'avoir, même mal-à-pro-

Des communes.

(*) Qui est, comme on sait, le premier acte des
poursuites de la régie. *V. au mot poursuite*, les règles
auxquelles elles sont assujetties.

(1) 23 *Flor. an XIII.* Voyez la note p. 96.

(2) 9 *Niv. an XII.* Cass... Bul. de la Cour, an 12,
part. crim. p. 78 *V. le décret impérial*, du 9 août 1806.

pos, refusé de comprendre dans les défenses et réserves un pré communal.

Parce qu'en principe « si ces administrateurs » ont fait refus, par leur délibération, de » comprendre un pré au nombre de ceux ré- » servés pour donner de secondes herbes ; » l'infirmation de cette délibération, si elle » est injuste, n'appartient qu'aux corps ad- » ministratifs supérieurs : d'où il suit que les » juges en réformant cette délibération et en » condamnant la commune aux dommages et » intérêts résultans de ce que le pré dont » s'agit n'aurait pas été mis en réserve, con- » treviendraient à l'art. 13 tit. 2 de la loi du » 24 août 1790. » (1) *V. Incompétence et Par-* *cours.*

Des Églises.
Dotation. 10.° *LES ADMINISTRATEURS DES ÉGLISES, ne* *peuvent être traduits devant les tribunaux,* lorsqu'il s'agit de déterminer qu'elle est l'éten- due de la dotation particulière de chacune des deux églises.

En effet « lorsqu'il s'agit d'une contestation » au sujet des droits qui peuvent apparte- » nir à deux *ministres du culte* comme admi- » nistrateurs des églises auxquelles ils sont » attachés ; s'il s'agit principalement de dé- » cider si un terrain dépend de la dotation » de *l'une* ou de *l'autre* de ces deux églises ; » alors il s'agit de circonscrire l'étendue de » deux paroisses : et conformément aux lois » d'août 1790, de fructidor an III et aux ar- » ticles 6 et 7 de celle du 18 germinal an X, » (pour les églises protestantes) il n'appar-

____

(1) 1.er *Frim. an XII. Cass. Commune de Montmirey.* Bul. de la Cour, an 12, p. 55.

» tient qu'à l'administration supérieure de
» prononcer sur de semblables questions. » (1)
V. Eglises, et au *traité de compétence*, pag. 59
nomb. 58. —

11.º *LES ADMINISTRATEURS DES HOSPICES* Des Hospices.
étaient, en l'an IV, personnes capables pour re- En l'an IV.
cevoir le remboursement du capital d'une rente
constituée.

En vain les administrateurs, ou tous autres,
intéressés à soutenir la nullité de ce remboursement, diraient-ils : qu'en l'an IV et d'après
la loi du 9 mars 1791 les débiteurs de la république ne pouvaient se libérer qu'après
avoir fait liquider leurs dettes par l'administration centrale ; que l'inobservation de cette
formalité entraînait la nullité de tout remboursement ; qu'au surplus les administrateurs
n'avaient pu lier et obliger l'hospice pour le
remboursement·

On leur répondrait, « la loi que vous cité
» ne prescrit la liquidation , et n'exige l'auto-
» risation de l'autorité administrative, que
» relativement aux droits féodaux non sup-
» primés, et remboursables avec indemnité. »
(2) *V. Remboursement.*

ADMISSION. (*)

1.º « *ADMISSION (les jugemens d'*) *rendus* Règl-s génér.
» *par la Cour de Cassation, doivent, d'après* En cassation.

____

(1) 16 *Brum. an XII.* Cass. Régl. de juges. *L'Église de*
Ketteinheim. Jur. an 12, p. 216. — Jour. du Pal. an 12,
2. s. p. 49. — Jour. des Aud. an 12, p. 139.

(2) 11 *Vend. an X.* Cass. *Régie de l'enregist.* Jour. du
Pal. an 10, 1. s. p. 86.

(*) Action par laquelle on est admis à une chose,

» *le réglement de* 1738 , *être signifiés au domi-*
» *cile des parties ;* »

Même ceux obtenus contre des jugemens rendus en faveur des étrangers : c'est-à-dire qu'en ce cas, la signification faite à un étranger au domicile de son avoué en première instance serait insuffisante.

Parce « que dans l'espèce le demandeur en
» cassation ne peut faire cette signification
» au domicile de l'avoué de première instance
» puisque ses pouvoirs sont expirés. » (1)

2.º *ADMISSION* (*les jugemens d'*) *rendus contre des personnes décédées peu de jours après , peuvent être valablement signifiés à leurs héritiers.*

Parce « que le défendeur en cassation étant
» mort depuis l'arrêt d'admission , la significa-
» tion de cet arrêt est légitimement faite à
» son épouse survivante et à ses enfans, qui
» le représentent naturellement, sans qu'il
» soit besoin d'un nouvel arrêt qui permette
» de les citer sur cette admission ; » (2) le

comme à faire valoir ses moyens de cassation contre une décision de justice de laquelle on a porté plainte, par forme de requête , à la cour suprême ; c'est particulière-ment sous ce rapport que nous considérerons ici *l'admis-sion,*

Au Palais, on entend aussi par *admission*, des preu-ves et des moyens qui sont reçus comme concluans et pertinans. —— Dans la société ordinaire, c'est l'action par laquelle on est admis à une place, à une dignité ; admis au sénat , au conseil d'état, dans la légion d'hon-neur , à l'audience de sa Majesté, etc.

(1) 19 *Vend. an XI.* Rej. BERLAN. Jour. du Pal. an 11, 2. s. p. 134.

(2) 13 *Therm. an XII.* Rej. de ce chef, et Cass. sur le fond. QUÊTE. Jour. du Pal. an 13, 1. s. p. 97. —— Jour. des Aud. an 12, p. 565. —— Bul. de la Cour , an 10, p. 378.

demandeur satisfait au réglement et au jugement d'admission, « en signifiant cet arrêt avec
» les demandes contenant *celle* en cassation
» et les moyens allégués a l'appui d'icelle. » (1)

3.º *Les significations des jugemens d'admis-*
sions des demandes en cassation doivent con-
tenir l'immatricule et le domicile de l'huissier,
ainsi que la constitution d'un avoué; le tout
à peine de nullité.

De leur
signification.

Parce « que, l'article 2 de l'ordonnance de
» 1667 (et l'art. 61 du code de procédure) veut
» que les huissiers fassent mention dans leurs
» exploits, de leur immatricule; que la loi
» qui a rétabli les avoués, a nécessairement
» rétabli aussi les formalités relatives au mi-
» nistère de ces avoués, sans qu'il soit besoin
» de les spécifier individuellement; et que
» l'ordonnance (et l'article du code) précitée
» ainsi que le réglement de 1738, veulent
» également que dans tous les cas, et dans
» tous les tribunaux où l'on est obligé de se
» servir du ministère d'un avoué, on soit
» obligé de le désigner dans l'exploit intro-
» ductif d'instance. » (2)

4.º *L'ADMISSION DES DEMANDES EN DIVORCE*
doit être prononcée par un premier jugement,
avant toute décision sur la pertinence des faits.

En matière
de divorce.
Code civil.

En effet « aux termes des articles 246 et 247
» du code civil, la demande en divorce doit

---

(1) 1.er *Fruc. an* IX. Cass. COISSAT. Jour. du Pal. an
an 10, 1. s. p. 1.re

(2) 7 *Brum. an* XII. Rej. TOLMAN. Jour. du Pal. an
12, 1. 5. p. 371.

» d'abord être admise par un premier juge-
» ment, bien qu'il ne soit pas proposé de fin
» de non-recevoir contre cette demande, par
» l'époux défendeur, sauf à statuer ensuite
» sur le *mérite* de cette demande par un se-
» cond jugement. »

D'où il suit qu'une cour d'appel « en con-
» firmant purement et simplement un juge-
» ment de première instance, qui aurait
» prononcé sur le tout par un seul et même
» jugement, contreviendrait formellement aux
» deux articles ci-dessus cités, qui exigent
» des jugemens distinctes et séparés. » (1)

EN MATIÈRE CRIMINELLE. De la partie civile.

1.º *L'ADMISSION DE LA PARTIE CIVILE, comme partie intervenante, dans une procédure correctionnelle (ou criminelle) n'est point une nullité.*

« En supposant que *la partie civile* ne doive
» pas être admise par les premiers juges, à
» l'exercice de son action civile, il ne pourrait
» y avoir lieu à la réformation de leur jugement
» de ce chef: parce que l'admission, quoique
» irrégulière, d'une partie civile dans un pro-
» cès poursuivie en matière de délits, à la re-
» quête du ministère public, n'est point une
» des formalités dont l'observation ou l'omission
» puisse influer sur la validité de la procédu-
» re. » (2)

ADOPTION. (*)

Son introduction en France.

1.º « *L'ADOPTION* n'a été introduite en France

---

(1) 18 *Frim. an XIV.* Cass. LAPOURIELLE. Jur. 1806, p. 177.

(2) 8 *Prair. an XI.* Cass. LETOURNEUR. Bul. de la Cour, an 11, p. 254.

(*) Acte par lequel une personne en fait entrer une

» que par le décret du 18 janvier 1792, le-
» quel s'est borné a en déclarer le *principe*,
» sans en régler les *conditions*, le *mode*, ni
» les *effets*. »

Par « une loi du 16 frimaire an III, la con-
» vention nationale a non seulement confirmé
» le principe décrété le 18 janvier 1792, mais
» encore solemnellement reconnu les adop-
» tions qui avaient pu être faites depuis cette
» époque ; mais cette loi n'a également dé-
» terminé ni formes, ni conditions nécessaires
» pour la validité d'un acte d'adoption. »

·2.º *L'adoption faite par acte authentique,
dans l'intervalle du 18 janvier 1792, au 12
germinal an XI, jour de la publication des dispositions du code civil sur cette matière, a été
valablement faite,* sans le consentement du
père de l'adopté.

Faite en l'an 9.
En pays de
droit écrit.
Consentement
du père de
l'adopté.

Sans succès opposerait-on à cette règle, que
dans l'espèce les juges devaient consulter les
lois romaines comme étant le droit commun
du territoire, et décider que le père de
l'enfant adopté n'ayant pas concouru à l'adoption, aux termes de la loi 11, c. DE ADOPTIO·

---

autre dans sa famille comme son propre enfant. L'adoption avait lieu du temps des Romains ; elle fut rétablie
en France par la loi du 18 janvier 1792, et définitivement réglée par le code civil : ce qui fait qu'il y a
sur cette matière deux législations en France, celle antérieure au code civil, celle établie par ce code, qui est
applicable à toutes les adoptions postérieures à sa publication. —— Nous rapporterons dans les volumes des années suivantes, comme dans celui ci, l'une et l'autre,
mais d'une manière distincte, en commençant par celle
antérieure à la publication du code. Nous indiquerons
à la suite de cet article les mots où il est question de
cette matière importante.

NIBUS, l'adoption était nul : fondé sur ce que dans le silence de la loi il falloit consulter, ou la législation préexistante sur les adoptions, savoir, en pays de droit écrits, le droit romain; ou au moins la législation générale sur les droits des pères, qu'aucune législation n'a méconnu ni voulu méconnaître, au point de permettre d'enlever les enfans à leur famille, au moyen d'une prétendue adoption.

Une semblable logique se détruit, par le fait « que les lois romaines étaient inusitées » en France, tant dans les provinces de droit » écrit que dans les pays coutumiers, lorsque » l'adoption y a été introduite en 1792; » et par le principe « qu'à l'autorité législative » seule appartenait le droit de subordonner » à ces lois la validité d'un acte quelconque » d'adoption fait depuis cette époque; d'où il » suit que les juges commettraient un excès de » pouvoir, en prenant leurs dispositions pour » base de la nullité d'un acte d'adoption fait » dans le temps et dans les formes dont il » s'agit. » (1)

Adoption aux termes du code civil.

Adoptions faites antérieurem.

3.° *En matière d'adoption* « *la loi transi-* » *toire du 25 germinal an 11, a déclaré vala-* » *bles et productives d'effets, toutes les adop-* » *tions faites, par actes authentiques,* depuis » le 18 janvier 1792 jusqu'à la publication des » dispositions du code civil relatives à l'adop- » tion, quand elles n'auraient été accom- » pagnées d'aucunes des conditions depuis

____

(1) 16 *Frim. an XII.* Cass. BREDIN. Jour. du Pal. an 12, 1. s. p. 228 —— Jour. des Aud. an 13, p. 8. —— Jur. an 12, p. 289. —— Bul. de la Cour, an 12, p. 428.

» imposées pour adopter et être adopté. »
« La fausse application desdites lois serait
» de la plus haute importance à proclamer,
» dans le cas où elle aurait eu lieu à l'occasion
» d'adoptions faites, dans l'intervalle susdit,
» par des actes authentiques, dont les der-
» niers auraient été reçus par des officiers de
» l'état civil. » (1) *V. Enfans* adoptif, *Héritiers,*
Alimens, Mineurs.

ADULTÈRE. (*) ADULTÉRIN.

1.º *Dans l'état actuel de la législation,* « le
» mari est seul recevable a accuser sa femme
» d'adultère, à l'effet de faire prononcer le di-
» vorce et la déchéance des gains nuptiaux ;
» comme il était seul recevable, avant là loi
» du 20 septembre 1792, à provoquer contre
» elle les peines de *l'authentiques.* » (**)

Règle sur l'action en résultant.

2.º *L'action d'adultère ne peut être valable-*
ment intentée par les héritiers du mari, contre
la femme de ce dernier, afin de se dispenser

Comme elle doit être intentée.

------

(1) 16 *Fruct. an XI.* — Voyez page précédente à la note.

(*) *Adultère,* c'est l'action des personnes mariées qui violent la foi conjugale ; il se dit aussi de la personne qui commet l'adultère : *Adulter, Adultera.* — On disait en vieux français, *Alvoure ;* cette expression est encore usitée en basse Bretagne pour signifier adultère.

Adultérin, fils ou fille nés d'un adultère : termes de droit qui n'est en usage qu'au barreau.

(**) *Dit M.* MERLIN, *Quest. de Droit,* au mot *Adultère,* 1.ᵉʳ vol., p. 85.

M. le Procureur-général rapporte à ce mot tous les principes de cette matière.

De l'action
en résultant.

de lui restituer la dot qu'elle a apporté en se mariant.

En vain dirait-on, qu'en qualité de frère du défunt, l'on serait fondé à intenter contre l'épouse de son frère l'accusation d'adultère; et qu'il faudrait distinguer dans cette matière l'accusation directe de celle qui, comme dans l'espèce, est intentée *PER MODIUM EXCEPTIONIS.*

En effet, « l'action des mœurs de la femme, » appartient essentiellement au mari; lui seul » a le droit de provoquer la punition de l'injure qu'il a reçue de son épouse. »

Vainement encore, ferait-on valoir la circonstance que le mari, en son vivant, aurait rendu plainte en justice et fait informer pour cause de disparution de sa femme, par suite d'un enlèvement par elle consenti; (*) et dirait-on le mari ayant rendu plainte, il a le premier manifesté le resentiment qu'il éprouvait d'une semblable conduite; or, c'est le cas d'argumenter de la maxime, *OMNES ACTIONES QUÆ MORTE AUT TEMPORE PEREUNT*, &c. *Leg.* 139, *de reg. jur.*

On répondrait, *avec M. MERLIN*, dans l'hypothèse, il n'y a non seulement point eu d'accusation d'adultère, mais pas même de demande en séparation de corps, ainsi qu'il se pratiquait antécédemment: le mari a survécu quatre ans à la loi de septembre 1792, sans avoir fait usage du remède que cette loi lui offrait; le silence qu'il a gardé pendant un temps où cette loi agitait tous les esprits, ne

---

(*) L'enlèvement, la plainte et l'information ont eu lieu en 1778, et le mari est décédé en l'an IV.

déposé-t il point en faveur de son épouse ? D'ailleurs, quand même il eût fait prononcer le divorce, qu'en serait-il résulté ? Cette loi l'indique ; elle eût perdu ses avantages nuptiaux ; mais jamais sa dot.

Tels sont les effets de la désertion de la femme d'après les lois ; mais, en supposant qu'elle fut convaincue d'adultère, aujourd'hui en France, il faudrait pour le crime d'adultère, comme pour celui de désertion, que le mari eût avant la loi de 1792 obtenu la séparation de corps.

Enfin, on dirait avec la Cour de Cassation : « le mari n'a point rendu une plainte en » adultère, ni obtenu la séparation de corps, » avant le 20 septembre 1792 ; depuis cette » époque il n'a pas fait provoquer son divorce ; » d'ailleurs cette voie n'eût point opéré la » confiscation de la dot. » (1)

1.º *ADULTÉRIN* (*l'enfant*) *peut profiter des donations faites à son profit, par celui qui l'a reconnu* dans un testament, lorsque le père est mort dans l'intervalle de la loi du 12 brumaire an II, à la publication du code civil.

En conséquence, il peut recevoir des alimens sur les biens provenans de la succession de son père.

Parce « qu'en jugeant qu'il est dû des ali- » mens à *un enfant adultérin* par la succes- » sion de son père, d'après le testament de » celui-ci, les juges ne feraient que se con-

Code civil.
Alimens.

______

(1) 2 *Vent. an XI.* Rej. *MATHIEU.* Jour. du Pal. an 11, 2. s. p. 8. — Jur. an 11, p. 182.

» conformer à l'article 2 de la loi transitoire
» du 14 floréal an 11. » (1) *V. Testament ,
Donation , Succession.*

AFFAIRE. (*)

En matière civile.

En première instance.

1.º « *Les affaires personnelles ou mobiliaires,*
» qui excèdent la valeur de 1000 francs de
» principal, ou lorsqu'elles sont réelles, et
» que leur objet principal excède 50 francs
» de revenu sont, hors le cas du consente-
» ment des parties, jugées en premier ressort
» par les tribunaux de première instance ,
» aux termes de la loi d'août 1790 ; »
» Il n'y a d'exception à ce principe, par la
» loi du 11 septembre 1790 art. 2 , que pour
» les affaires civiles relatives à la perception
» des impôts indirects , auxquelles cette ex-
» ception est nominativement restreinte. » (2)
V. Ressort.

Des domaines.

2.º *Les affaires du Domaine sont soumises
à deux distinctions.*

« Celles qui n'ont pour objet la perception
» d'aucun impôt indirect, mais seulement le
» recouvrement d'une somme principale due
» aux domaines pour restant du prix d'adju-

______

(1) 28 *Prair. an XIII.* Rej. **Brunel.** Jour. du Pal. an
14, 1. s. p. 81. — Jur. an 13 , p. 357.

(*) Ce terme désigne en général tout ce qui est le
sujet de quelque occupation; *Negotium rei.* Il est susceptible de beaucoup d'acceptions; il se dit particulièrement des procès et de tout ce qui se traite en quelque
juridiction que ce soit, tant en matière civile , qu'en
matière criminelle; *Lis, Causa, Controversia ;* c'est seulement dans ce sens que nous nous en occuperons.

(2) 20 *Flor. an XI.* Cass. *Régie de l'enregist.* Bul. de
la Cour, an 11, p. 253.

» dication d'une coupe de bois, excédant la *Des domaines,*
» valeur de 1000 fr., sont soumises aux deux
» dégrés de juridiction. »

« On ne saurait tirer une conséquence con-
» traire des dispositions de l'article 17 de la
» loi du 9 octobre 1791, qui rend commune
» aux affaires du domaine la forme de pro-
» cédure prescrite par l'article 25 de la loi du
» 19 décembre 1790, pour les affaires rela-
» tives au droit d'enregistrement; parce que
» cet article 25 ne détermine rien sur le
» nombre de dégrés de juridiction. »

« Si les affaires du droit de l'enregistrement
» doivent être indistinctement jugées en pre-
» mier et dernier ressort, cela provient uni-
» quement de ce que ce droit étant un im-
» pôt indirect, les actions relatives à la per-
» ception de ce droit se trouvent nécessaire-
» ment comprises dans la disposition de l'art.
» 2 de la loi du 11 septembre 1790. (1)

3.° *Les affaires de la régie des Domaines*
sont instruites par mémoire, sans qu'il soit
besoin du ministère des avoués.

« L'article 17 de la loi du 27 ventôse an IX
» qui dispense ladite régie de l'obligation
» d'employer le ministère des avoués dans
» les procès qu'elle a à soutenir pour toutes
» les perceptions qui lui sont confiées, em-
» brasse indistinctement dans sa disposition,
» et les affaires concernant la perception des
» revenus nationaux et celles relatives aux
» droits d'enregistrement. » (2) *V. Avoués.*

____

(1) *Voyez* la note (2), page précédente.

(2) 4 *Vent. an XI.* Cass. *Régie de l'enregist.* Bul. de
la Cour, an 11, p. 175 et 176.

D'enregistr.

4.º *Les affaires relatives au droit d'enregistrement ne peuvent être jugées sans rapport préalable fait par un juge.*

« En effet, les jugemens des affaires relatives
» au paiement des droits d'enregistrement,
» prononcés sans rapport préalablement fait
» par l'un des juges , doivent être cassés
» pour contravention formelle à l'article 65
» de la loi du 22 frimaire an VII. » (1)

5.º *Les affaires de l'état défendues par les Préfets doivent être instruites sans ministère d'avoués.*

Parce « que l'art. 2 de la loi du 19 ventôse
» an IV , les arrêtés du Gouvernement du 10
» thermidor suivant , et 7 messidor an VIII,
» constituent les commissaires du Gouverne
» ment seuls dépositaires de l'intérêt natio
» nal , et les autorisent à faire ce que les
» avoués font dans les affaires qui ne regar
» dent pas la république. » (2) *V. Préfets,*
Avoués.

Pendant les vacations.

6.º *Les affaires ordinaires qui ne requiert pas célérité , peuvent être jugées pendant les vacations , lorsque les parties ont plaidé sans réclamation.*

C'est-à-dire « que si la cause a été plaidée
» contradictoirement dans le cours de l'année
» judiciaire , et qu'y ayant eu partage d'opi
» nions , elle ait été renvoyée contradictoire
» ment , et du consentement des parties , au

----

(1) 6 *Vend.* 4 *Fruct. an XI.* Lecoute , et d'office. Cass. Bul. de la Cour, an 11, p. 8 et 597 ; et une foule d'autres arrêts rendus dans le même sens.

(2) 29 *Therm. an X.* Cass. d'office. Jour. du Pal. an 11, t. 3, p. 245.

» 17 *septembre ;* lorsqu'au dit jour les mêmes
» parties concluent et plaident de nouveau
» leur cause, sans aucune réclamation, et
» qu'enfin le jugement *qui a fixé l'affaire au-*
» *dit jour*, n'est point attaqué ; » les juges
d'appel qui déclareraient le jugement rendu,
après lesdites conclusions et plaidories des parties, nul, comme ayant été rendu pendant
les vacances, quoique l'affaire ne fut ni som-
maire, ni du nombre de celles qui requièrent
célérité, « feraient une fausse application de
» la loi. » (1)

Voyez *Vacances*, *Administrations* de l'enregistrement, des douanes, des postes &c.,
Conciliation, *Sommaires*, *Provisoires*, *Ressort*,
le *Traité de compétence* et les mots indicatifs
de la nature des différentes affaires sur lesquelles vous désirerez des renseignemens.

AFFICHES. (*)

1° Les *affiches* « *autres que celles d'actes*   Auteurs et
» *émanés d'autorité publique, quelque soit leur*   Imprimeurs.
» *nature ou leur objet, sont assujetties au tim-*
» *bre fixe ou de dimension ;* . . . . les auteurs,
» afficheurs, distributeurs et imprimeurs des-
» dites affiches sont solidairement tenus de

------

(1) Janvier 1806. Cass. *CHARASSE*. Jour. du Pal. au
1806, 1. s. p. 410.

(*) *Affiche*, est dans la signification ordinaire un
placard en lieu public, pour rendre une chose connue
à tout le monde ; lequel ne doit par conséquent point
être mis dans des coins hors de la vue du public : au
Palais on nomme *affiches*, les proclamations faites par
autorité de justice, ou pour faire connaître les décisions
et condamnations prononcées en matière pénale. *Tabula*
publice proposita. Voilà notre espèce.

» l'amende *encourue par la contravention*,
» sauf leur recours les uns contre les autres. »
Telles sont les dispositions de la loi du 9 ven-
demiaire an VI.

2.º *L'imprimeur d'une affiche non timbrée
est passible de l'amende encourue par cette
contravention.*

« Il importe peu que l'imprimeur ait ou
» non donné l'ordre de placarder l'affiche;
» il suffit que de fait elle ait été placardée,
» et que l'imprimeur l'ait imprimée pour qu'il
» soit passible de l'amende mentionnée dans
» la loi précitée, sauf son recours contre qui
» de droit. » (1)

Ordonnées par jugement.   3.º *En matière de commerce;* les juges peuvent ordonner l'affiche de leurs jugemens,
s'ils en sont requis, contre celui qui en es-
comptant une lettre de change conçue en livres tournois, n'en a payé la valeur que de
cette manière, lorsqu'il en a reçu le paiement
en francs, et pour raison de la somme formant
la différence entre la monnaie tournois et la
monnaie décimale.

Parce « qu'aucune loi n'interdit aux tribu-
» naux civils la faculté d'ordonner l'affiche
» de leurs jugemens, aux frais de la partie
» condamnée, lorsqu'ils en sont requis. » (2)

En fait d'ex-propriation forcée. (a)   4.º *En matière d'expropriation forcée,* « la
» loi du 11 brumaire an VII, en exigeant,

---

(1) 23 *Vent. an* X. C**ass**. *Régie de l'enregist.* Bul. de
la Cour, an 10, p. 233.

(2) 1.ᵉʳ *Frim. an* X. Q**UES**. DE DROIT, au mot *monnaie.*

(a) Les formalités des affiches relatives aux expro-

» *dans*

» *dans les affiches des immeubles à vendre,*
» l'énonciation de l'étendue superficielle, n'a-
» vait pas fixé la manière dont elle pourrait
» être faite : »

Et l'on ne pouvait exiger que cette étendue
fut exprimée par toises ou mètres.

En effet « cette étendue, relativement aux
» maisons, pouvait être fixée de plusieurs ma-
» nières, par l'énumération des bâtimens,
» du nombre des croisées, par l'énonciation
» des tenans et aboutissans ; cela devait équi-
» valoir à la désignation par toises et par mè-
» tres : d'ailleurs, s'il était facile quelquefois
» de désigner ainsi les habitations, il était plus
» souvent impossible de le faire, sans entrer
» dans l'intérieur des asyles des citoyens, et
» quand la loi se taisait à cet égard, on ne de-
» vait pas lui supposer cette rigueur. » (1)

Enfin « aucun article de la loi n'imposait la
» nécessité de détailler dans l'affiche toutes
» les parties qui composaient un corps de biens;
» ainsi il suffisait d'en énoncer les principales
» parties. » (2)

L'affiche ne devait point, de nécessité ab-
solue, être apposée sur les petits bâtimens,
dépendans d'un domaine considérable.

Lorsque les juges reconnaissaient qu'une petite maison, sur laquelle il n'avait point été apposé d'affiche, avait été louée avec la métairie

---

priation forcées, ont été l'objet de beaucoup de pourvois,
dont nous ne rendrons pas compte ; les dispositions du
code de procédure ayant apporté des changemens avantageux sur cette matière.

(1) *Sans date.* Rej. Jour. du Pal. an 11 2. s. p. 97.

(2) 12 *Therm. an XII.* Cass. *RAVETTE.* Jour. du Pal.
an 13, 1. s. p. 337.

principale, ils pouvaient rejetter le moyen de nullité tiré de cette circonstance, « lorsque l'af- » fiche avait été apposée au principal manoir » du domaine saisi. » (1)

Cas où elles ne peuvent être ordonnées.   5.° *Les tribunaux ne peuvent ordonner l'af- fiche de leurs jugemens dans les cas qui sui- vent ;*

En fait de perception des droits de passe, ou autres par analogie : « parce que la disposition » par laquelle les juges, en déclarant *la par- » tie poursuivie* exempte de la taxe en ques- » tion, ordonneraient l'affiche du jugement, » serait un excès de pouvoir, qui tendrait à » paraliser la perception du droit en ques- » tion. » (2)

En matière de police.   6.° *En matière de police,* pour fait d'injures verbales.

Dans l'espèce ; « aucune loi n'interdit aux » tribunaux de police d'ordonner l'affiche de » leur jugement, lorsque cette affiche est pro- » voquée par les conclusions des plaignans : » (3) « mais, lorsqu'elle est ordonnée à un nom- » bre excédant celui demandé par la partie » plaignante, cet excédant ne peut être con- » sidéré que comme une augmentation de » peine, et non comme dommages et intérêts, » ce qui constitue un excès de pouvoir. » (4)

____

(1) 5 *Fruct. an XI.* Rej. CRÉPIN. Jour. du Pal. an 12, 1. s. p. 17.

(2) 14 *Pluv. an X.* Cass. d'office. Bul. de la Cour, an 10, p. 173.

(3) 25 *Pluv. an XII.* Rej. WIRTZ. Jour. du Pal. an 12, 2. s. p. 273.

(4) 17 *Therm. an XI.* Cass. LEGRIP. Bul. de la Cour, an 11, p. 334.

Il en est de même « lorsque les lois dont
» l'application a été faite, ne prononcent
» point l'impression et l'affiche du jugement ;
» cette condamnation, prononcée d'office, est
» un excès de pouvoir, qui, aux termes de
» la disposition de l'article 456 du code des
» délits et des peines, donne ouverture à la
» cassation. » (1)

AFFIRMATION. (*)

1.° *EN FAIT DE DÉLITS CHAMPÉTRE et FO-* Des procès-
RESTIERS ; un procès-verbal de garde-champêtre verbaux
est nul, s'il n'est affirmé ; il en est de même du délits.
si l'affirmation est faite devant quelqu'un
qui n'a pas le droit de la recevoir ; cette affirmation étant nulle, elle ne peut produire
aucun effet. (2) *V. Procès-verbaux.*

2.° « *Le délai de vingt-quatre heures pour*
» *l'affimation d'un procès-verbal, court, non*
» *du jour du délit ou de la reconnaissance,*
» *mais bien de la signature du procès-verbal*
« *qui le constate.* »
« Tel est le véritable sens de l'art. 7 du ti-
» tre 3 de la loi du 29 septembre 1791, puis-

---

(1) 30 *Vend. an XI.* Cass. . . . Jour. du Pal. au 12,
Coll. p. 78.

(*) Expression par laquelle on assure qu'une chose
est vraie : *Affirmatio.* En justice ; c'est le serment qu'on
prête, et l'assurance que l'on donne de la vérité de
quelque fait ; cette affirmation est reçue par le juge,
lequel fait lever la main et jurer que la chose affirmée
est véritable. Généralement on fait peu d'attention à
l'importance des affirmations.

(2) 5 *Brum. an XII.* Rej. . . . Jour. des Aud. an 12,
p. 147.

» qu'autrement la disposition deviendrait sou-
» vent inexécutable ; ce qui arriverait surtout
» quand , par la nature du délit , et par la
» nécessité d'ailleurs prévue par l'art. 5 du
» même titre, de se porter successivement sur
» différens points pour suivre le délit et le
» constater , il serait nécessaire de consacrer
» vingt-quatre heures à cette recherche et à
» cette vérification. »

» En principe , un procès-verbal dressé le
» 8 et affirmé , le lendemain 9 est affirmé dans
» les 24 heures mêmes de la signature. » (1)

EN MATIÈRE DE DOUANES. 3. *EN MATIÈRE DE DOUANES , l'affirmation du procès-verbal d'une saisie peut être valablement faite devant le juge du lieu où les marchandises ont été conduites , encore que ce juge ne soit pas celui qui devra connaître de la saisie.*

L'affirmation est valable lorsque le juge énonce que les faits ont été *déclarés véritables*, sans qu'il soit fait mention d'affirmation.

La raison de le décider ainsi est que « dès
« que les employés se trouvent dans le lieu
» où est le bureau où les marchandises sont
» déposées , aucune loi ne leur prohibe d'affir-
» mer leur procès-verbal devant le juge de
» paix qui y réside, quoique d'ailleurs , pour
» statuer sur le fond , ils donnent la citation
» à la partie devant le juge dans l'arrondis-
» sement duquel la saisie a été faite : car , l'ar-
» ticle 4 de la loi du 24 fructidor an III , n'a

---

(1) 2 *Messid. an XIII:* Cass. *Administr. forestière.* Bul. de la Cour, an 13, part. crim. p. 290.

» été fait que pour les cas ordinaires où le
» transport des marchandises a lieu dans le
» plus prochain bureau. »

Sur la forme de l'affirmation , « rien ne peut
» porter à croire que l'intention des préposés
» n'ait pas été suivie , quoique le juge , qui
» peut n'être pas versé dans la langue fran-
» çaise , se soit servi d'une expression im-
» propre. » (1)

4.° « *Aux termes de l'article* 10 *de la loi du*
» 9 *floréal an VII* , *le seul relatif à l'affirma-*
» *tion des procès-verbaux* , *elle doit seulement*
» *se faire dans le délai donné pour compa-*
» *raître ;* ainsi tous les momens sont bons. »

« Mal-à-propos prétendrait-on qu'ils dus-
» sent être affirmés au jour et au moment
» même de la comparution indiquée par la
» citation , ce qu'aucun des dix premiers ar-
» ticles de la loi citée ne prescrit. » (2)

5.° *L'affirmation des procès-verbaux dres-*
sés par les préposés de la régie du timbre ,
pour cause de contraventions , *n'est pas requise.*

RÉGIE
DU TIMBRE.

» Les articles 31 et 32 de la loi du 13 bru-
» maire an VII renferment les formalités à
» observer de la part des préposés à la régie
» du timbre , lors des contraventions à cette
» loi ; et il n'y est fait aucune mention de
» l'obligation d'affirmer leurs procès-verbaux ;

---

(1) 15 *Flor. an XII.* Cass. Sections réunies. *Régie des*
douanes. Jour. du Pal. an 12, 2. s. p. 435. —— Jour. des
Aud. an 12 , p. 433. — Jur. an 12, p. 277.

(2) 18 *Germ. an XIII.* Cass. *Régie des douanes.* Bul.
de la Cour , an 13, p. 284.

» enfin, nulle autre loi relative au timbre,
» n'exige cette formalité; (1) comme la loi
» du 22 août 1791 la prescrit dans la matière
» des douanes, qui a ses règles particulières. »
« D'où il suit, qu'en annullant un procès-
» verbal *de cette espèce*, sous le prétexte qu'il
» n'aurait pas été affirmé, les juges commet-
» traient un excès de pouvoir et priveraient la
» régie de l'exercice d'un droit légitime. » (2)

AGE. Relativement à ce mot, voyez *Jurés*
et *Procédure criminelle.*

AGENT. (*)

*Du Gouverne-
ment.*

*En pays
étranger.*

1.° *L'agent du Gouvernement, qui malverse
dans un pays étranger, doit être poursuivi et
jugé en France*, par le tribunal le plus voisin
du lieu du délit.

C'est-à-dire « qu'un payeur du trésor pu-
» blic en Helvétie, prévenu d'avoir détourné
» et spolié les fonds publics (encore qu'il fut
» contumax) serait renvoyé par la Cour de
» Cassation (sur la demande faite au nom de

---

(1) 26 *Frim. an XIII.* Cass. *Régie du timbre.* Bul.
de la Cour, an 13, p. 101.

(2) 13 *Brum. an X.* Cass. *Régie. de l'enregist.* Bul. de
la Cour, an 10, p. 49.

(*) *En physique*, c'est ce qui agit, ce qui opère.
Mais sous les rapports où nous allons l'examiner: Agent
d'un Prince ou d'un gouvernement, est celui qui est
commis pour faire les affaires, soit dans l'intérieur, soit
à l'extérieur de ses états ; il est synonime de député
ou procureur fondé. — *Agent* de change ou de banque;
c'est celui qui, dans une grande ville de commerce,
facilite le négoce des lettres et billets de change, et le
débit des marcharchandises entre marchands; on les
nomme aussi *Courtiers.*

» Sa Majesté) pardevant le magistrat de sûreté
» de Colmar ; et en cas d'accusation admise,
» pardevant la cour criminelle du Haut-Rhin.»

« Parce que, cet abus d'un fonctionnaire
» public français, dans l'exercice de ses de-
» voirs, ne peut êtré poursuivi que devant
» un des tribunaux de l'empire le plus voisin
» du lieu du délit. »

« Et pour le cas où le prévenu serait, à
» l'époque où l'état de la caisse aurait été
» vérifié, restreint aux fonctions civiles du
» paiement des pensions accordées par le
» Gouvernement français aux anciens mili-
» taires de l'Helvetie, il ne pourrait être pour-
» suivi que devant les tribunaux civils.» (1)

2.° « *Les opérations des agens du Gouver-*
» *nement, exécutées par ses ordres et avec les*
» *fonds du trésor public, se placent naturelle-*
» *ment dans les affaires administratives.* »

De ce principe général il résulte qu'*un*
agent du Gouvernement qui en cette qualité
a souscrit, au profit d'un fournisseur, des let-
tres de change, qui ont été protestées faute de
paiement, ne peut être condamné par le tribu-
nal de commerce et par corps au paiement ou à
la garantie envers les endosseurs desdites lettres.

La condamnation ainsi prononcée par le
tribunal de commerce contiendrait excès de
pouvoir, et contravention à l'article 13 du
titre 2 de la loi du 24 août 1790, et à la loi du
16 fructidor an III, qui interdissent aux tribunaux la connaissance des faits d'administration ;

---

(1) 23 *Fruct. an XIII.* Réglem. de juges. Jour. du Pal.
an 1806; 1. s. p. 292.

Par le seul fait « que l'agent du Gouverne-
» ment aurait traité, comme sous-chef de l'ad-
» ministration des vivres de la marine, avec
» le fournisseur, conséquemment en sa qua-
» lité d'agent du Gouvernement, pour le Gou-
» vernement et en son nom. » (1)

Il en est de même à l'égard *d'une compagnie envers laquelle le Gouvernement serait convenu de lui fournir des bâtimens dont les réparations seraient faites à son compte.*

Si cet accord de la *première* compagnie
avec le Gouvernement est accepté par une
seconde, cette dernière ne peut traduire la
première devant les tribunaux, pour raison des
réparations qu'elle aurait faites aux bâtimens
fournis par le Gouvernement ;

Car le jugement du tribunal de commerce
serait cassé, par le motif « que le tribunal de
» commerce n'est compétent, ni à raison de
» la *matière*, ni à raison des *conventions* ; et il
» serait ordonné, que sans égard au juge-
» ment attaqué, qui serait regardé comme
» nul, les parties se pourvoiraient pardevant
» qui de droit. » (2)

De Change.
Action,
*Negotiorum.
gestorum.*

3.° *Les agens de change sont responsables
de leur gestion lorsqu'ils s'immiscent dans l'administration des fonds qui leur sont remis.*

C'est-à-dire, lorsqu'il est constant *en fait*,
que les fonds d'une personne mineure ou interdite, et incapable de gérer ses affaires par
elle-même, ont été remis à un agent de

---

(1) 8 *Messid. an XI.* Cass. *Labouret.* Bul. de la Cour,
an 11, p. 308.

(2) 24 *Vend. an X.* Régl. de juges. *Compagnie Ovin.*
Jur. an 10, p. 73. — Jour. du Pal. an 10, 1. 5. p. 446.

change; que cet agent n'a pu ignorer le défaut de capacité de cette personne, et qu'il
s'est immiscé dans l'administration de ses
biens, il est responsable de sa gestion.

Il ne peut se prévaloir de sa qualité d'agent
de change; et doit être regardé comme un
simple particulier, lorsqu'il ne s'est pas conformé aux articles 10 et 16 de la loi du 8 mai
1791, qui obligent les agens de change à tenir
des registres paraphés par le juge, et à y
coucher leurs opérations.

En droit, il devient responsable de ses opérations, et l'action *NEGOTIORUM GESTORUM*
frappe contre lui, solidairement avec ceux
ou celles qui ont géré avec lui.

En vain, pour se soustraire à l'application
de ces principes, cet agent de change dirait-
il : le défaut de paraphe de mon journal ne me
prive pas du droit d'opposer ma qualité d'agent
de change, puisque la loi ne prononce, en cas
de contravention, d'autre peine que celle de la
destitution ; la loi *NEGOTIORUM GESTORUM* me
serait mal-appliquée, puisqu'il ne s'agit pas
de la gestion d'un particulier, mais des faits
d'un agent de change, qui n'entraînent aucune responsabilité.

Toute cette défense, succomberait devant
les juges qui prendraient pour base, de l'application des principes ci-dessus, « le fait que
» cet agent de change n'avait reçu aucun
» mandat pour sa gestion; et qu'ainsi les lois
» relatives au *NEGOTIORUM GESTOR*, peuvent
» lui être justement appliquées. »

En effet « pour envisager *le gérant* sous
» une autre qualité que celle d'agent de
» change, les juges peuvent se fonder sur d'au-
» tres faits et d'autres circonstances que le

» défaut de paraphe de son registre, lorsque
» dans l'affaire, ces faits et ces circonstances
» peuvent le faire envisager comme un sim-
» ple particulier. » (1) (*)

Qui agiote les fonds publics.   4.° Il en est autrement *d'un agent de change qui fait des spéculations sur les fonds publics ; ce spéculateur est justiciable des tribunaux de commerce et contraignable par corps.*

En vain dirait-il pour échapper à sa juste condamnation et au par corps : mes spécula-tions ne sont pas des opérations commerciales, ce sont des gageures, de simples jeux de ha-sard (**); donc, je ne suis point justiciable du tribunal de commerce.

On lui répondrait « vous étiez dans l'usage
» de faire des négotiations dans les fonds pu-
» blics; sous ce point de vue, vous pouvez être
» placé dans la classe des commerçans, et par
» suite, vous pouvez être traduit au tribunal
» de commerce. » (2)

AINÉ. AINESSE (droit d'). (***)

Des préroga-tives en résul-tant. (a)
Coutume d'Artois.   1.° *L'AINÉ, dans la coutume d'Artois, pou-vait être privé par son père de toute part*

---

(1) 3 *Fruct. an XI.* Rej. D*EGUMIN.* Jour. du Pal. an 11, Coll. p. 297. — Jur. an 11, p. 58.

(*) Le principe du droit romain consacré par cette décision, l'a été dans l'article 29 de l'ordon. de 1667, et est renouvellé dant les art. 1392 et suiv. du code civil.

(**) Qui ont ruiné les particuliers et l'état, depuis quatorze années. *Note du Rédacteur.*

(2) 18 *Fév.* 1806. Rej. G*RELLET.* Jur. 1806. p. 220.

(a) Beaucoup de décisions relatives aux prérogatives résultantes du droit d'ainesse sont rapportées au mot *Succession* dont elles étaient inséparables.

(***) *Ainé,* (l') est celui qui naît le premier d'un

dans ses biens libres, dans le cas où le fils eut voulu exercer rigoureusement son *droit d'aînesse*.

En d'autre termes, si par testament et codicile, fait depuis 1759 jusqu'en 1792, le père avait *ordonné le partage égal de tous ses biens entre ses enfans, sans préciput ni prérogative de droit d'aînesse; avec clause, qu'en cas de contestation par l'un de ses enfans, il le privait de sa part dans les biens disponibles, pour accroître aux acquiescans auxquels il en faisait don et legs*, cette disposition a dû recevoir son exécution à la lettre.

C'est-à-dire, que d'après cet acte, si l'aîné a voulu jouir du bénéfice des réserves coutumières, il a dû rapporter la part par lui déjà perçue dans lesdites réserves coutumières, ou au moins y renoncer dans le cas où il n'aurait rien perçu sur icelles. (*)

En effet, les juges qui auraient accordé à l'aîné ses réserves suivant la coutume, et l'aurait encore admis à partager dans les biens libres, auraient fourni motif à la cassation de leur décision.

Parce « qu'il résulte des articles 91, 94 et » 133 de la coutume d'Artois, que le père des » parties aurait pu valablement disposer,

---

mariage : *Natu maximus*; le second est l'aîné du troisième, le troisième l'est du quatrième, ainsi de suite.

Ainesse, primogéniture; c'est la qualité de ce qui fait un aîné, et le droit que cette qualité lui donne; il n'est guère en usage qu'en y joignant le mot droit, (droit d'aînesse), lequel est supprimé depuis le 25 février 1790.

(★) « Les biens dont le père pouvait disposer, et dont » il avait disposé, étaient les meubles, acquêts non-féo- » daux, et même le quint des acquêts féodaux à titre » d'aumône, outre le quint (*la cinquième partie du tout*) » naturel desdits biens. »

» comme il aurait été fait, en faveur de ceux
» de ses enfans qui ne contreviendraient point
» à ses dispositions, pour accroître et mul-
» tiplier à leur profit. »

« Or, la décision dont il s'agit aurait ma-
» nifestement prononcé contre le texte de ces
» articles, en ordonnant le partage égal des
» biens disponibles du testateur, et en ad-
» jugeant à l'aîné les biens que les lois et
» coutumes lui adjugeaient à ce titre, par
» préciput (*) et hors de part, sans adjuger
» aux autres enfans les biens de libre dispo-
» sition. »

« En prononçant ainsi, les juges violeraient
» les articles 91 et 133 ci-dessus cités, et fe-
» raient une fausse application de l'article
» 94. » (1)

Coutume
de Dax.

2.º *L'aîné, dans la coutume de Dax, ne
pouvait pas être privé des biens avitins (**)
qui lui étaient déférés par cette coutume*

C'est-à-dire, qu'un testament, rédigé sous
l'empire de cette coutume, ne pouvait accorder au *puiné* une portion desdits biens avitins
au préjudice de *l'aîné*, à qui l'art. 5 de la loi
du 8 avril 1791 était applicable.

En vain aurait-on dit, pour soutenir la validité de ce testament, que l'aîné n'avait point

---

(*) *Préciput*, avantage faisant partie du droit d'aînesse;
il consistait dans la principale habitation fiéfale et un ar-
pent de terre nommé *vol du chapon*, le tout pris avant
partage et sans préjudice de la part dans le reste de
l'hérédité.

(1) 12 *Germ. an IX.* Cass. Top**ART**. Bul. de la Cour,
an 9, p. 132. — Quest. de droit, au mot *Aînesse*.

(**) *Avitins*, terme surranné, encore en usage dans les
basses Pyrénées; il signifie qui vient des ancêtres.

été personnellement préterit, et qu'il n'était point habile à se plaindre de la prétérition du testateur. (*)

On aurait répondu : « les articles 1 et 2 de » la coutume de Dax prononcent l'indisponibi- » lité à titre de testament des deux tiers des » biens avitins, et les attribuent exclusive- » ment à l'aîné ; cette attribution exclusive » est maintenue par l'article 5 de la loi de 8 » avril 1791, lorsque cet aîné était marié ou » veuf avec enfans, avant la publication de » la loi du 8 avril, et lorsque la succession a » été ouverte avant les lois qui ont aboli les » exceptions portées en ladite loi. »

« Ainsi les juges contreviendraient formel- » lement aux diverses lois précitées, en dé- » clarant le testament, dont il s'agit, vala- » ble et en ordonnant qu'il soit exécuté dans » toutes ses dispositions. » (1) *V. Donation, Testament, Succession ;* où les droits d'aînesse sont établis suivant les espèces.

ALIÉNATION. (**)

*LES ALIÉNATIONS de redevances mêlées avec le cens (***)faites par le seigneur à un tiers,*   De choses féodales.

(*) *Prétérition*, l'omission d'un de ses fils dans un testament. *Voyez Prétérition, Testament.*

(1) 14 *Vend. an* IX. Cass. PREUILH. Bnl. de la Cour, an 9, p. 12.

(**) *Aliénation :* tout acte par lequel on se dépouille de la propriété d'une chose pour la transférer à un autre, soit à titre lucratif, comme la *donation*, soit à titre onéreux, comme la *vente* ou la *permutation*; (*échange d'une chose contre un autre*). —— On dit encore *aliénation d'esprit*, pour dire folie : la fureur est une violente aliénation d'esprit, sans fièvre. *V. ces mots.*

(***) Etait parmis nous la marque de la seigneurie;

avant la suppression du régime féodal, n'ont point été atteintes par cette abolition, lorsque la réserve de la seigneurie et du cens a été expressement faite par le seigneur, lors ce cette vente.

En peu de mots, la rente aliénée change de nature lorsqu'elle passe dans les mains d'un tiers non-seigneur. *V. Rentes* et *Redevances.*

Parce que « l'esprit général des lois abo-
» litives de la féodalité n'a point été de trou-
» bler les possessions paisibles et particulières,
» fondées sur des acquisitions légitimes, mais
» seulement de réprimer, vis-à-vis des ci-
» devant seigneurs, les abus et les usurpa-
» tions de la puissance féodale ;.... et non les
» redevances qui, au moment même de la
» suppression .... étaient dues par des par-
» ticuliers non-seigneurs, ni possesseurs de
» fiefs ; ... surtout, dans l'espèce, où par le
» contrat d'aliénation le vendeur s'était re-
» servé le fief et le droit de censive. » (1)
V. Absent, nomb. 4, et *Protestant.*

ALIMENS. (*)

Aux enfans naturels.

Avant la loi du 12 brum. an II.

1.° Les *ALIMENS* démandés par un enfant naturel doivent lui être adjugés, si sa demande est suffisamment justifiée, même par témoins.

---

c'était la retenue que le seigneur faisait lorsqu'il donnait à *cens* et rente une terre de son fief, comme marque de sa seigneurie.

(1) 10 *Niv. an XIV.* **Cass. Sezée.** Jour. du Pal. 1806, 1. s. p. 417.

(*) *Alimens*, en jurisprudence, signifie non seulement la nourriture, mais encore l'entretien des habits et du logement. — *En fait d'excès et de blessures*, on adjuge les médicamens comme faisant partie des alimens. —

En d'autres termes; la demande d'alimens faite par un enfant naturel sur la succession de son père, décédé avant 1789, n'est point assujettie à la preuve de son état aux termes de la loi du 12 brumaire an II.

En effet, « cette loi n'exige des preuves écri-
» tes, ou une suite de soins donnés à titre
» de paternité et sans interruption, que de
» ceux des enfans naturels qui réclament des
» droits succcessifs; mais, dans l'espèce, re-
» jetter cette demande sur le fondement que
» la preuve offerte n'aurait pas le caractère
» exigé par la susdite loi de brumaire, ce
» serait confondre la législation de l'an II avec
» l'ancienne, et faire une fausse application
» de la loi du 12 brumaire an II. » (1)

2.º *Règle générale sur cette matière* « et par
» une exception à celle d'après laquelle, lors-
» qu'il s'agit d'une convention dont l'objet
« excède 150 francs, la preuve vocale est *inad-*
» *missible*; cette preuve est *admissible*, parce
» qu'une fourniture d'alimens, est un fait
» duquel dérive un quasi contrat, (*) qui ren-
» ferme l'obligation de payer le prix de ces
» alimens : d'où il suit, que la preuve par té-

Preuve par témoins.

Alimentaire, qui dérive d'alimens, terme de pratique, ce qui est destiné pour les alimens. —— *Alimentation*, terme de coutume, usité en différens cas. —— *Alimenter*, nourrir, fournir ce qui est nécessaire à la vie, qui n'est d'usage qu'au barreau.

(1) 14 *Therm. an VIII.* Cass. *LAVARDE.* Bul. de la Cour an 8, p. 283. —— Jur. notice, p. 329.

(*) Principe conforme à la disposion de l'art. 1348 du code civil, N.º 1.

» moins peut être admise dans l'espèce sans
» contravention à la loi. » (1)

Exception à la règle précédente.

Après la loi de brumaire an II.

3.° *Il en serait autrement d'une demande d'alimens pour un enfant et de frais de gésine* (*) *formée par une mère, en l'an IX, contre celui qu'elle prétendrait être le père de cet enfant.*

La raison de cette règle est « que la loi du
» 12 brumaire an II, art. 10, veut que le code
» civil règle, en tous points, l'état et les droits
» des enfans naturels, dont le père et la mère
» seraient encore existans lors de la promul-
» gation de ce code ; cet article comprend
» dans sa généralité les alimens dûs à l'en-
» fant naturel, et qui, en établissant une ex-
» ception aux règles générales de la loi, sert
» à en fixer le véritable sens, prouve que
» ces dispositions s'étendent aux droits d'ali-
» mens. »

« Cette loi refuse toute action qui tend à
» forcer un homme à reconnaître un enfant
» naturel qu'il croit ne pas lui appartenir,
» et par conséquent elle abolit toute recherche
» de la paternité non reconnue. »

« La distinction, *que l'on proposerait,* entre
» la recherche de la paternité relativement
» aux alimens, et celles qui a pour objet la
» successibilité, ne pourrait être admise ; »

« Enfin, la convention nationale a, (sur le
» fondement que la loi du 12 brumaire,
» n'avait pas un effet rétroactif,) déclaré dans
» le décret d'ordre du jour du 4 pluviôse de

---

(1) 3 *Prair.* an IX. Rej. BONNEMONT. Jur. notice. p. 447.

(*) Vieux mot qui signifie *accouchement* ; il n'est plus guère en usage qu'au barreau.

» la

» la même année II, que les actions en décla-
» ration de paternité intentées avant cette loi,
» devaient être jugées conformément à l'an-
» cienne jurisprudence; d'où il suit que l'auto-
» rité législative a confirmé, pour tous les cas,
» le principe de l'abolition de la recherche
» de la paternité désavouée; et par consé-
» quent pour le cas même où cette recherche
» n'a pour objet que des alimens et des in-
» demnités, et elle a reconnu que cette aboli-
» tion devait avoir son effet à partir du jour
» de la promulgation de la loi du 12 bru-
» maire. » (1) *V. Paternité, Enfans naturels.*

4.° *Les alimens sont dûs aux enfans adulté-rins sur la succession de leurs pères:* même par suite d'une demande en partage de suc-cession.

A un Adultérin.
Code civil, art. 763.

« Parce qu'aucune loi n'attache à la qua-
» lité d'enfant adultérin l'incapacité de rece-
» voir des alimens : s'il y a donation par tes-
» tament et que la disposition soit excessive,
» il y a seulement lieu de la réduire aux
» alimens, conformément à l'art. 2 de la loi
» du 14 floréal an XI (au code civil) et la for-
» mation d'un état des biens de la succession
» ouverte, à l'effet de fixer les alimens, ren-
» tre dans le vœu de l'article 763 du code
» civil, qui veut qu'ils soient réglés, eu égard
» aux facultés du père. » (2) *V. Adultérin, Enfans naturels, Succession.*

---

(1) 3 *Vent. an XI.* Cass. SPRIMONT. Bul. de la Cour, an 11, p. 161.

(2) 28 *Pair. an XIII.* Rej. BRUNEL. Jour. du Pal. an 14. 1. s. p. 81. — Jur. an 13, p. 357.

Quotité et prestation.
Code civil
art. 210 et 211

5.º *Les alimens demandés en justice peuvent être arbitrés par les juges.*

C'est-à-dire, que si j'ai un ménage et des enfans, si mon état est insuffisant pour l'alimentation de ma famille, je peux demander à mon père des alimens; et, les juges peuvent arbitrer, sur la question de savoir si mon père doit me fournir des alimens en argent, ou si je suis tenu d'accepter ceux qu'il m'offrirait chez lui en nature.

« Parce qu'il résulte évidemment des arti» cles 210 et 211 du code civil que la quotité » et le mode de prestation des alimens, dûs » dans les cas prévus, sont laissés à la pru» dence des juges. » (1)

Des détenus.
Contrainte par corps.
Ord. de 1670
Déclaration de 1680.

6.º *Les alimens sont dûs à celui qui après avoir été emprisonné pour raison d'un délit, n'est plus détenu que pour intérêt civil:* c'est-à-dire, qu'il doit obtenir son élargissement lorsque son créancier refuse de lui fournir *des alimens.*

En vain le créancier dirait-il : la détention de mon débiteur n'ayant pas un principe civil, pour m'opposer à son élargissement, je ne suis pas obligé de consigner *des alimens.*

On répondrait à ce créancier « il résulte » expressément des articles 23 du titre 13 de » l'ordonnance de 1670, et de la déclaration » de 1680, que l'obligation imposée au créan» cier de fournir des alimens aux prison» niers détenus à leur requête, a lieu, même » à l'égard des prisonniers pour crimes, qui ne » sont plus détenus que pour des dommages-

---

(1) 14 *Germ. an XIII.* Rej. COIFFARD. Jur. an 13, p. 285.

» intérêts et adjudications envers la partie
» civile; les dispositions de ces lois n'ont été
» rapportées par aucune loi postérieure (*);
» et, celle du 15 germinal an VI, art. 14 du
» tit. 3. est encore plus favorable aux détenus
» que les lois précédentes; elle oblige les
» créanciers à consigner d'avance. » (1) *V.*
Contrainte par corps.

7.° *Les alimens accordés en justice par juge-*   *Accordés par*
ment, peuvent donner lieu à une expropriation   *justice.*
forcée sur les biens du redevable, à défaut de Expropriat.
paiement.

En effet » une pension alimentaire doit être
» payée quelque soit l'effet et l'issue d'autres
» contestations et liquidations de droits nup-
» tiaux, ou autres; (c'est, *disait* M. *Daniel*,
» un titre de créance) mais la poursuite en
» expropriation forcée, exercée en vertu d'i-
» celui doit être déclarée périmée, si elle est
» restée impoursuivie pendant six mois. » (2)
V. Expropriation forcée.

8.° *Les alimens ne peuvent être demandés,*   *Par suite de*
par un époux divorcé à son ci-devant époux,   *divorce.*
après le divorce prononcé; les changemens Loi de 1792.
survenus dans sa fortune depuis le divorce
prononcé ne pourraient autoriser une pareille
demande,

(*) Le code civil ne porte point de dispositions à
ce sujet.

(1) 19 *Pluv. an XIII.* Cass. *Guerin.* Jour. du Pal.
an 13, Coll. p. 342. — Bul. de la Cour, part. crim.
an 13, p. 157. — 10 *Niv. an XI.* Bul. de la Cour, an
11, part. crim. p. 113.

(2) 1.er *Prair. an XIII.* Rej. *Gauffrereau.* Jour. du
Pal. an 13, 2. s. p. 502.

Parce que « dans l'esprit comme dans l'ex-
» pression de l'article 8 §. 3 de la loi du 20
» septembre 1792 , la demande en alimens à
» former par l'un des époux contre l'autre,
» doit l'être à l'instant même de la prononv-
» ciation du divorce, et il n'est plus admis-
» sible pour cause d'indigence survenu après
» la dissolution du mariage. » (1) *V. Divorce.*

Peuvent être la cause d'une poursuite criminelle.

9.° Le refus *de fournir des alimens à une personne , peut devenir la matière d'une poursuite
criminelle contre les auteurs et complices de ce
fait , s'il en est resulté la mort de la personne à
laquelle les alimens auraient été refusés*

En effet « l'article 7 de la seconde partie du
» code pénal est clair et précis, *disait M. Le-*
» *COUTOUR subst. proc. génér.* il ne permet pas
» de douter que le crime *extraordinaire* et
» dont il s'agit ne soit compris dans ces ter-
» mes : *tout homicide commis volontairement*
» *par quelque moyen que ce puisse être, &c. ;*
» il n'est pas permis de penser que la loi ait
» voulu laisser un crime impuni. » *V.* au mot
Question aux jurés : la cour a prononcée dans
le sens de M. le substitut ; et a cassé l'arrêt de
mort qui avait été prononcé, parce que les
questions aux jurés avaient été mal posées. *V.
Poison* et *Empoissonnement.*

AMENDES. (*)

Règles générales.

1.° *Les amendes indiquées par les réglemens*

(1) 8 *Janv.* 1806. Rej. *Demoiselle* DOSMOND. Jour du
Pal. 1806, 1. s. p. 443.

(*) Peine pécuniaire imposée par le juge pour quelque délit , quelqu'infraction de la loi, ou mauvaise
procédure. *Mulcta.* Celles imposées au criminel pour tenir

de l'autorité administrative doivent être pronon-
cées d'office par les tribunaux ; le cas échéant.

C'est « la disposition des lois des 27 frimaire
» an VIII (art. 2 et 11); et 5 ventôse suivant ;
» des articles 1.er et 3 de l'arrêté des Consuls
» du 13 thermidor même année. »

» D'où il suit que le réglement fait par le
» conseil municipal d'une ville, pour la per-
» ception de l'octroi établi dans ladite ville,
» et qui a acquis, par l'approbation du Gou-
» vernement, force de loi, doit recevoir toute
» son exécution ; » (1)

2.º *Les amendes portées par la loi doivent*
être prononcées d'office par les tribunaux,
quoique la condamnation ne soit pas requise
par le ministère public, lorsqu'il déclare le
fait dont il s'agit, constant.

Autrement « il y aurait contravention à l'ar-
» ticle 606 du code des délits et des peines,
» en ne prononçant point, de condamnation
» à l'amende, lorsque le prévenu aurait été
» condamné aux dommages-intérêts, résul-
» tant du délit, envers la partie civile. » (2)

3.º « *Une amende ordonnée par la loi pour*

---

lieu de dédomagement à la partie civile, sont nommées
réparations civiles.

Voyez pour les différentes espèces où ce mot est susceptible d'applications qui n'ont pas dû trouver place
ici ; LES MOTS : *Patente, Pourvois, Conciliation, Délit,*
Douanes, Injures, Compétence, Octroi, Enregistrement.

(1) 8 *Niv. an* X. Cass. d'office. Bul. de la Cour, an 10,
part. crim. p. 142.

(2) 1.er *Frim. an* XI. Cass. Jour. du Pal. an 15, Coll.
p. 77.

» *là punition d'un délit ne peut être pour-*
» *suivie que par l'action publique* » conséquemment elle ne peut l'être contre la succession
du délinquant

La raison de le décider ainsi « est qu'aux
» termes de l'article 7 du code des délits et
» des peines, l'action publique s'éteint par
» la mort du délinquant, tandis que l'action
» civile peut être exercée contre ses héri-
» tiers. » (1)

Pour cause
d'injures.

4.° *L'amende encourue pour cause d'injure*
(*ou autre délit*) *est une peine distincte des*
intérêts civils, et sous ce rapport elle est
personnnelle ;

Conséquemment « elle ne peut être appli-
» quée qu'à l'auteur. ou au complice du fait
» qui donne lieu à l'amende. »

C'est-à-dire « que si la condamnation à
» une amende est prononcée solidairement
» contre le mari. quoiqué la preuve du dé-
» lit dont la réparation est poursuivie, ne
» soit déclarée constante que contre sa femme;
» il résulterait de cette solidarité.... un
» motif à la cassation et à l'annullation du
» jugement qui l'aurait prononcée, en ce qui
» toucherait seulement la condamnation so-
» lidaire de l'amende prononcée contre le
» mari, et au renvoi de l'affaire devant un
» autre tribunal pour être statué ainsi qu'il
» appartiendrait. » (2)

----

(1) 29 *Messid. an VIII.* Cass. *Régie de l'enregist.* Jur.
notice , p. 309.

(2) 28 *Brum. an IX.* Cass. LABROUSSE. Jur. notice,
p. 364.

Sur *L'AMENDE HONORABLE* qui avait lieu autrefois; *V.* au mot *Injures.*

AMNISTIE. (*)

1.º *Le fait d'AMNISTIE proposé comme exception par un prévenu dans sa défense, doit toujours être examiné par les juges.*

C'est-à-dire, que le partisan de *Paoli*, (en Corse) arrêté en l'an VI, pour crime d'incendie commis en l'an II, a pu exciper de l'amnistie accordée par la proclamation des commissaires du Gouvernement en Corse, et prononcée par la loi du 4 brumaire an IV; et les juges ont été dans l'obligation de statuer sur cette exception.

En effet, « s'il résulte du jugement rendu
» contre ce *partisan* que, sur sa requisition
» relative à l'application de l'amnistie, il a été
» prononcé qu'il n'y avait lieu à délibérer,
» quant à présent; s'il n'appert d'aucune déli-
» bération postérieure, des mêmes juges, qu'il
» ait été statué sur ladite réquisition; il y au-
» rait eu, de la part de ces juges, une omis-
» sion qui, aux termes de l'article 456 du code
» du 3 brumaire an IV, est au nombre des
» ouvertures à cassation. » (1)

RÈGLES GÉNÉRALES.

____

(*) Pardon accordé par le prince ou par une loi, par lequel il est déclaré que tout le passé est oublié, et où il est fait promesse que les coupables ne seront plus recherchés. *Oblivio injuriarum.*

L'amnistie n'a lieu que pour des délits politiques ou de rebellion, tels que l'émigration, les rassemblemens dits chouans, barbets, etc. Pour le pardon des délits particuliers, *V. Grace.*

(1) 7 *Pluv. an X.* Cass. *VENTURINO-SUZZARINI.* Bul. de la Cour, an 10, part. crim. p. 179. —— 26 *Flor.* an XI. Bul. idem, an 11, p. 230.

Il en est de même « lorsque des réponses fai-
» tes par un accusé dans ses interrogatoires,
» et des expressions du jugement qui déclare
» sa culpabilité, sur un fait présentant un délit
» révolutionnaire et pouvant être susceptible
» d'amnistie; si néanmoins les juges n'ont pas
» agité la question de savoir si le fait était de
» nature à en recevoir l'application. » (1)

Cours crimi-   2.° *Cependant ces règles ne portent aucune*
nelles spé-   *atteinte à la manière dont les cours criminelles*
ciales.   *spéciales doivent déclarer leur compétence.*

C'est à-dire, que ces cours doivent prononcer sur leur compétence, avant de prononcer
sur l'exception de l'amnistie.

En effet, « ces cours doivent établir leur
» qualité et leur compétence, avant de pou-
» voir statuer sur aucune des circonstances et
» des dispositions de la procédure; d'où il suit
» qu'en réservant au prévenu, dans leurs ar-
» rêtés, tous moyens d'exception et de défen-
» se, et notamment ceux de l'application de
» l'amnistie, elles ne violent aucune loi. » (2)

Pour délit   3.° *En fait d'*AMNISTIE, *il est de* RÈGLE
politique. GÉNÉRALE « que si les actes par lesquels elles
» sont accordées ne font point de distinction
» entre les délits politiques, relatifs aux per-
» sonnes seulement, et ceux qui sont relatifs
» tout-à-la-fois aux personnes et aux proprié-
» tés; en créant cette distinction, pour se re-

____

(1) 16 *Messid. an* XII. Cass. PERRA. Bul. de la Cour,
an 12, part. crim. p. 261.

(2) 27 *Frim. an* X. Rej. BERTRAND. Jour. du Pal.
an 10, t. s. p. 466.

» fuser à faire l'application de l'amnistie aux
» faits déclarés constans par un jugement,
» les juges commettraient un excès de pou-
» voir. » (1)

4.º *L'amnistie accordée pour un fait ne peut être étendue à un autre.*

Ne peut être étendue d'un fait à un autre.

C'est-à-dire, que l'amnistié pour *rebellion* ne peut être censé amnistié pour fait d'émigration.

En effet, « aucune loi ne dit que celui qui
» sera absous d'un délit de *chouannerie*, (*)
» sera absous d'u délit d'*émigration*; donc,
» les juges peuvent, sans excès de pouvoir,
» déclarer que celui absous du délit de chouan-
» nerie, n'est pas moins réputé émigré. (2) »

5.º *L'amnistie accordée au coupable, emporte, de plein droit, l'amnistie de son complice.*

Envers les complice.

Ainsi : l'amnistie accordée aux déserteurs est applicable aux prévenus d'avoir favorisé la désertion.

En effet, « ma désertion étant antérieure à
» la loi portant amnistie, l'action intentée con-
» tre *Paul*, à l'occasion de ce délit de déser-
» tion serait irrégulière, et le jugement qui en
» serait la suite serait cassé. » (3)

6.º *Les* AMNISTIES *sont susceptibles de di-*

De leurs effets civils.

---

(1) 7 *Therm. an XII.* Cass. BRUNO *et* BOTTA. Bul. de la Cour, an 12, part. crim. p. 285.

(*) Faits d'une bande de rebelles qui ont infecté la partie à l'ouest de la France.

(2) 5 *Therm. an XII.* Rej. LEPINAI. Jur. an 13, p. 92. — Jour. du Pal. an 13, 1. s. p. 145.

(3) 9 *Germ. an VIII.* Cass. MASPATIER. Jur. notice, p. 294.

verses distinctions dans les effets qu'elles produissent, en matière civile.

À l'égard des émigrés.
Testament.

L'amnistie fait cesser la mort civile d'un émigré; elle le rend habile à tester.

C'est-à-dire « qu'il résulte des termes de » l'article 1.er du sénatus consulte du 6 floréal de l'an X, que l'amnistie dont il y est » fait mention est accordée en termes *de présent*, et non pour *l'avenir*, à tout émigré » qui, à cette époque, n'aurait pas encore été » rayé définitivement. »

« D'où il suit que *l'émigré* qui avait satisfait, avant le 4 thermidor an X, a toutes » les obligations qui lui étaient imposées, pour » jouir du bénéfice de cette loi, constatées » par certificat du ministre de la police, avait » au moins (dès cet instant) recouvré la plénitude de l'exercice de ses droits civils » et a pû valablement tester à cette époque; » encore que le certificat du ministre de la » justice n'ait été délivré qu'après la mort » de cet émigré. » (1)

Action civile en résultant.

7.° *L'amnistie rend l'amnistié habile à reprendre une action civile qui n'a été interrompue que par l'effet de sa mort civile;* peine attachée à l'émigration.

Mais, il ne peut attaquer les actes consentis par la république qui était en possession de ses droits pendant sa mort civile.

C'est-à-dire « qu'un amnistié en vertu du » sénatus consulte du 6 floréal an X, muni de » son certificat d'amnistie, a qualité suffisante » et légale pour faire valoir les droits qui lui

______

(1) 5 *Niv. an XIII.* Rej. Costé. Jur. an 13, p. 104— Jour. des Aud. an 13, p. 189.

» étoient acquis avant son émigration sur des
» biens dont il etait donataire, et non encore
» *aliénés* ni *vendus.* » (1)

Car « le sénatus consulte précité interdit
» aux individus amnistiés, d'attaquer tous ac-
» tes et *arrangemens* faits entre la répulique
» et les particuliers, avant l'amnistie ; » (2)
d'où il suit « que s'il existe un acte d'admi-
» nistration, dont il résulte qu'une sentence
» arbitrale (ou autres jugemens ou transac-
» tions) doit être maintenue, et si cet acte
» n'a point été désapprouvé par l'autorité su-
» périeure, un pareil acte fait acquiescement,
» et dans cet état, les juges en prononçant
» une fin de non-recevoir contre *l'amnistié*
» qui se serait pourvu contre la sentence ar-
» bitrale dont il s'agit, ne contreviendraient
» point à la loi. » (3)

8.º *L'amnistié ne peut attaquer le divorce*   Divorcé.
prononcé contre lui pendant son émigration ;
encore que ce divorce aurait été prononcé
par un officier de l'état civil autre que celui
de la commune où il était domicilié lors de
sa disparition.

Et, les juges « en considérant un certificat
» du receveur des domaines du domicile de
» l'amnistié, *lors de sa disparition,* duement
» visé par les administrations municipale et
» départementale, comme l'acte authentique

---

(1) 4 *Mars* 1806. Rej. Belossières. Jour. des Aud.
1806. p. 317. —— *V. Compétence, Donation, Emigrés.*

(2) 10 *Flor. an XIII.* Rej. Bertrand. Jour. des Aud.
an 13, p. 368.

(3) 22 *Vent. an XIII.* Rej. Suremain. Jour. des Aud.
an 13, p. 367.

» ou de notoriété publique, établissant l'émi-
» gration, prescrit par la loi; soit encore en
» considérant l'officier du lieu où demeurait
» l'épouse de *l'amnistié* comme compétant
» pour prononcer son divorce, ne seraient
» point contrevenus aux lois sur le divorce;
» ils se seraient au contraire conformés exac-
» tement à la loi du 24 vendémiaire an III,
» et à l'avis du conseil d'état du 18 prairial
» an XII. » (1)

Code civil,
article 272.

9.° Dans cette circonstance, *la réunion de l'amnistié à sa ci-devant épouse, depuis sa ren- trée en France, ne l'autoriserait pas à invo- quer la disposition de l'art. 272 du code civil;*

« D'autant moins que cet article ne recon-
» naît point l'émigration pour une cause de di-
» vorce, et que d'ailleurs l'article 295 porte
» que les époux divorcés ne peuvent plus se
» réunir. » (2)

De son
application.

10.° *Nous terminerons cet article dés* EFFETS DE L'AMNISTIE *par des réflexions de M.* MER- LIN *, et la disposition d'un arrêt conforme aux principes avancés par ce magistrat.*

L'amnistie ne porte que sur des faits qui lui sont antérieurs « ce sont ces faits seuls
» qu'elle défend de poursuivre; c'est aux ju-
» gemens rendus, c'est aux procédures com-
» mencées à raison de ses seuls faits, que s'ap-
» plique l'abolition qu'elle prononce, . . . on
» ne peut inférer de sa disposition, qu'il se-
» rait permis à l'avenir de faire ce qu'elle

____

(1) 14 *Prair. an XIII.* Rej. DUFRAISSE. Jour. des Aud.
an 13, p. 445.

(2) 5 *Therm. an XII.* Rej. DELÉSPINAY. Jour. de Aud.
an 12, p. 570.

» met pour le passé à l'abri de toute pour-
» suite;.... »

« Et l'esprit de la loi quel est-il?... c'est
» d'élever un temple a la concorde. »

« Or, la loi atteindrait-elle son but? n'est-
» il pas évident au contraire qu'elle le man-
» querait totalement, qu'elle détruirait son
» propre ouvrage, si, en interdisant toute ac-
» tion judiciaire des délits relatifs à la révo-
» lution, elle permettait de faire de ces mê-
» mes délits la matière d'une diffamation
» publique? »

« Et remarquons, bien que si elle ne l'a pas
» permis, elle l'a par cela seul défendu : car
» la défense existait avant elle; et elle a main-
» tenue cette défense, en ne l'abrogeant pas.»

« C'est précisement parce que la loi (por-
» tant amnistie en général) a imposé silence
» *aux parties* sur leurs plaintes, qu'elles ne
» peuvent plus sans se rendre coupables de
» diffamations, en reproduire le contenu aux
» audiences; c'est parce que *l'amnistié* ne
» peut plus être condamné ni absous sur une
» plainte, qu'il n'est plus permis à ses dénon-
» ciateurs de lui imputer publiquement (et
» sans que la nécessité d'une légitime défense
» les y oblige) les faits sur lesquels cette plainte
» a été donnée entérieurement à la justice. »

11.° *L'amnistie prononcée par la loi ne permet plus d'imputer à un individu des faits
révolutionnaires sur lesquels elle a imposé silence :* et celui à qui on les imputerait, pour-
» rait poursuivre la réparation de l'injure qui
» lui serait faite par cette imputation, sans
» qu'on puisse opposer à la demande en ré-

» paration d'outrage , formée par ce dernier,
» la même loi d'amnistie. »

En effet, sur cette demande « on ne pour-
» rait pas argumenter de la loi portant am-
» nistie, puisqu'au contraire ce serait le dé-
» fendeur à cette demande qui aurait enfreint
» cette loi, en rappelant des faits antérieurs
» à sa publication, et il serait, contre le bon
» sens, de prétendre que cette loi eût auto-
» risé l'impunité des outrages relatifs à ces
» faits, et que ce ne fût qu'en faveur du pro-
» vocateur qu'elle recevrait son exécution.» (1)

ANATOCISME. (*)

Règles générales.

1.º *L'ANATOCISME défendu par les lois anciennes l'est encore maintenant ; relativement
à l'intérêt des intérêts ;*

C'est-à-dire que la nouvelle législation n'a
point apporté de changement aux anciens
principes sur cette matière.

En vain le défendeur à *l'anatocisme* dirait-
il : si mon débiteur a consenti une nouvelle
obligation dans laquelle se trouvent compris le
capital et les intérêts, échus depuis le prêt, il
n'y a pas lieu de revenir en jugement contre ce
fait particulier, ni sur ce qui s'est passé entre

---

(1) 22 *Mess. an XII.* Cass. *MARGERIN et VIGIER.* Jour.
des Aud. an 12 , p. 533. —— Bul. de la Cour, an 12,
part. crim. p. 351.

(*) C'est un contrat usuraire, lorsque des intérêts d'un
principal on en a fait un contrat de constitution; ou
bien lors qu'on joint les intérêts au principal, et que
dans un même billet, ou acte, on comprend les intérêts
avec le principal. Il signifie répétition, rénovation, du-
plication, enfin usure; c'est un fait déloyal; il n'est pas
de plus sûr moyen pour ruiner plus vite les familles.

nous antérieurement à la signature de cette dernière obligation ; voilà pour la forme. Mais en
fait et en droit le créancier qui reçoit des intérêts ne peut-il pas à l'instant même prêter de
nouveau à intérêt, à la même personne, comme
à toute autre, la somme qui en provient, ou
la confondre avec le capital pour en former
un nouveau contrat produisant intérêt ? Dans
ce cas, l'anatocisme n'est-il pas naturellement permis ? peut-il être question de la première dette ? n'est-elle pas éteinte ? n'y a-t-il
pas novation ? — au surplus, si les lois qui
défendent l'anatocisme pouvaient être entendues dans le sens contraire, elles se trouveraient implicitement abrogées, ou du moins
modifiées, par celles des 5 thermidor an IV,
et 15 fructidor an V, qui ont laissé aux citoyens une liberté indéfinie dans leurs transactions.

On répondrait à cet usurier, avec M. *Ar-*
naud: suivant le droit romain les intérêts
d'intérêts sont illicites ; ils ne peuvent être
stipulés ni exigés ; et s'ils ont été payés, ils
sont sujets à répétition. *Usurarum usuræ*
nec in stipulatum deduci, nec exigi pos-
sunt, et solutæ repetuntur: quemadmo-
dum futurarum usuræ. (*Loi* 26, §. 1.ᵉʳ *ff.*
de condi. indeb.) et les lois des 5 thermidor
an IV, et 15 fructidor an V, ne se rapportent
qu'à celles qui ne permettaient de stipuler
qu'en assignats ou en mandats, et nullement
aux lois qui défendent l'anatocisme.

Enfin, on lui répondrait, avec la Cour de
» Cassation : « il n'existe aucune loi du nou-
» veau régime qui ait abrogé, à l'égard de
» l'anatocisme, la disposition de l'ordonnance
» de 1673 art. 1 et 2 du titre 6; et sur le fait

» d'avoir stipulé l'intérêt d'abord à cinq pour
» cent et ensuite à douze pour cent; d'avoir
» cumulé cet intérêt avec le capital, et de
» vous être fait consentir du tout des reconnais-
» sances portant intérêts, ce qui est par vous
» avoué; (ou autrement prouvé) les juges qui
» vous accorderaient votre demande portant
» sur le tout, en déclarant les offres des in-
» térêts légaux et ordinaires insuffisantes; don-
» neraient motif à la cassation de leur déci-
» sion. » (1)

ANCIENNETÉ. (*)

Peut tenir lieu de titre.   1.º *L'ANCIENNETÉ d'une charge d'une redevance en fait supposer la légitimité.*

Je prendrai pour exemple la redevance d'une
fondation de messe; fondations qui furent supprimées, le 26 septembre 1791.

J'achète une maison en 1776 et je suis chargé
d'acquitter une fondation de ce genre, établie depuis 1681, moyennant la somme de 300
francs, laissée dans mes mains par le vendeur
sur le prix de mon acquisition.

Par suite du nouvel ordre de choses la régie
de l'enregistrement, chargée du recouvrement de tout ce qui tient aux fondations,
décerne contre moi une contrainte pour les

---

(1) 8 *Frim. an XII.* Cas. *MÉTAIS*. Bul. de la Cour,
an 12, p. 59. —— Jour. des Aud. an 12, p. 180. —— Jur.
an 12, p. 120. — Voyez *Intérêt, Usure.*

(*) C'est le long temps, la longue durée d'une chose
pendant laquelle elle a subsisté, ou qu'il y a qu'elle
est passée. —— On le dit aussi de ce qui est plus ancien, et par priorité de temps; en ce sens, c'est le temps
qu'il y a qu'une personne est reçue dans les charges ou
a exercé des fonctions publiques.

arrérages

arrérages que je dois : si j'oppose à la régie la suppression de, cette fondation et particulièrement le défaut de représentation du titre constitutif de la fondation ;

La régie est fondée à me dire : « cette fon» dation, dont je ne peux représenter le titre, » a été exécutée, sans aucune interruption » ni réclamation (*) depuis 1681, jusqu'au » moment de la suppression de ce genre d'éta» blissement, et même depuis ; ce qui em» brasse un intervalle d'un siècle, et en fait na» turellement présumer la régularité, d'après » la maxime : *IN ANTIQUIS OMNIA PRÆSU-MUNTUR SOLEMNITER ACTA.* » (1)

Il y aurait violation de la loi dans le jugement qui me déchargerait de cette *redevance. V.* ce mot.

ANGLAIS. ANGLAISES (*Marchandises*).

1.º *Les ANGLAIS ne peuvent, depuis le 19 messidor an XI, intenter d'action contre les français devant les tribunaux de France.*

C'est la disposition formelle de l'arrêté du Gouvernement, en date dudit jour, lequel fait défense de recevoir dans les tribunaux de l'Empire aucune action ayant pour objet le paiement d'engagemens pour fait de commerce, par des négocians français, envers les anglais, et suspend toutes les actions commencées, ainsi que l'exécution de tous les jugemens

Leurs actions en France sont suspendues.

(*) Bien entendu qu'il ne faudrait pas que je pusse prouver le contraire.

(1) 4 *Niv. an X.* Cass. *Régie de l'enregist.* Bul. de la Cour an 10, p. 121.

qui auraient pu s'ensuivre ; et ce jusqu'au rétablissement de la paix. (*)

2.° Mais *un français peut poursuivre un procès commencé par un anglais.*

C'est-à-dire, que dans le cas où un anglais aurait obtenu contre moi, avant le 19 messidor an XI, un jugement de condamnation, je peux me pourvoir contre ce jugement.

En vain l'*anglais* dirait-il que l'exécution de son jugement étant suspendue, il devrait être sursis à statuer sur mon pourvoi.

La raison de décider en ma faveur est que « mon instance n'aurait pas pour objet d'autoriser les poursuites d'un anglais contre un » français, mais au contraire de les prévenir » et de les empêcher ; »

D'où il suit « que l'arrêté du Gouverne- » ment, du 12 messidor, ne serait point ap- » plicable à mon instance ; et que les juges de- » vraient ordonner qu'il soit passé outre à » l'instruction d'icelle. » (1)

Marchandises anglaises.

De leur importation par mer.

3.° *Les marchandises ANGLAISES sont prohibées en France, et leur importation donne lieu à leur confiscation, avec amende et emprisonnement à charge des délinquans.*

(*) Cette mesure est une *représaille* des véxations exercées par les anglais sur les membres de la nation française.

Le mot *Anglaises* ne se trouve employé ici que sous le rapport des marchandises de ce nom, ou réputées telles ; nous n'y rapporterons que quelques principes généraux sur cette espèce, en renvoyant les détails aux mots *Douanes* et *Marchandises*.

(1) 5 *Frim. an XIV*. Rej. GREFULH. Jur. 1806, p. 110.

« *L'IMPORTATION*, par mer, est suffisam-
» ment caractérisée par l'approche du navire
» sur lequel elles se trouvent, à une distance
» de moins de deux lieues des côtes. (1)

4.° « *Ceux qui coopèrent à l'importation ou à*
» *la vente de ces marchandises, sont, d'après*
» *l'article 15 de la loi du 5 brumaire an V, com-*
» *pris parmis les contrevenans.* »

Dépôt d'icelles.

« Tenir chez soi un dépôt de ces marchan-
» dises, c'est concourir d'une manière bien
» formelle à leur importation ou à leur vente. »

« Celui qui déclarerait que de pareilles mar-
» chandises étaient chez lui à son insu, ne
» pourrait être écouté; celui qui occupe un
» appartement étant naturellement responsa-
» ble de ce qui s'y trouve. » (2)

Il en serait de même de ceux chez lesquels
entrerait un *garçon de peine* qui déposerait un
ballot contenant des casimirs et des vélours de
fabriques anglaises,

Lorsque « le procès-verbal du commissaire
» de police de la commune, assisté du com-
» missaire estampilleur des douanes, présens
» lors de ce dépôt, qui ferait foi en justice
» jusqu'à inscription de faux, presenterait
» des preuves suffisantes que ce ballot aurait
» été apporté chez ces *particuliers*, pour leur
» compte personnel, ou tout au moins pour le
» compte d'autrui, ou à titre de dépôt. » (3)

---

(1) 15 *Frim. an* X. Cass. *Régie des douanes.* Jur. an
10, p. 155.

(2) 7 *Flor. an XII.* Cass. *Régie des douanes.* Jour. des
Aud. an 12, p. 362. —— Bul. de la Cour, an 12, part. crim.
p. 174.

(3) 29 *Germ.* XII. Cass. *Proc. impér,* de *Lyon.* Bul.
de la Cour, an 11, part. crim. p. 168.

5.º » *La prohibition d'importer et débiter des* » *marchandises anglaises, ou réputées telles,* » *est générale et s'applique à tous les citoyens,* » même aux ouvriers et gens d'art et métier, ne faisant point de négoce ordinairement, et n'étant point fabricans ; telle serait la femme d'un *charpentier calfat.* (1)

Réputées anglaises.

6.º *Ne peuvent être réputées marchandises anglaises :*

« Des coupons de casimir, s'ils n'ont pas été » saisis à l'importation en France, s'ils ne sont » pas prouvés être marchandise anglaise ; » et s'ils n'ont pas été trouvés et saisis dans les magasins d'un marchand dans l'intérieur. (2)

7.º « *Les tissus de fil et coton ne sont pas du* » *genre des marchadises qui doivent être répu-* » *tées anglaises, si elles ne sont pas estam-* » *pillése.* »

« Dès-lors on ne peut, relativement à ces » objets, appliquer les lois pénales sur les mar- » chandises anglaises, qu'autant qu'il serait » préalablement vérifié par des experts, ou » qu'ils sont d'origine anglaise, ou qu'ils sont » tissus uniquement de coton. » (3)

8.º *Sont réputées marchandises anglaisses :* « Les basins qui ne sont revêtus d'aucune » marque de fabrique nationale, ni marqués » d'aucune estampille, conformément aux ar- » rêtés des 20 brumaire an V, et 3 fructidor » an IX. » (1)

------

(1) 26 *Brum.* an *XII.* Cass. *Régie des douanes.* Bul. de Cour, an 12, part. crim. p. 28, *pour les numéros* 5 *et* 8.

(2) 6 *Therm. an VIII.* Cass. Roussel. Jur. notice, p. 323.

(3) 28 *Prair. an XI* Cass. Crespin *et* Cosnard. Bul. de la Cour, an 11, part. crim. p. 278.

« *Les marchandises anglaises saisies et ven-*
» *dues par la régie des douanes, sont soumises*
» *à l'entrepôt, à la réexportation, et à toutes*
» *les obligations portées par la loi du 10 bru-*
» *maire an V.* »

De leur réex-
portation.

« Il résulte de ces obligations, que les mar-
» chandises ainsi achetées, doivent être inven-
» toriées par les préposés des douanes, et
» déposées dans un magasin à plusieurs clefs,
» pour être rembarquées dans leur intégrité,
» après avoir été reconnues pour l'identité
» et la qualité. »

Celui qui a acheté ces marchandises « ne
» peut être déchargé de ces obligations (sous-
» crites au bas d'un inventaire dressé par les
» préposés de la douane) que par un nou-
» veau procès-verbal qui constate l'importation
» ou la perte de ces marchandises. »

« S'il y a eu un second procès-verbal qui ait
» constaté le dépérissement d'une partie de la
» marchandise, c'est au propriétaire, pour
» qui le procès-verbal est un titre de dé-
» charge, à en conserver la copie; car, on
» ne pourrait, sans violer les lois sur la ma-
» tière, suppléer à ce procès-verbal par la
» preuve testimoniale, ni admettre ce genre
» de preuve pour établir l'existence du procès-
» verbal. » (1)

Néanmoins « s'il est constaté que les mar-
» chandises entreposées ont été soustraites du
» magasin où elles avaient été placées, au
» moyen d'effraction faite au mur dudit ma-
» gasin, (ou autrement, et également impor-
» tante) et dont les auteurs soient inconnus ;

---

(1) *Vent. an XIII.* Cass. *Régie des douanes.* Bul. de la
Cour, an 13, part. crim. p. 191.

» cette soustraction ne peut être considérée
» que comme l'effet d'un cas fortuit, dont
» le propriétaire desdites marchandises, à
» charge d'entrepôt et de réexportation, ne
» peut être responsable; aucun délit ou con-
» travention ne lui étant imputés personnel-
» lement, aucune des peines prononcées contre
» les délinquans ne peut lui être appli-
» quée. » (1)

« Lorsque les marchandises dont il s'agit,
» ont été vendues à charge de réexportation,
» la loi additionnelle à celle du 12 août 1791,
» en modifiant les dispositions pénales, fixe l'é-
» tendue des frontières (pour leur circulation)
» à trois lieues en mer, au lieu des deux lieues
» déterminées par celles d'août 1791. » (2)

ANNULLATION. (*)

Des plaintes en justice.

1.º » *L'ANNULLATION des plaintes portées*
» *en justice, n'emporte pas, de nécessité, l'an-*
» *nullation des jugemens dont elles ont été*
» *suivies.* »

« Les jugemens ne peuvent point s'anéan-
» tir devant des inductions: mais seulement
» devant une *annullation* expresse. »

C'est à dire que si « des juges criminels an-

---

(1) 5 *Vent. an XI.* Cass. DEBETTE. Bul. de la Cour, an
11, part. crim. p. 163.

(2) 15 *Frim. an X.* Cass. *Régie des douanes.* Bul. de
la Cour, an 10, part. crim. p. 106.

(*) *Annullation*; l'action d'annuller et d'anéantir; les
savans dans la langue française le considère comme un
mot barbare, et tout au plus admissible dans la pratique.

Il est en effet usité au barreau dans le sens d'annuller
et d'anéantir. *V. Nullité.*

» nullent la plainte par moi portée et ren-
» voient le prévenu devant le tribunal cor-
» rectionnel en prévention du délit comprit
» dans ma plainte, sans annuller le jugement
» correctionnel rendu antérieurement sur la
» même plainte, ces juges en n'annullant point
» la sentence correctionnelle, ne peuvent,
» sans excès de pouvoir, ordonner le susdit
» renvoi du prévenu, cette disposition étant
» essentiellement contradictoire avec cette
» sentence. » (1)

Cette explication est suffisante pour faire connaître en quel cas le mot *Annullation* s'emploie au barreau de la cour. *V. Nullité.*

ANONYME. (*)

La société ANONYME peut être prouvée au-trement que par un traité social ; et l'associé anonyme peut être condamné au paiement d'un effet souscrit par son associé en nom indi-viduel.

En fait de société.

Parce que « l'article premier du titre 4 de
» l'ordonnance de 1673 n'exige d'acte de so-
» ciété écrite que pour les sociétés générales
» et en commandite, et non pour les sociétés
» anonymes. »

« En condamnant *MANLIUS* à rendre compte
» et à payer, comme associé d'*ELVIUS*, failli,

---

(1) 17 *Vent. an X.* Cass. *BONNET et l'Archevêque.* Bul. de la Cour, an 10, part. crim. p. 248.

(*) *Anonyme*, qui n'a point de nom ou qui le cache. Un auteur anonyme ; un livre anonyme ; une lettre ano-nyme. *SOCIÉTÉ anonyme*, celle qui se fait entre des per-sonnes qui sont associées en secret, dont chacun fait le trafic en son particulier ; c'est aussi celle qui se fait pour des affaires particulières. *V. Sociétés, Lettres.*

» d'après ses propres écrits et ses reconnais-
» sances, sans employer la preuve testimo-
» niale, les juges ne contreviendraient point
» à l'article 7 de l'ordonnance précitée, puis-
» qu'en jugeant en fait que *MANLIUS* s'est
» reconnu associé d'*ELVIUS*, ils auraient par
» une juste conséquence, décidé en fait et en
» droit que les lettres de change tirées par ce
» dernier, chargé de faire les emplètes, sur
» *MANLIUS*, chargé de la vente et de la recette
» du produit. étaient reconnues pour le compte
» de la société par *ELVIUS* lui-même. »
Enfin « on ne peut opposer le susdit article
» premier du titre 4 de l'ordonnance, aux
» créanciers qui réclament le remboursement
» des créances par eux faites, à deux mar-
» chands notoirement reconnus comme asso-
» ciés pour le même commerce, et comme
» ayant tous deux employé les fonds réclamés
» aux opérations de ce commerce entrepris en
» société, prouvée par leurs écrits. » (1)

ANTIDATE. (*)

Règle génér.   L'*ANTIDATE* n'est pas toujours un délit.
C'est-à-dire, que l'antidate d'un acte sous
seings privés n'est point un délit, lorsque cet
acte est rappelé dans un acte public.

En vain dirait-on contre cette règle : toute
antidate est un délit ; c'est pour faire prononcer la peine ordonnée par les lois, que le

---

(1) 28 *Germ. an XII.* Rej. *BILLAUD*. Jur. an 15, p.
65, où se trouve une savante dissertation de M. MERLIN
sur cette matière.

(*) Date fausse et antérieure à la vraie date d'un acte;
celle qui précède le temps auquel l'acte est passé. Dans
l'ordre ordinaire des choses, l'antidate est un crime.

législateur a chargé les présidens des tribunaux de décerner contre les auteurs de pareils
actes un mandat d'amener; or, si les juges
ne le font pas, la loi est violée et méconnue.

On répondrait, avec raison, « la date de
» l'acte *antidaté* est indifférente, lorsque la
» somme et l'origine sont constatée par un
» acte public, et qu'il n'y a eu aucune mau-
» vaise intention dans le fait de l'antidate. »
(1) *V. Actes, Dates.*

APPEL. *En Matière civile.*

De quels jugemens peut-il être valablement appelé?

De ce dont il ne peut être valablement appelé.

1.º *Il ne peut être appelé d'un jugement qui a reçu son exécution.*

« Les cours d'appel en prononçant sur un
» jugement de première instance déjà mis à
» exécution, violeraient l'autorité de la chose
» jugée. » (2)

*Mais il en est autrement du jugement qui
n'a été que signifié;* la partie qui, avant la
mise à exécution du code de procédure, avait
fait faire la signification, même sans réserve,
a été recevable par la suite à interjetter appel de ce jugement, lorsque son adversaire
l'avait interjetté de son côté.

Par les motifs 1.º « que l'article 5 du titre
» 27 de l'ordonnance de 1667, n'attribuait la
» force de chose jugée aux sentences de pre-
» mier ressort, que quand les parties y avaient

______

(1) 8 *Brum. an XII.* Rej. BLANC. Jour. du Pal. an 12,
Coll. p. 83.

(2) 20 *Flor. an X.* Cass. SAQUEPÉE. Jour. du Pal. an
10, 2. s. p. 260.

» formellement acquiescé ; 2.º que , *à l'époque* » *susdite*, la partie qui avait fait signifier un ju- » gement dont quelques dispositions lui étaient » contraires , ne pouvait être censée avoir ac- » quiescé à ces dispositions que pour autant que » le même jugement ne serait pas attaqué dans » les dispositions qui lui étaient favorables. » (1) pour ce cas, lorsqu'il sera arrivé posté- rieurement au premier janvier 1807 ; *V.* l'art. 443 du code de procédure, qui contient à ce sujet une autorisation formelle.

Enfin , par les principes généraux , sur la matière , « que le délai de trois mois fixé » par la loi pour l'appel , ne court qu'à comp- » ter de la signification du jugement, faite » à personne ou domicile ; mais, par celui in- » téressé à faire courir ce délai, afin de pro- » fiter de la déchéance après le délai. »

« Que la déchéance n'est que le résultat du » défaut d'appel dans le délai, postérieure- » ment à la mise en demeure , opérée par la » signification du jugement faite à la requête » de la partie intéressée. »

D'où il suit « que les juges en faisant » courir le délai de l'appel contre *une par-* » *tie* , à compter du jour de la signification » du jugement par *la même partie*, feraient » une fausse application de la loi , en faisant » produire à la signification du jugement faite » par *cette partie* une mise en demeure qui » ne peut être que l'effet de la signification » faite à la requête de *la partie adverse.* » (2)

---

(1) 26 *Prair. an XI.* Cass. WINTER. Jour. du Pal. an 11, 1. s. p. 289. —— Jur. an 12, p. 310. —— Bul. de la Cour, an 11, p. 299.

(2) 4 *Prair. an XI.* Cass. POYA. Bul. de la Cour, an 11, p. 278.

2.º *Il peut aussi être appelé d'un jugement*   *Des jugemens*
par défaut, sur lequel il y a eut débouté d'op-   *par défaut.*
position; et ce, nonobstant les usages anciens,   Belgique.
qui ne permettaient pas l'appel d'un jugement
par défaut.

Car « les lois des premier mai et 24 août
» 1790, qui établissent deux dégrés de juri-
» diction, ayant et publiés (dans la Belgique)
» elles sont abrogatoires de tout usage pré-
» existant. » (1)

3.º *On ne peut appeler d'un jugement pré-*   *Des jugemens*
paratoire avant le jugement définitif.   *préparatoires*

Tout jugement « qui prononce sans préju-
» dice au droit des parties, qui ne prononce
» rien de définitif sur aucun des points du
» litige, est évidemment préparatoire, (*)
» c'est précisement l'incertitude, résultante
» d'un préparatoire qui a engagé le législateur
» à en proscrire l'appel avant le jugement
» définitif, et si la loi du 3 brumaire an II,
» pouvait être éludée par la considération que
» le préparatoire une fois exécuté influrait sur
» le jugement du fond, il n'y aurait point de
» cas où elle pût être appliquée. (2) *V. Pré-*
» *paratoire* au mot *Jugement.*

4.º Mais, *on peut appeler d'un jugement*   *De ceux*
qui renferme tout-à-la-fois des dispositions dé-   *à- la- fois*
finitives et des dispositions préparatoires.   *préparatoires*

---

(1) 1.ᵉʳ *Therm. an XI.* Cass. Rostaert. Jour. du Pal.
an 11, 2. s. p. 419. — Jur. an 12, p. 42. — Bul. de la
Cour, an 11, p. 345.

(*) Voyez *Préparatoire* au mot *Jugement.*

(2) 3 *Pluv. an XIII.* Cass. Cassal. Jour. du Pal. an
13, 2 s. p. 273 — Jour. des Aud. an 13, p. 333. — 24
Brum. an XII. Bul. de la Cour, an 12 p. 46.

et définitifs. Tel serait le jugement qui ordonnerait qu'il fut procédé au partage d'une succession en deux portions égales, dont une serait cédée à la partie indiquée par le jugement, et ordonnerait par suite que l'état de cette succession serait communiqué par le détenteur d'icelle, sauf toutes impugnations de droit, pour la relation faite et rapportée, être statué . . dépens réservé.

« Un pareil jugement serait définitif, sous
» le rapport du partage ordonné ; ainsi, en
» déclarant non-recevable l'appel qui en se-
» rait interjetté, sous le prétexte qu'il con-
» tiendrait des dispositions interlocutoires; les
» juges appliqueraient faussement l'article 6
» de la loi du 3 brumaire an II (réiteré dans
» l'article 451 du code judiciaire) dont la dis-
» position prohibitive doit être restreinte aux
» appels des jugemens *préparatoires.* » (1)

Des jugemens rendus en 1.ᵉʳ ressort. Demandes réunies. 5.° *Il ne peut être appellé d'un jugement portant condamnation à des sommes moindres que celle indiquée pour la compétence du juge de première instance,* encore que ce jugement prononcerait sur plusieurs demandes particulières, lesquelles étant réunies, excéderaient la compétence du premier ressort.

Si je forme, devant un tribunal de première instance, par un même exploit contre deux individus distincts, en vertu de titres différens, deux demandes chacune au dessous de 1000 francs, mais qui ensemble s'élèvent au-dessus de cette somme; cette circonstance, que chacune des sommes demandées serait au

____

(1) 11 *Brum. an XI.* Cass. *Soulés.* Jur. an 12, p. 77.
— Bul. de la Cour, an 11, p. 35.

dessous de 1000 francs, ne peut autoriser l'appel du jugement rendu en première instance.

Parce « que mes deux demandes, quoique
» contenues dans le même exploit n'en sont
» pas moins distinctes, frappant sur deux in-
» dividus différens, émanant d'un titre per-
» sonnel à chacun d'eux, et non commun ; et
» quand le jugement de première instance
» ne contiendrait pas expréssement qu'il est
» rendu en dernier ressort, il le serait par le
» fait et la nature même de l'affaire non ex-
» cédant 1000 fr. »

« Dans cet état de la cause, l'exception de
» la fin de non-recevoir en résultant, devrait
» être accueillie devant la cour d'appel,
» même après la défense au fond ; car les ju-
» ges pourraient la prononcer d'office. » (1)

6.º *Il ne peut être appellé* par une partie *D'un jugem. saisie, d'un jugement d'adjudication, suite d'adjudica-* *d'une* expropriation forcée, *quand même ce* *tion. jugement aurait été rendu par* défaut;

En effet, le jugement étant par défaut,
« la partie saisie n'a, lors de l'adjudication,
» proposé ni fait proposer aucun moyen de nul-
» lité contre cette adjudication, elle serait par
» conséquent non-recevable à en exciper en
» cause d'appel ; car, si elle n'a pas jugé à pro-
» pos de comparaître en première instance, ce
» fait, qui lui est purement personnel, ne peut
» nuire à l'adjudicataire, ni faire écarter une
» fin de non-recevoir établie par l'article 34 de
» la loi du 11 brumaire an VII, dans l'intérêt

---

(1) 5 *Niv. an XIII.* Cass. Dutreix. Jour. du Pal. an 13, 2. s. p. 185.

» de ce dernier, et fondée d'ailleurs sur des
» considérations d'ordre public. » (1)

*Des jugemens
rendus par
les juges
de paix.*
Douanes.

7.° *Par les juges de paix (les jugemens rendus par défaut), en matière de douanes, ne
peuvent être attaqués par la voie de l'appel.*

En vain, pour faire accueillir l'appel d'un
semblable jugement, dirait-on : que l'article 4
de la loi d'octobre 1790 a été implicitement
abrogé par les lois des 4 germinal an II et 3
fructidor an III ; et que la disposition qu'il renferme ne peut se concilier avec les articles
de ces lois, qui font mention d'une manière
générale de l'appel dont ils accordent toujours
la faculté dans le délai prescrit, et qu'elles
rendent indispensables à l'égard de l'administration des douanes.

Pour détruire ce raisonnement, il suffirait
de dire, comme la Cour de Cassation : (2)
« lorsque la loi soumet à la connaissance de
» certains tribunaux, une matière qui n'était
» pas comprise dans leur attribution, elle est
» censée vouloir que les affaires en résultant,
» soient instruites d'après les règles établies
» dans ces tribunaux pour l'instruction des
» procédures. »

« Lesdites lois de germinal an II et fructidor
» an III, n'ont rien changé à la loi du 4 oc-
» tobre 1790, quant à la manière de se pour-
» voir contre les jugemens des juges de paix,
» rendus par défaut ; d'où il suit, que l'on ne
» peut tirer aucune induction raisonnable de

____

(1) 16 *Niv. an XIII.* Rej. MOREL. Jour. du Pal. an 13,
2. s. p. 209.

(2) Après une longue délibération, *Voyez* p. 56 *du
Traité de compétence.*

» ce que ces premieres lois parlent de la fa- *Des justices*
» culté d'appeler ; car elle ne doit s'entendre *de paix.*
» que du cas où l'appel est recevable. »

« Ainsi le jugement *qui admettrait l'appel*
» *d'un jugement par défaut, rendu par un*
» *juge de paix, en matière de douane*, viole-
» rait les articles 3 et 4 du titre 5 de la loi du
» 15 octobre 1790, et l'article 3 du titre 11 de
» la loi du 22 août 1791. » (1)

8.° *Il peut*, en certains cas, *être appellé d'un* *Lorsque les*
jugement rendu par un tribunal de première *juges de 1.re*
instance ; malgré que les juges aient été saisis *instance ont*
du procès comme juges d'appel. *été saisis*
comme juges
d'appel.

Voyons en quel cas ; je suppose qu'une action pétitoire ait été intentée contre moi devant le juge de paix, et que ce juge ait
accueilli cette demande ; dans ce cas, je peux
me porter appellant de ce jugement, s'il me
fait tort, je peux encore conclure, devant les
juges de première instance, à ce qu'en réformant le jugement dont appel, comme incompétemment rendu, il prononce sur le fond,
soit en premier, soit en dernier ressort, suivant l'importance de l'objet du procès : et,
par suite, s'il est prononcé en premier ressort
par les juges de première instance, je peux
encore me porter appellant de leur jugement
devant la cour d'appel.

En vain, la partie adverse m'opposerait-elle,
devant la cour d'appel, que le jugement dont
appel aurait été rendu par les juges de première instance sur un premier appel, pour en

---

(1) 4 *Flor. an* X. Cass. *L'administ. des douanes.* Jour.
du Pal. an 11, Coll. p. 210. — Jur. an 10, p. 273.

Des justices de paix.

conclure que je serais non-recevable devant la cour.

En effet, cette fin de non-recevoir devrait être rejettée: par le motif, « que le tribunal » d'arrondissement ayant statué définitive- » ment sur l'appel d'un jugement de la justice » de paix, l'ayant déclaré nul et incompétem- » ment rendu, et ayant condamné l'intimé aux » dépens des causes principales et d'appel; » dès-lors il ne subsiste plus aucun jugement » qui ait statué sur le pétitoire. »

Donc les juges de première instance peu- vent « retenir la cause sur le petitoire et la » renvoyer à leur audience ordinaire pour » y être jugée, » dans les formes ordinaires.

Les choses étant dans cet état, la cour d'ap- pel qui, en accueillant le système de l'intimé, me déclarerait non-recevable dans mon appel fournirait matière à la cassation de son arrêt « aux termes de la loi du 1.er mai et de l'art. » 5 du titre 4 de celle du 24 août 1790; » (1)

Car, « les juges d'arrondissement voulant » *en cet état, et pour éviter aux parties un* » *circuit inutile de procédure,* retenir la con- » naissance du fond et le juger, comme tribu- » nal de première instance, et juges naturels » du différent, ils peuvent alors prononcer en » premier ressort et sauf l'appel, lorsqu'il s'agit » d'un objet de valeur indéterminée. » (2)

9.° *Il ne peut être appellé d'un jugement pro- noncé sur un fait d'usurpaion sur la voie publique.*

---

(1) 17 *Pluv. an XIII.* Cass. GUYARD. Bul. de la Cour, an 13, p. 195.

(2) 7 *Frim. an XIII.* Cass. LAUREAU. Bul. de la Cour, an 13, p. 60.

C'est-à-dire,

C'est-à-dire que : si mon voisin en reconstrui-
sant sa maison empiète, tant sur mon terrain
que sur la voie publique, et que sur ma dénonciation l'autorité administrative ait poursuivi mon voisin; je ne dois pas appeller du
jugement rendu par le juge de paix, jugeant
en police simple *et à charge d'appel*, qui me
débouterait de mes plainte et opposition.

Parce que « d'après les articles 153 et 154 du
» code des délits et des peines, les tribunaux
» de police doivent juger souverainement et
» en dernier ressort. »

Or, dans l'espèce, les juges de première
instance en jugeant définitivement un semblable appel recevable « violeraient les susdits
» articles, et il y aurait lieu à la cassation des
« deux jugemens. » (1)

10.º *Il en est de même des jugemens ren-*
dus, avant le 1.er janvier 1807, par défaut à
la justice de paix; même lorsqu'ils ont été
précédé d'un jugement rendu contradictoirement entre les parties; et lorsqu'ils seraient
attaqués d'incompétence.

En effet, « l'article 4 du titre 3 de la loi
» d'octobre 1790, défend l'appel de tout juge-
» ment par défaut émané de la justice de
» paix : cette loi plaçant dans l'exception le cas
» de la péremption, mais nullement le cas de
» l'incompétence. » (2)

____

(1) 10 *Prair. an X.* Cass. *HIVERNAU.* Jour. du Pal. an
10, 2. s. p. 407.

(2) 13 *Therm. an XI.* Cass. *GUYONNET.* Jour. du Pal.
an 11, 2. s. p. 561. —— Jour. des Aud. an 12, p. 26. ——
Bul. de la Cour, an 11, p. 368.

Des justices de paix.
Comme de juges incompétens.

11.° « *Aucuns juges ne peuvent recevoir l'ap-*
» *pel comme de juge incompétent, d'un juge-*
» *ment rendu en dernier ressort par un juge*
» *de paix.* »

« La voie de la cassation étant la seule
» ouverte contre tout jugement en dernier
» ressort dans lequel un juge de paix a ex-
» cédé ses pouvoirs. » (1)

Des délibéra-
tions de fa-
mille.

12.° *Il ne peut être appellé des décisions ren-*
dues par les juges de paix, comme présidant
les conseils de famille.

« D'après la loi de 1790, les juges de paix
» sont simplement chargés de recevoir les
» délibérations des conseils de famille, *disait*
» *M. Pons*; d'après le code civil, ils participent
» avec eux à cette délibération; mais dans
» aucun cas, ils ne sont investis d'aucun pou-
» voir pour disposer *de la personne d'un mi-*
» *neur*, ni pour rendre une décision faite
» pour être considérée comme un premier
» dégré de juridiction dans l'échelle judi-
» ciaire. » (*)

Enfin « les juges de première instance, en
» statuant comme tribunal d'appel, sur une
» tutelle contestée, excéderaient leurs pou-
» voirs. » (2)

Avant la
huitaine.

13.° *Il n'a pû avant la publication du code*

---

(1) 25 *Niv. an XII.* Cass. NICAISE. Jour. du Pal. an
12, 1. s. p. 98. — Jour. des Aud. an 12, p. 335. —
Jur. an 12, p. 221. — Bul. de la Cour, an 12; p. 122.

(*) *Voyez* les mots : *Tutelle , Conseils de famille.*

(2) 13 et 14 *Vent. an XIII.* Cass. HILKEN. Jour. du
Pal. an 13, 2. s. p. 355.

de procédure être appellé d'aucun jugement contradictoire, même de ceux exécutoires par provision, *avant la huitaine expirée du jour où le jugement a été prononcé.*

« L'article 14 du titre 5 de la loi du 24 août
» 1790 (auquel il a été dérogé par l'art. 449
» du code de procédure) établissait pour rè-
» gle: qu'aucun appel de jugement contradic-
» toire ne pouvait être interjetté dans le délai
» de huitaine,..... sans avoir établi en au-
» cune manière , qu'on pût appeller avant
» le délai de huitaine, de ceux exécutoires
» par provision. » (1)

14.º *EN FAIT D'ARBITRAGE*, il peut être ap- *Des sentences*
pellé *des jugemens rendus par les tribunaux* *arbitrales.*
ordinaires, incidemment à une procédure sui-
vie devant des arbitres nommés par les par-
ties pour prononcer en dernier ressort.

Par exemple : si j'ai pris part à un compromis sur arbitres , en matière de commerce ,
et qu'il y ait partage entre les arbitres choisis, sans qu'ils ayent été autorisés à nommer le
tiers arbitre; cette nomination doit être faite
en premier ou dernier ressort, suivant l'importance de l'objet à juger par les arbitres :
mais toujours par le juge ordinaire, en matière
de commerce;

En effet « cette incident doit être jugé par
» le tribunal auquel il est déferé , suivant les

____

(1) 1.ᵉʳ *Prair. an XIII.* Cass. *NEUVILLE.* Jour. du Pal.
an 13; 2. s. p. 522. — Jur. S. p. 273. — Jour. des Aud.
an 13; p. 364.

Voyez page 13 du Traité de compétence, où cet
arrêt est rapporté plus au long.

» règles constitutionnelles de la compétence
» de ce tribunal ; »

« Si l'objet principal de la contestation
» est au-dessus de la compétence du tribunal
» de commerce, pour prononcer en dernier
» ressort, il ne peut nommer le tiers arbitre
» par jugement en dernier ressort : »

« Les juges qui rejetteraient l'appel de ce
» jugement sous le prétexte que l'objet de
» cet appel tendrait à les saisir du bien ou
» mal jugé *de la sentence rendue par le tiers*
» *arbitre*, violeraient la loi qui assure aux
» parties deux dégrés de juridiction. »

15.º Dans la même espèce « *l'appel interjetté,*
» *tant pour l'incompétence, la nullité, qu'autres*
» *moyens, tant dudit jugement rendu par les*
» *juges de commerce que de la sentence ren-*
» *due par le tiers arbitre, ne serait sous au-*
» *cun rapport de la compétence des juges d'ap-*
» *pel, pas même sous le rapport de l'incom-*
» *pétence alléguée.* »

En effet, « cet appel devrait être déclaré
» non-recevable ; ce qui réserverait à toutes
» les parties le droit d'attaquer la sentence
» arbitrale comme nulle : car, en l'examinant
» sous le rapport de la compétence des ar-
» arbitres, il y aurait violation de la loi qui
» accorde un second dégré de juridiction sur
» les moyens de nullité et autres. »

Enfin « en disant qu'il a été compétemment
» jugé, et en ordonnant que la sentence ar-
» bitrale et le jugement du tribunal de com-
» merce continueraient d'être exécutés sui-
» vant leur forme et teneur, il y aurait excès
» de pouvoir et contradiction avec le système
» de la disposition ci-dessus rapportée, et

» suivant laquelle les juges n'auraient pas
» voulu s'occuper des moyens de nullité re-
» latifs au fond, » (1)

16.º *Arbitres de commerce (les décisions rendues par des) sont attaquables par la voie d'appel, quand même les parties ne se seraient point réservées cette faculté, lors de la nomination des arbitres.*

Des décisions des arbitres de commerce.

En effet, « dans le cas de l'article 9 de l'or-
» donnance de 1673 (pour le commerce)
» les juges de commerce sont tenus de ren-
» voyer les parties devant des arbitres, quand
» même elles ne le voudraient pas; d'où il
» suit, qu'un pareil arbitrage ne peut être
» regardé comme volontaire, et qu'en dé-
» clarant l'appel d'une décision rendue par
» *de semblables arbitres* non-recevable, sous
» le motif que les parties, lors de la nomi-
» nation de leurs arbitres, ne s'en seraient
» point réservées la faculté, se serait (*) con-
» trevenir aux différentes lois qui établissent
» deux dégrés de juridiction dans toutes les
» affaires qu'elles n'ont point exceptées par
» une disposition particulière. » (2)

17.º *En fait de procès pendans aux ci-devant parlemens et autres tribunaux d'appel.*

Des procès pendans aux anciennes justices.

____

(1) 22 *Fruct. an XIII.* Cass. *Richard et Texier.* Jour·
du Pal. an 14, 1. s. p. 273. — Jour. des Aud. an 13, p·
545. — Jur. an 1806, p. 71. — Bul. de la Cour, an 13,
p. 440.

(*) « Faire une fausse application des art. 210 et 211
» de la constitution de l'an III; » lesquels avaient été
invoqués dans l'espèce, où il s'agissait d'un jugement arbitral rendu en l'an VII.

(2) 21 *Niv. an IX.* Cass. *Statd.* Jur. notice. p. 394.

Il ne peut être appellé des jugemens rendus par les tribunaux de district, (*) sur
procès pendans aux ci-devant parlemens et
autres tribunaux d'appel de l'ancien régime.

Parce que, « des dispositions de l'article 5
» de la loi du 9 octobre 1790, il résulte que
» les appels des jugemens rendus par les tri-
» bunaux de l'ancien régime, quelque part
» qu'ils fussent pendans, devaient être por-
» tés aux tribunaux de district, pour y être
» par eux statué définitivement, et sans qu'il
» soit permis d'appeller de ce dernier juge-
» ment à un troisième tribunal. (1) »

Lorsque l'Etat est intéressé.   18.º *Dans le cas où l'état est intéressé, soit
de son chef, soit de celui où il représente les
émigrés.*

*Dans le cas où le séquestre des droits et
actions d'un émigré a été levé.*

*En matière d'exploitation de forêts natio-
nales dans lesquelles des communes sont ren-
trées en vertu de sentences arbitrales.*

Le droit d'appeller, ratione officii, *des décisions arbitrales* (**) rendues en faveur des
communes, et qui leur ont adjugé la propriété de certaines forêts prétendues nationales; peut, en certains cas, être encore exercé

(*) *Nota.* Cette disposition n'est susceptible d'application qu'à l'égard des jugemens rendus en semblables cas, par des tribunaux de département, dans les
pays réunis; ou pour le cas où un jugement, rendu
dans l'espèce dont il s'agit, n'aurait été signifié que depuis peu. *Note du Rédacteur.*

(1) 8 *Frim.* an XI. Cass. FARDET *et* CREII *sa femme.*
Bul. de la Cour, an 11 , p. 76.

(**) Droit dans lequel l'Etat a été établi par la loi
du 28 brumaire an VII.

par l'état, même du chef des émigrés qu'il représente, et après la levée du séquestre apposé sur les forêts formant l'objet du litige.

Ces appels interjettés, par les Préfets des lieux, sont profitables aux héritiers des émigrés rayés, et ayant un même intérêt que l'état.

Espèce: la commune du domicile de ma famille avait obtenu, le 8 brumaire an II, et contrairement à un arrêt du conseil de 1780, une décision arbitrale qui la déclarait propriétaire d'une quantité de bois dont mes auteurs jouissaient paisiblement depuis longues années.

Postérieurement à cette sentence arbitrale, mon frère ayant émigré, le séquestre fut établi sur les biens de mon père, comme étant père d'émigré.

Mon père, pour faire cesser le séquestre jetté sur ses biens, postérieurement au jugement arbitral, et conformément à la loi du 9 floréal an III, a fait en l'an IV, le partage de présuccession avec l'état.

Mais, on a négligé de comprendre dans ce partage l'action en réformation de la sentence obtenue par la commune.

En vertu de la loi du 28 brumaire an VII, le Préfet interjette appel de cette sentence, au nom de l'état; il assigne en même temps mon père et moi, non émigrés, en déclaration d'arrêt commun; nous nous présentons et nous faisons appel de notre chef, en adhérant aux conclusions du Préfet.

Dans cet état des choses, il suffit, pour justifier les règles établies ci-dessus, de dire : « en » vertu de la loi du 17 frimaire an II, relative » au séquestre des biens des ascendans d'émi-

» grés, tous les biens, et *par conséquent tou-*
» *tes les actions de mon père* ont été mises
» sous la main de la nation. »

« Si le partage de présuccession, fait en
» l'an IV, entre lui et la république, a levé
» le séquestre sur les biens qui sont entrés en
» partage; il faut aussi observer que l'action
» en réformation de la décision arbitrale
» n'ayant été comprise ni dans l'état des biens
» à partager, ni dans le partage, cette action
» a nécessairement continué de rester dans
» la main de la nation, et par conséquent
» elle est restée nationale pour le tout, d'après
» le décret d'ordre du jour, du 23 germinal
» an II : savoir, que les biens séquestrés doi-
» vent, tant que dure le séquestre, être ré-
» putés nationaux. «

« Ainsi, lorsqu'a paru la loi du 28 brumaire
» an VII, cette action était encore nationale,
» non seulement pour la part afférante à la
» république, *mais encore pour celles de ses*
» *consorts*, et par suite, cette loi a dû frapper
» et a frappé en effet cette action dans tou-
» tes ses parties. « (1)

Nota. Il a été décidé, en l'an IX, par la
Cour de cassation : que « la république n'ayant
» point été partie à un jugement arbitral
» du 22 octobre 1793, (1.ᵉʳ frimaire an II.)
» rendu entre une commune et une famille,
» en possession des bois en question ; ce n'était
» pas le cas de recourir à la voie de l'appel
» introduit par la loi de brumaire an VII,
» mais à la voie de la tierce opposition, ou-

---

(1) 21 *Prai. an XIII.* Rej. *Commune de Menou.* Jour.
du Pal. an 14, 1. s. p. 3.

» verte par l'ordonnance de 1667. » (1) Mais de la décision précédente, comme de celle qui suit, l'on doit inférer que cette jurisprudence a été réformée.

19.º *Le droit d'appeller* échu à un émigré dont les biens et les actions ont été séquestrés, *ne peut être exercé après la levé du séquestre, lorsqu'à cette époque les délais de l'appel sont échus.*

En vain, pour faire revivre le droit d'appeller, éteint pendant la duré du séquestre, l'émigré rayé ou ses héritiers diraient-ils que les législateurs de l'an III, auraient, par les articles 1 et 2 de la loi du 16 germinal, fondés sur un retour aux principes de justice, et sur la maxime: *contra non valentem agere non currit præscriptio*, suspendu le cours de la prescription contre ceux qui, comme les victimes de la terreur ou de la hache révolutionnaire, ont été par une force majeure rendus incapables d'agir pour tout le temps qu'a duré leur inaction forcée, pour en induire que les délais pour appeller étant dans la classe de toutes les autres prescriptions, on doit retrancher du temps nécessaire à la prescription du droit d'appeller, tout le temps écoulé entre l'inscription sur la liste des émigrés et la levée du séquestre.

En effet, « l'apposition du séquestre, pour » fait d'émigration, a transmis à la nation » seule le droit d'appeller des jugemens ren- » dus, antérieurement au séquestre, contre » la partie dont les biens ont été séquestrés ;

Dans les causes des émigrés.

------

(1) 21 *Brum. an IX.* Rej. *Le Préfet des Vosges.* Jur. notice; p. 363.

» et si elle ne l'a pas fait, cette partie ou ses
» héritiers, quoique rétablis dans leurs droits
» par la levée du séquestre, ne peuvent les
» reprendre que dans l'état où ils les trou-
» vent; d'où il suit qu'ils ne sont pas rece-
» vables à exciper des articles 1 et 2 de la loi
» du 16 germinal au III, pour en induire que
» le délai d'appeller n'a pû courir contre eux,
» pendant le séquestre. » (1)

Des ordonnances de référé. — 20.° *On peut appeller des ordonnances ren-dues sur référé ;* voyez au traité de compétence pag. 15; mais il faut remarquer que cette ju-risprudence n'est applicable qu'aux cas anté-rieurs à l'époque du 1.er janvier 1807, le code de procédure ayant introduit une nouvelle règle, par son art. 809, en fait d'appel des or-donnances rendues sur référé.

De la déclara-tion d'appel. Par procureur. — 21.° « *Il ne peut être déclaré d'appel d'un* » *jugement par procureur, à moins d'une pro-* » *curation formelle donnée à ce procureur, et* » *énoncée dans l'acte.* »

« En déclarant nul l'appel interjetté au
» greffe par *un ami*, comme fondé de pou-
» voir, à cause que la copie signifiée ne ferait
» pas mention de la procuration, les juges
» se conformeraient aux dispositions des
» lois. » (2)

Il en serait de même pour le cas « où cet
» *ami*, ayant signé l'appel au nom de la par-

______

(1) 3 *Flor. an XIII.* Rej. *VILLEROY.* Jour. du Pal. au 13, Coll. p. 380.

(2) 16 *Prair. an XII.* Rej. *FLAMENT et CAVENAILLE.* Jour. du Pal. an 12, 2. s. p. 564. — Jour. des Aud. an 12, p. 453

» tie, aurait été sans qualité pour le faire,
» quoique ce prétendu appel ait été ratifié
» par la partie, mais, plus de trois mois après
» la signification du jugement contre lequel
» cet appel aurait éte dirigé. » (1)

22.º *Toute déclaration d'appel doit être formelle*, soit en appellant de son chef, soit en adhérant à l'appel d'une autre partie.

Doit être formelle.

C'est-à-dire, que si mon frère et moi sommes en procès contre *Paul*, et que mon frère interjette appel du jugement de première instance, l'exécution, même provisoire, de ma part, envers *Paul*, du jugement de première instance, sans appel ni adhésion formelle à celui de mon frère, me rendrait non-recevable à critiquer ce jugement.

La circonstance particulière qu'en exécutant ce jugement j'aurais dit.... *que l'appel de mon frère étant suspensif, je pourrais, comme fondé à m'en prévaloir, me dispenser de toute exécution jusqu'au jugement sur l'appel; ..... mais sous la considération qu'aux termes du jugement, la provision de Paul est payable nonobstant l'appel, j'offre somme et espèce suffisante au paiement de Paul, par provision; sous protestation de ma part de cassation et de nullité; .... si, au préjudice de cette exhibition d'espèces et de l'acte d'appel de mon frère, notifié en tête des offres, il était procédé à aucune exécution à mon préjudice, ni rien entrepris jusqu'à ce qu'il ait été statué audit appel signifié de la part de mon frère: cette*

____

(1) 24 *Brum. an* IX. Rej. LAFARE. Jour. du Pal. an 12, 2. s. p. 563. — Jour. des Aud. an 12, p. 453.

protestation ne pourrait me dispenser d'un appel ou d'une adhésion formel.

En effet, « il suffit que je n'ai pas appellé » en mon nom du jugement de première ins- » tance, soit par une déclaration formelle, » soit du moins par une adhésion formelle » à l'appel interjetté par mon frère vis-à- » vis de *Paul*, pour que je ne sois pas re- » cevable à me plaindre, si les juges d'ap- » pel ont refusé d'examiner le fond de ce » qui aurait été jugé contre moi en faveur » de *Paul*, opposant à ce nouvel examen. » (1)

Voyez au mot *Délai*, les distinctions qui y sont établies en fait d'appel, et aux mots *Ressort* et *Désertion*.

Ce qui peut être demandé devant les juges d'appel.

23.° *Quelles choses peuvent être démandées sur l'appel?*

On ne peut, sur l'appel, revenir sur un point, quelqu'essentiel qu'il soit, si l'on s'en est départi en prémière instance.

Ainsi, si j'établis ma demande sur le remboursement d'une somme en numéraire et sans réduction ; et que dans le cours de la discussion en première instance je me restreigne au paiement de la même somme, d'après l'échelle de dépréciation du papier monnoie ; je ne suis plus recevable, sur l'appel, à demander cette somme sans réduction.

« En statuant sur la demande en paiement » en numéraire, et sans réduction, si mieux » n'aime *mon débiteur* faire ce paiement d'a-

____

(1) 22 *Therm. an XI.* Cass. *LECIAQUE.* Bul. de la Cour, an 11, p. 580.

» près la réduction et liquidation à faire par
» experts, les juges d'appel prononceraient
» sur une demande nouvelle, relativement
» à eux. » (1)

Ce qui peut être demandé devant les juges d'appel.

24.° *On ne peut, en cause d'appel, substituer une demande autre que celle soumise aux juges de première instance, et sur laquelle seule ils ont prononcé.*

C'est-à-dire que, si en première instance j'ai conclu à la *nullité d'un bail;* la circonstance que dans mon mémoire j'aurais relevé la cessation de la culture, des dégradations faites à l'objet loué, le défaut de paiement des fermages et l'absence de ressources dans la personne du locataire; cette circonstance ne m'autoriserait point à demander, en appel, la *résiliation de ce bail*, au lieu de sa *nullité;* elle n'autoriserait pas plus les juges d'appel à prononcer la résiliation de ce bail, après avoir réformé le jugement de première instance qui en aurait prononcé la nullité.

La raison de cette règle est: « qu'une demande
» en nullité est toute autre chose qu'une de-
» mande en résiliation; (*) qu'une demande
» en résiliation est une demande principale,
» qui doit être introduite selon les formes pres-
» crites pour les demandes principales et être
» caractérisée par des conclusions expresses;
» que m'étant borné, devant les premiers
» juges, à requérir que ce bail fût déclaré
» *nul et comme non avenu* (ce qui aurait été
» prononcé et dans les mêmes termes) et

(1) 12 *Messid. an* IX. Cass, Roger Jour. du Pal. au 10, 1. s. p. 45.

(*) *Voyez* les mots *Action, Nullité, Résiliation.*

» n'ayant requis purement et simplement, de-
» vant les juges d'appel, que l'exécution de
» ce jugement, cela ne constituait, comme
» en première instance, qu'une demande en
» nullité; qu'enfin si j'ai fait valoir des raisons
» qui étaient de nature à être proposées à
» l'appui d'une demande en résiliation, je
» ne les ait toutefois employées que comme
» moyens propres à faire confirmer le juge-
» ment. »

Or, dans l'espèce, « la cour d'appel qui au-
» rait, en dénaturant la cause que je lui au-
» rais soumise et en transformant mes moyens
» en demande en résiliation, déclaré le bail
» dont question résolu, aurait commis un ex-
» cès de pouvoir, et fourni matière à la cas-
» sation de son arrêt. » (1)

Des surséances.

25.° *Il n'a pû, en cause d'appel, être for-*
mée de demande en surséance à l'exécution
d'un jugement rendu en première instance, dé-
claré exécutoire nonobstant l'appel. (*)

En effet « les juges d'appel sont bien saisis
» par l'appel, du droit de prononcer sur les
» moyens que toutes les parties peuvent res-
» pectivement employer pour faire réformer
» un jugement définitif de première instance;
» mais avant d'exercer ce droit, ils ne peu-
» vent s'arroger celui de surseoir arbitraire-
» ment à l'exécution provisoire d'un juge-
» ment, rendu à la suite d'une discussion con-

____

(1) 8 *Pluv. an XIII.* Cass. *Vaumoine.* Jour. du Pal.
an 13, 1. s. p. 161. — Jour. des Aud. an 13, p. 273.

(*) Pour le présent voyez les articles 159 et 160 du
code de procédure.

» tradictoire sur les titres et les exceptions
» des parties, et en ordonnant cette surséan-
» ce, (*même avant la publication du code ju-*
» *diciaire*) ils auraient violé les articles 15 et
» 16 du titre 17 de l'ordonnance de 1667. » (1).

26.° *En matière de commerce on peut, sur* *En matière*
appel, demander que les condamnations pro- de commerce.
noncées, antérieurement au transport d'un ef-
fet de commerce, sortent leur effet en faveur
du nouveau propriétaire ; sans que celui-ci
soit obligé de former une nouvelle action
susceptible de deux dégrés de juridiction.

Par exemple, si je souscris au profit de *Paul*,
un effet au porteur, et qu'au profit de *Pierre*,
porteur de cet effet, il soit rendu un jugement de condamnation contre moi ; sur l'appel par moi interjetté, les dites condamnations peuvent être confirmées au profit d'un
tiers cessionnaire de *Pierre*, pourvu que le
tiers porteur soit reconnu légitime propriétaire de l'effet par moi souscrit ; et, surtout,
si je n'oppose point de fin de non-recevoir
contre le *tiers porteur* de mon effet.

En effet, *dans l'espèce*, lorsque la cour d'appel reconnaît *Pierre* « comme légitime pro-
» priétaire de l'effet que j'ai souscrit, la ques-
» tion si *Pierre* et son *cessionnaire* peuvent
» demander le paiement de l'effet par moi
» souscrit, en vertu des condamnations por-
» tées dans les jugemens dont appel, est in-
» hérante et connexe à cet appel. »
Or, « si d'ailleurs je n'ai opposé aucune fin
» de non-recevoir à cet égard devant la cour

---

(1) 18 *Pluv. an XII.* Cass, d'office. Jour. des Aud. an
12, p. 231. — Bul. de la Cour, an 12, p. 161.

» d'appel, cette cour ne viole ni les articles
» 23 et 25 du titre 5 de l'ordonnance de 1673,
» ni les articles 1239, et 1599 du code
» civil, ni la loi du premier mai 1790, rela-
» tive aux deux dégrés de juridiction, en
» me déboutant de mon appel, et en per—
» mettant à *Pierre* et à son *cessionnaire* de me
» ramener à l'exécution du jugement dont
» appel. » (1)

Demande incidente sur le fond.   27.° *On peut devant les juges de première instance*, jugeant sur l'appel, *demander la ré-formation du jugement incompétemment rendu par le juge de paix*, et par suite, qu'il soit prononcé sur le fond.

C'est-à-dire, que si j'intente une action pé-titoire devant le juge de paix et que ma de-mande y soit accueillie,

Les juges de première instance saisis de ce jugement peuvent après l'avoir annullé pro-noncer sur le fond.

En effet « dès que ce jugement est déclaré
» nul et incompétemment rendu, il ne sub-
» siste plus aucun jugement qui ait statué
» sur le fond. » *V.* ci-devant *p.* 159, *nomb.* 8.

Des accessoires.   28.° *On peut, sur l'appel, demander les ac-cessoires, de la demande formée en première instance.*

Si ma demande en première instance ten-dait à rentrer dans la possession d'un fond de terre; je peux, en appel, demander la restitution des fruits et jouissances que je n'aurais pas formée en première instance.

---

(1) 24 *Fév.* 1806. Rej. MOUTON. Jour. des Aud. an 14, 1806, p. 249.

Parce

Parce que « la demande en restitution des
» fruits et jouissances est une demande ac-
» cessoire, implicitement comprise dans mes
» conclusions prises en première instance, à
» fin de restitution du fond. » (1)

29.° *La procédure, en dégré d'appel, avant
la mise en action du code judiciaire, même
en fait de jugement d'adjudication d'un bien
vendu par voie d'expropriation forcée; a dû
être faite suivant les règles ordinaires.*

En fait d'expropriation.

Procédure.

C'est-à-dire que, *par exemple* « la cour
» d'appel séante à Nancy, ayant eu à juger,
» dans l'espèce, s'il y avait lieu de don-
» ner défaut contre l'appellant, et de le dé-
» clarer déchu de son appel, et non des for-
» malités nécessaires pour les expropriations
» forcées, cette cour aurait dû consulter l'or-
» donnance de 1707 et non les dispositions
» de la loi du 11 brumaire an VII. » (2)
V. Expropriation.

30.° *Quelles choses, A JUGER, ne peuvent être
évoquées ou retenues sur l'appel.*

Où la connaissance du fond ne peut être retenue.

La Cour de Cassation a plusieurs fois décidé,
d'une manière formelle, que les juges d'appel, devant lesquels est porté *l'appel d'un
jugement*, par lequel les premiers juges se
sont déclarés incompétens, venant à infirmer
ce jugement, parce qu'ils estiment que les
premiers juges étaient compétens, ne peuvent
décider le fond de la contestation, et que

---

(1) 10 *Frim. an X.* ... Jour. du Pal. an 10, 1. s. p.
454.

(2) 26 *Therm. an XII.* Rej. DUNAUD, Jour. des Aud.
an 12, S. p. 585.

Où la connais-
sance du fond
ne peut être
retenue.

cette règle devait être observée tant sur l'appel des jugemens rendus par les tribunaux ordinaires que par les tribunaux de commerce. (*)

31.º *Il en est de même pour les juges d'appel devant lesquels est porté l'appel d'un jugement de renvoi pour cause de LITISPENDANCE.* (**)

Cette règle se fonde sur ce « que la loi du
» 1.ᵉʳ mai 1790, veut qu'il y ait deux dégrés
» de juridiction ; sur l'art. 17 du titre 2 de
» celle du 24 août suivant, qui veut que les
» justiciables ne puissent être distraits de leurs
» juges naturels, par autres attributions ou
» évocations que celles déterminées par la
» loi. »

Enfin « sur l'art. 3 du titre 6 de l'ordon-
» nance de 1667 (réitéré dans les articles 168,
» 172 et 425 du code judiciaire) qui range
» sur la même ligne les renvois, incompé-
» tences et déclinatoires proposés sous pré-
» texte de litispendance, connexité ou autre-
» ment, sur lesquels il veut qu'il soit statué,
» sans pouvoir les réserver ou joindre au
» principal. »

Or « lorsqu'il s'agit d'un déclinatoire, pour
» raison de litispendance, la compétence du
» juge est contestée, et ce juge ne peut pas
» en même temps prononcer sur le fond ; à la
» différence des cas de nullités d'exploit et
» autres exceptions péremptoires, où la compé-
» tence est reconnue, où l'ordonnance (comme

(*) *Voyez* au Traité de compétence, page 95, et au mot *Évocation.*

(**) LITISPENDANCE, temps durant lequel un procès est pendant et indécis ; *Lis quæ est adhuc sub judice.*

» le code) oblige de les comprendre dans les
» défenses, et où le juge peut, par le même
» jugement, faire droit d'abord sur les ex-
» ceptions, et ensuite sur le fond. »

*Où la connais-
sance du fond
ne peut être
retenue.*

« D'où il suit que les juges d'appel, en re-
» tenant le fond et y prononçant, tandis que
» les premiers juges n'auraient pu y statuer
» dans l'état de la cause, priveraient les par-
» ties des deux degrés de juridiction, et vio-
» leraient les lois citées ; » (1)

« Conséquence conforme aux principes gé-
» néraux de la matière, qui veulent, que les
» juges d'appel ne puissent retenir le fond
» dans le cas d'incompétence admise ; parce
» qu'en déclarant alors le premier tribunal
» sans caractère légal pour rendre aucun ju-
» gement sur le fond, les juges d'appel feraient
» en retenant le fond et le jugeant, préci-
» sément ce que le tribunal incompétent n'au-
» rait pas eu le droit de faire : ce qui ferait
» manquer la condition sous laquelle les juges
» d'appel peuvent et doivent même juger le
» fond, quoique demeuré indécis en première
» instance ; celle de faire, en le jugeant, ce
» que le premier juge aurait pu faire. » (2)

32.° Enfin, *dans le cas de l'appel d'un ju-*
gement rendu par le juge de paix et incompé-
temment rendu ; « les juges d'appel qui vou-
» draient, *en l'état et pour éviter aux parties*
» *un circuit inutile de procédures,* retenir la
» connaissance du fond comme tribunal de

*Des juges de
paix, pour
incompétence*

---

(1) 28 *Niv. an XI.* Cass. |MORNAT. Jur. an 12, p. 167.
Bul. de la Cour, an 12, p. 125.

(2) 27 *Fruct. an XI.* Cass. GREVIN. Bul. de la Cour,
an 11, p. 431.

» première instance et juge naturel du diffé-
» rent, ne devraient alors prononcer qu'en
» premier ressort et sauf l'appel ; lorsqu'il
» s'agirait d'un objet de valeur indétermi-
» née. » (1)

Où la connais-
sance du fond
peut et doit
être retenue.

33.° *Il en serait autrement pour le cas où un juge de paix, saisi d'une action posses- soire,* ayant ordonné une enquête qu'il au- rait déclaré non concluante ; aurait par suite renvoyé les parties à se pourvoir au pétitoire.

Les juges saisis de l'appel de ce jugement ne contreviendraient point aux règles ci- dessus établies, si, après avoir annullé l'en- quête et le jugement de la justice de paix, et pour faire droit au principal, ils ordon- naient qu'il fut fait une autre enquête par- devant eux.

Parce que « les deux dégrés de juridiction
» auraient été remplis; le juge de paix ayant
» été saisi de la connaissance de la même de-
» mande sur laquelle le jugement des juges
» d'appel aurait été rendu. » (2)

La même règle reçoit son application dans le cas où des juges de première instance auraient rescindé, pour cause de lésion, une vente dûment consentie.

Dans ce cas, les juges d'appel qui, en an- nullant ce jugement, déclareraient n'y avoir lieu à procéder devant eux sur le fond, con- treviendraient expressément à la loi du 1.ᵉʳ mai 1790.

____

(1) 7 *Frim. an XIII.* Cass. *LAUREAU.* Bul. de la Cour, an 13, p. 60. —— Voyez ci-devant p. 159, nomb. 8.

(2) 24 et 30 *Vent. an XI.* Rej. *LORIN et RUISSELET.* Jur. an 12, p. 214.

En effet, dans l'espèce, « les juges de pre- *Où la connais-*
» mière instance, *en rescindant l'acte de vente,* *sance du fond*
» ont épuisé le premier dégré de juridiction, *peut et doit*
» et la cour d'appel, comme remplissant le *être retenue.*
» second dégré, est saisie du procès ; or, elle
» en reste saisie, lorsqu'elle ne prononce pas
» sur le fond. » (1) *V.* au mot *Requête civile.*

Les juges d'appel peuvent encore retenir
la connaissance du fond, lorsqu'il n'annulle
le jugement dont appel, que pour n'être pas
rédigé dans la forme prescrite par la loi.

Parce que « le jugement étant seul annullé,
» rien ne s'oppose à ce que les juges d'appel
» statuent sur la demande introductive, lors-
» qu'elle n'est arguée d'aucune espèce de
» nullité. » (2)

34.° *Les juges d'appel peuvent retenir les
contestations qui surviennent à l'occasion d'une
partie de la demande formée devant les premiers juges.*

Si j'ai été condamné en première instance
à rendre compte et au paiement de diverses
sommes ; et que, sur l'appel, les juges infir-
mant certaines dispositions du jugement de
première instance et le confirmant sur d'autres, prononcent, par un *avant faire droit*, sur
un chef relatif au compte ; ils pourraient se
réserver la connaissance des contestations sur
le compte, s'il en survenaient.

Parce que « les juges d'appel, relativement
» à ce compte, ne rendraient qu'un juge-

---

(1) 20 *Vend. an XI.* Cass. Jouffereau. Bul. de la
Cour, an 11, p. 22.

(2) 30 *Vent. an XII.* Cass. Dalmont. Bul. de la Cour,
an 12, p. 204.

Où la connais-
sance du fond
peut et doit
être retenue.

» ment préparatoire, et ne se déssaisiraient
» point de la cause sur ce point; » (1) *V. Con-*
ciliation.

35.° *Les juges d'appel en réformant un ju-*
gement qui rejette des moyens d'incompétence,
et de nullité proposés contre un exploit, ac-
cueillis par les juges de première instance, peu-
vent retenir et juger le fond: pourvu, néanmoins qu'il ait été pris des conclusions au fond
devant les premiers juges.

C'est-à-dire, que si devant les premiers juges je propose leur incompétence et la nullité
de la notification de l'exploit de demande;
ma contestation sur la nullité couvre l'exception d'incompétence, et rend les premiers
juges habiles à juger le fond de la contestation, lorsque ma partie adverse y a pris ses
conclusions.

Car « je renonce moi-même à l'exception
» d'incompétence par moi proposée devant les
» premiers juges, en soutenant, en cause
» d'appel, le bien jugé, du tribunal qui au-
« rait admis les moyens de nullité par moi
» proposés devant lui; d'où il suit que les
» juges d'appel, en rejettant sur ce fonde-
» ment le moyen d'incompétence, que j'au-
» rais réitéré devant eux, ne contrevien-
» draient point à la disposition de l'art. 17 du
» titre 2 de la loi du 16 août 1790, puisque
» je me serais rendu, par mon propre fait,
» (la reconnaissance de la légalité du juge-
» ment dont appel) inadmissible à proposer

____

(1) 12 *Germ.* an *X.* Rej. *Veuve PAUL.* Jour. du Pal.
an 10, 2. 5. p. 113.

» de nouveau en appel l'incompétence des
» premiers juges. »

Enfin « dans l'espèce, ma partie adverse
» ayant pris les conclusions sur le fond de-
» vant les premiers juges qui auraient pu y
» statuer, elle peut les renouveller en cause
» d'appel; d'où il suit que la cour d'appel qui
» statuerait sur le mérite desdites conclusions,
» ne prononcerait aucune évocation prohibée
» par les lois. » (1) *V.* Traité de compétence
page 95, *nomb.* 95.

En thèse générale « il suffit que la question
» à juger, en dégré d'appel, ait été soumise
» aux premiers juges, et qu'ils aient été mis
» dans le cas d'y statuer, pour que les juges
» d'appel, faisant ce que les premiers juges
» auraient dû faire, puissent prononcer sur
» cette question, sans renvoi et par jugement
» définitif. » (2)

Ou que les deux parties ayent respectivement conclu à l'évocation du principal, « car,
» les parties ayant respectivement conclu et
» défendu au fond, elles ne sont pas receva-
» bles à se plaindre que les deux dégrés de
» juridiction n'ont pas été observés. « (3)

Plus « la loi du 1.er mai 1790, en fixant les
» dégrés de juridiction à deux, en exclut
» nécessairement un plus grand nombre, et

*Où la connais-
sance du fond
peut et doit
être retenue.*

---

(1) 25 *Germ. an* X. Cass. DELAUNAI. Jour. du Pal. an
10, 2. s. p. 343. —— 17 *Prair. an* XI. Cass.... id. an 11,
2. s. p. 353. —— 24 *Flor. an* XII. Cass. BERNARD. Bul. de
la Cour, an 12, p. 268.

(2) *Vent. an* XI. Cass. BORCHGRAVE. Jour. du Pal. an
11, 1. s. p. 513.

(3) 10 *Prair. an* XI. Cass. LE MAROIS. Jour du Pal. an
11, 2. s. p. 369.

*Où la connais-
sance du fond
peut et doit
être retenue.*

» celle du 3 brumaire an II, en limitant le
» pouvoir des juges d'appel à prononcer sur
» les demandes formées en première instance,
» leur impose par cela même, lorsqu'ils ré-
» forment, la nécessité de statuer sur toutes
» les demandes qui ont été soumises aux
» premiers juges. » (1)

Enfin « si les juges d'appel au lieu de statuer
» définitivement sur le fond de la contesta-
» tion, jugée en première instance, renvoient
» de nouveau devant les mêmes juges pour
» être statué sur le même objet, ils établissent
» un troisième dégré de juridiction, et même
» un quatrième en cas d'appel; en quoi ils
» contreviennent à ladite loi de mai 1790,
» et à la maxime : *non bis in idem.* » (2) Il
faut donc tenir pour certain, en fait : « que
» toutes les fois que les juges d'appel, après
» l'annullation de la procédure et du juge-
» ment dont appel (rendu sur les conclusions
» respectives des parties) sont saisis de la li-
» tispendance par l'appel interjetté, ils doi-
» vent statuer sur le fond du différent ou or-
» donner l'interlocutoire qui peut leur paroî-
» tre nécessaire pour éclairer leur religion ;
» et s'abstenir de replacer les parties dans la
» même position où elles étaient avant l'ins-
» truction devant le premier juge ; ce qui
» serait une contravention au vœu positif de
» la loi d'août 1790, et à la loi du 3 brumaire

---

(1) 22 *Messid. an XII.* Cass *VIGIER.* Jour. du Pal. an
12, 2. s. p. 161. —— Jour. des Aud. an 12, p. 598. ——Bul.
de la Cour, an 12, p. 351.

(2) 30 *Frim. an XI.* Cass. d'office. Bul. de la Cour,
an 11, p. 91. —— 21 *Flor. idem.* Bul. idem, p. 256.

» an II, art. 7, explicatives du principe cons-
» titutionnel. « (1)

Nota Peu de contestations, en matière civile. ont été aussi souvent soumises à la décision
de la cour suprême, et y ont reçu une décision
aussi uniforme : je n'ajouterai rien aux dispositions sus-rapportées, et je passerai sous silence une multitude de décisions rendues souvent dans les mêmes termes et toujours dans
le même esprit.

36.° *Des moyens et des fins de non-rece-*
voir, qui peuvent être employés en cause
d'appel.

On peut en cause d'appel, employer des
moyens étrangers à ceux dont il a été fait
usage en première instance.

Par exemple : si, en première instance,
j'ai attaqué un divorce pour cause de nul-
lité seulement, je peux, sur l'appel, produire
comme moyen la simulation de ce divorce.

La raison est « que la question de simu-
» lation, présentée aux juges d'appel, n'est
» point une demande nouvelle, mais seule-
» ment un nouveau moyen *d'attaque* ou de
» *défense.* » (2)

37.° *On peut employer contre l'appellant,*
et *comme fin de non-recevoir, le désistement*
de son appel, ou de l'un de ses appels, s'il
avait à-la-fois interjetté appel de plusieurs
jugemens.

___

(1) 14 *Mess. an XIII.* Cass. C*hanorier*. Bul. de la Cour,
an 13, p. 359.

(2) 1.er *Messid. an XI.* Cass. B*randy*. Jour. du Pal. an
11, 2. s. p. 337.

*Du désiste-
ment de
l'appel.*

C'est-à-dire, que s'il a été prononcé un jugement par défaut contre moi, auquel je me sois rendu opposant, et que je me sois rendu appellant de ces deux jugemens; si je donne mon *désistement* de l'appel interjetté du jugement par défaut, pour n'être appellant que de celui portant débouté de mon opposition, prononcé en dernier ressort, je deviens non-recevable dans mon appel; le premier jugement ayant acquis, par mon *désistement*, force de chose jugée.

En effet, « le jugement *premier*, a nécessai-
» rement acquit l'autorité d'un jugement en
» dernier ressort, par celui qui avait prononcé
» en dernier ressort sur mon opposition dirigée
» contre ce jugement; (surtout si ce dernier
» avait ordonné positivement l'exécution du
» premier); d'où il suit qu'il n'y aurait d'autre
» moyen d'empêcher l'exécution de ce premier
» jugement, que de se pourvoir par requête
» civile ou en cassation, contre le jugement
» en dernier ressort; par conséquent les juges
» d'appel qui statueraient sur l'appel, (*malgré*
» *la fin de non-recevoir proposée*), violeraient
» l'autorité de la chose jugée, et contrevien-
» draient à l'article 5 du titre 27 de l'ordon-
» nance de 1667. » (1)

Nota. Voyez l'article 480 du code de procédure civile.

*Des jugemens
passés en
force de chose
jugée.*

38.º *Il y a de même fin de non-recevoir contre l'appellant de deux jugemens*, lorsque l'un de ces deux jugemens est passé en force de chose jugée, avant qu'il en ait été appellé.

______

(1) 16 *Germ. an XI.* **Cass.** **D**ELATTE. Bul. de la Cour,
an 11, p. 209.

Le pourvoi par opposition à la rédaction de ce premier jugement, n'aurait point l'effet de suspendre le délai de l'appel.

Des jugemens passés en force de chose jugée.

En vain l'appellant dirait-il, que l'expédition de ce premier jugement étant différente du prononcé à l'audience, l'usage du tribunal qui a rendu ce jugement permet de procéder, en cas semblable, par opposition à la rédaction des jugemens; et que conséquemment la faculté de se pourvoir, contre le jugement attaqué par cette voie, a été prorogée jusqu'à l'époque de la signification du jugement qui l'aurait débouté de son opposition.

On lui répondrait:

« Il suffit que le jugement attaqué, par
» voie d'opposition à sa rédaction, ait été si-
» gnifié depuis plus de trois mois, lorsque
» l'appel en a été fait. »

« Le délai de trois mois, dans lequel vous
» auriez dû interjetter votre appel, n'a pu
» être suspendu ni prorogé par la demande
» en prétendue correction de ce jugement,
» laquelle était une véritable demande en ré-
» formation de ce qu'il avait statué au fond sur
» la prétention de votre partie adverse; lequel
» jugement étant une fois expédié et même si-
» gnifié, ne pouvait être régulièrement atta-
» qué que par la voie de l'appel, s'il pronon-
» çait une condamnation injuste, ou par celle
» de l'inscription de faux, si sa rédaction était
» contraire à ce qui avait été prononcé. » (1)

39.º *On peut opposer à l'appellant le défaut de qualité survenu depuis l'appel interjetté.*

Du défaut de qualité.

______

(1) 11 *Fruct. an XI.* Cass. Guérin. Bul. de la Cour, an 11, p. 399.

Si j'intente une demande en interdiction contre mon épouse, et qu'après mon appel elle fasse prononcer son divorce contre moi, elle est ensuite fondée à m'opposer le défaut de qualité de ma part;

Et la cour d'appel serait bien fondée à me déclarer non-recevable et sans qualité.

En effet, « les moyens de cassation qui pour-
» raient être invoqués, contre cette décision,
» devraient disparaître devant la circonstance
» du divorce qui me rendrait sans qualité dans
» la poursuite en interdiction. » (1)

1.º *La voie de l'appel en matière correction-nelle ne peut être employée* que « lorsque l'ap-
» pel est d'un jugement définitif, soit qu'il or-
» donne une nouvelle instruction, soit qu'il
» déclare le tribunal correctionnel compé-
» tent. » *V. Jugement définitif.* (2)

2.º *L'appel peut être interjetté nonobstant la qualification de dernier ressort donnée au jugement attaqué.*

Parce que « les tribunaux de police correc-
» tionnelle ne peuvent aux termes de l'art.
» 192 du code du 3 brumaire an IV, juger
» qu'à *la charge de l'appel;*
D'où il suit « qu'un jugement, abusivement
» qualifié jugement de dernier ressort, peut
» et doit être apprécié par la cour de jus-
» tice criminelle saisie de l'appel, et qu'en
» déclarant l'appellant non-recevable dans

---

(1) 24 *Vend. an XII.* Rej. CORBIN. Jour. du Pal. an 12, 1. s. p. 195. —— Jour. des Aud. an 12, p. 90.

(2) 8 *Therm. an XIII.* Cass. d'office. Jour. du Pal. an 14, Coll. p. 209.

» son appel, sous le prétexte que le juge-
» ment attaqué, serait qualifié en dernier
» ressort, ladite cour criminelle tomberait
» dans une erreur évidente, commettrait un
» déni de justice, et un excès de pouvoir né-
» gatif, qui opérerait la cassation de son ar-
» rêt, conformément à l'article 456 du code
» précité. » (1)

3.º *Une déclaration d'appel, en matière cor-* De ses effets.
rectionnelle, n'est susceptible d'aucun effet, si Requête.
elle n'est suivie, dans les dix jours accordés
pour appeller, de la remise au greffe de la re-
quête contenant les moyens d'appel.

En effet « si un Procureur impérial près un
» tribunal correctionnel, a fait une déclara-
» tion d'appel pure et simple et non motivée,
» et qu'il n'ait point remis au greffe la re-
» quête contenant ses moyens, son appel est
» nul; il en doit être déclaré déchu aux ter-
» mes de la loi; et la cour criminelle n'a pas
» besoin d'être requise pour prononcer cette
» déchéance. » (2)

Le sort de l'action publique, en dégré d'ap- De l'action
pel, dépend exclusivement du ministère pu- en résultant.
blic : et en aucun cas de la partie privée.

Par exemple, si je suis poursuivi civilement, et que pendant l'instance civile, ma partie adverse forme plainte en escroquerie contre moi, pour le même objet, sans s'être dé-
sisté de l'instance civile; le ministère public
est le seul intéressé à la poursuite de la pré-

---

(1) 23 *Messid. an XII.* Cass. BONIQUET. Jour. des Aud.
an 12, p. 510.

(2) 22 *Germ. an XII.* Cass. BARRAUD. Jour. du Pal. an
12, 2.ᵉ s. p 387. —— Jour. des Aud. an 12, p. 344.

tendue escroquerie, et le seul qui puisse appeller du jugement rendu correctionnellement,
relativement à l'action publique et aux condamnations auxquelles elle peut donner lieu.

Ainsi, si je suis renvoyé absous de la plainte
en escroquerie et que la partie civile soit seule
appellante du jugement correctionnel, la cour
criminelle, saisie de cet appel, ne peut annuller ce jugement, sous le rapport de l'action
publique.

En effet, « l'appel émis par la *partie plai-*
» *gnante*, ne peut avoir trait qu'à l'action civile
» pouvant lui compéter ; et la cour criminelle
» en annullant, sur l'appel seul de cette par-
» tie du jugement correctionnel, le tout et
» indéfiniment, commettrait un excès de pou-
» voir, et contreviendrait aux distinctions
» énoncées dans les articles 5 et 8 du code des
» délits et des peines. » (1)

Si, dans l'espèce, j'avais conclu, ainsi que
le Procureur impérial, à ce que la plainte en
escroquerie fût déclarée calomnieuse, avec
affiche du jugement de première instance correctionnelle; la circonstance que le Procureur impérial aurait, ainsi que moi, appellé
du jugement qui aurait refusé d'adjuger ces
conclusions, n'autoriserait pas d'avantage la
cour criminelle saisie de l'appel à me condamner pour le prétendu fait d'escroquerie.

Car, « le tribunal de police correctionnelle
» m'ayant, conformément aux conclusions du
» Procureur impérial, renvoyé de la plainte
» en escroquerie, l'appel du même Procureur
» impérial n'aurait point pour objet de faire

---

(1) 27 *Niv. an X.* Rej. Isnel. Jour. du Pal. an 10;
1. s. p. 525.

» revivre cette action quant à moi; consé-
» quemment il y aurait excès de pouvoir de
» la part de la cour criminelle, si elle faisait
» servir cet appel, dirigé contre le plaignant
» seul, de motif à des condamnations contre
» moi, et à un emprisonnement. » (1)

Les mêmes principes s'appliquent au cas
où ayant été renvoyé absous de l'action correctionnelle; la partie plaignante condamnée
aux intérêts civils en ma faveur, aurait appellé *seule* de ce jugement.

Peu importerait, dans l'espèce, « que dans
» le jugement correctionnel il y eut deux dis-
» positions distinctes; l'une relative à l'action
» publique et l'autre à l'action civile; lorsque
» sur l'action publique, le tribunal m'aurait
» déchargé des fins de ladite action, sans qu'il
» ait été émis d'appel, de la part des fonction-
» naires publics chargés de cette action. »

En effet : « l'appel émis par la partie civile
» plaignante, ne peut avoir trait qu'à l'action
» civile lui compétant. »

Ainsi « la cour criminelle en annullant, sur
» l'appel seul de la partie civile, le jugement
» correctionnel sur le tout et indéfiniment,
» commettrait l'excès de pouvoir pré-men-
» tionné. » (2) *V. Action publique*, p. 55 et suiv.

APPLICATION. (*)

1.° *L'APPLICATION juste ou fausse d'une loi,*   Des lois.
dépend essentiellement de la déclaration pré-

---

(1) 2 *Messid. an IX.* Cass. LONGPRAI. Jour. du Pal. an
10, 2. s. p. 121.

(2) *Mess. an X....* Jour. du Pal. an 10, 2. s. p. 235.

(*) Action par laquelle on applique une chose à une

cise de l'existence des faits auxquels il s'agit
de l'appliquer.

Sur
l'escroquerie.

Prenons pour exemple un fait d'escroquerie, lequel, lorsqu'il est suffisamment établi,
donne lieu à l'application de la loi du 19 juillet 1791.

Or, « d'après le vœu bien prononcé de cette
» loi, les tribunaux chargés *d'appliquer* la
» peine d'escroquerie, doivent commencer
» par chercher à découvrir s'il y a eu réelle-
» ment abus de crédulité et déclarer les faits
» sur lesquels ils fondent leur opinion à cet
» égard ; si au contraire ils ont fait *applica-
» tion* des peines prononcées par la loi citée
» contre le délit d'escroquerie, sans avoir
» déclaré aucun fait dont il dût sortir la con-
» séquence nécessaire, ni même implicite,
» que *le prévenu* eût abusé de la crédulité du
» *plaignant*, sans parler ni induire a enten-
» dre aucune des circonstances *particulières*
» *au fait dont plainte ;* (*) Par ce défaut de
» déclaration, de la part des juges, sur les
» faits décisifs de l'abus de la crédulité, il en
» résulterait une fausse *application* de l'art.
» 35 de la loi du 19 juillet 1791. » (1)

En Piémont. 2.° *C'est un principe universel et de tous les*

---

autre, ou sur une autre ; il se dit aussi de l'adaption
d'une maxime à un sujet. Il est ici considéré sous ce dernier rapport à cause de l'application des lois aux différentes questions en litige, et aux divers délits.

(*) Voyez au mot *Escroquerie* la définition de ce
délit, et un exemple des circonstances telles qu'elles
doivent être détaillées.

(1) 13 *Fruct. an XIII.* Cass. D'AUTERIVE. Jour. des
Aud. an 13, p. 535. —— Bul. de la Cour, an 13, part.
crim. p. 361.

temps

temps que l'application des lois ne peut avoir En Piémont. *lieu qu'aux faits qui leur sont postérieurs.*

Par exemple, les lois françaises n'ont pas dû recevoir leur *application* dans le ci-devant Piémont pour un délit commis antérieurement à leur publication, dans ce pays.

Aucune loi ne peut recevoir son application en matière criminelle, si son texte n'est lû à l'audience et retenu par le greffier.

Le droit commun et le droit romain sont eux mêmes soumis à cette règle.

Les constitutions piémontaises n'avaient point prévu le cas de complicité d'assasinat; ce délit commis antérieurement à la publication des lois françaises, mais jugé depuis cette publication, n'était point soumis à *l'application* de ces lois : et si les juges ne voulant point laisser un tel crime impuni *appliquaient* à l'accusé le droit romain, indiqué par lesdites constitutions; pour en faire une *application* régulière ils devaient en exprimer les dispositions dans leur jugement.

En effet « les juges n'ayant fondé la peine
» de mort prononcée contre un accusé, que
» sur les dispositions du droit romain, sans
» l'établir, sans dire sur quoi ils se fondaient,
» en déclarant seulement que le droit commun
» punit de la peine capitale *le crime dont l'ac-*
» *cusé était déclaré convaincu*, cette déclara-
» tion vague ne remplit pas le vœu du code du
» 3 brumaire an IV, qui exige, articles 436
» et 437, que le texte de la loi *appliquée* soit
» lu par le président et retenu par le greffier
» lors de la prononciation du jugement. » (1)

____

(1) 21 *Fruct. an XII.* Cass. *Bovis.* Bul. de la Cour, an 12, part. crim. p. 523.

Voyez principalement les mots : *Amnistie,
Récidive*, le *Traité de compétence* qui précède, et tous les mots indicateurs de quelques points de forme.

APPROBATION. (*)

*Donnée aux
communes
pour plaider.*

1.º *L'APPROBATION, du Préfet du département est nécessaire aux communes pour qu'elles
puissent valablement intenter une action.*

En effet « des articles 54 et 56 du décret du
» 14 décembre 1789, il résulte évidemment
» que pour valablement intenter une action,
» les communes doivent, non-seulement y être
» autorisées par une délibération du conseil
» général de la commune, mais qu'en outre
» cette délibération doit être revêtue de l'ap-
» probation du directoire du département; »
maintenant le Préfet.

« Si une commune poursuivait un procès
» sans ladite approbation, il s'ensuivrait que
» toute la procédure serait nulle. « (1) *V.
Autorisation.*

*En fait de
billets sous
seings privés.
Déclaration
de 1733.
Art. 1326 du
code civil.*

2.º *L'approbation des sommes portées dans
des billets sous signature privée, doit être
écrite en toutes lettres de la main de l'obligé.*

C'est la disposition formelle de la déclaration de 1733, réitérée par l'article 1326 du
code civil, « laquelle n'a été abrogée par au-

(*) C'est l'agrément, le consentement que l'on donne
à quelque chose, au contenu d'un écrit, en mettant quelques mots indicatifs du consentement, avant sa signature.

(1) 5 *Niv. an XIII.* Cass. *Dame BAVIERE.* Bul. de la
Cour, an 13, p. 119.

» cûne loi postérieure; au contraire les mo-
» numens de la jurisprudence attestent qu'elle
» a été plusieurs fois appliquée par les tribu-
» naux. » (1)

3.° *Les lettres de change souscrites par des*   *Des lettres*
particuliers, (un chirurgien) ne sont pas assu-   *de change*
jetties à cette formalité.

« Parce qu'en souscrivant des lettres de
» change, ils se mettent dans la classe des
» banquiers et négocians, à l'égard desquels
» ladite déclaration a une exception expresse.»
(2) *V. Billets , Lettres de change, Endosseurs.*

4.° *Les quittances ne sont pas soumises à*   *Des*
l'approbation prémentionnée.   *quittances.*

C'est-à-dire, que le reçu d'une somme de
24,000 fr. qui se trouverait écrit d'une main
étrangère, au-dessus de ma signature, précédée d'une date écrite de ma main, ne serait
point attaquable de nullité aux termes de la
susdite déclaration.

En vain ferais-je valoir la circonstance du
fait, que ce reçu serait présenté contre moi
en justice, par mon épouse divorcée, comme
portant une augmentation de sa dot : que
ce reçu aurait été fabriqué au-dessus d'un
blanc seing, par moi confié au père de ma ci-
devant épouse pour une déclaration à faire
pour raison de domaines nationaux; et qu'il
serait fait au nom *d'un tiers*, comme si j'avais
reçu ladite somme pour mon épouse : et ajou-
terais-je qu'en droit, il serait déraisonnable

---

(1) 17 *Therm. an X.* Rej. *ARRIGHY.* Jur. an 10, p. 353.
(2) 10 *Messid. an XI.* Rej. *Dame* CONTE. Jur. an 11,
p. 370.

de ne voir dans ce billet qu'une simple quittance; qu'une quittance se rapporte à un titre, à un droit préexistant; que je n'avais ni titre ni droit contre ce tiers; qu'ici, le billet se trouverait entre les mains de ma ci-devant épouse, dont les intérêts seraient tout différent de ceux d'un débiteur déchargé : qu'enfin une *quittance* ne peut servir de preuve que du paiement d'une dette; et que dans la cause, on en ferait un engagement probatif d'augmentation de dot, répétée contre moi par suite du divorce prononcé.

Il suffirait de me répondre « qu'en déci-
» dant que l'écrit dont il s'agit ne serait
» qu'une simple quittance, dont la nature et
» le contexte n'est pas soumis aux formes
» prescrites par la susdite déclaration de 1733,
» les juges ne contreviendraient point aux
» dispositions de cette loi. » (1)

Constitution de rentes par acte sous seing privé.   5.° *Les constitutions de rentes par actes sous signature privée sont assujetties aux dispositions de la déclaration de 1733.*

C'est-à-dire, que le mot *approuvé l'écriture ci-dessus* est insuffisant, lorsque le signataire est un particulier non compris dans l'exception portée dans ladite déclaration.

En effet, et dans l'espèce, « tout écrit por-
» tant reconnaissance d'avoir reçu une somme
« de . . . et la promesse d'en payer la rente
» viagère, est un véritable billet, dont le mon-
» tant doit être énoncé de la main du si-

---

(1) 25 *Mars* 1806. Rej. S*aint*-P*ol* Jur. 1806, p. 325.
V. Donation, Quittance.

» gnataire, lorsqu'il n'en à pas écrit le con-
» texte. » (1)

ARBITRAGE. ARBITRES. (*)

1.° *L'ARBITRAGE peut avoir lieu de la part des juges en fait de clause résolutoire, lors-qu'elles dépendent du fait des parties contrac-tantes.*

Cet arbitrage ne peut avoir lieu lorsque la résolution du contrat doit s'opérer en vertu d'une loi.

C'est-à-dire, si je me rends caution pour le prix d'un bail, dans lequel se trouverait la clause qu'au cas où l'état rentrerait dans la propriété de la chose louée, ce bail demeu-rera *résilié de plein droit*, sans que le preneur pût exiger d'indemnité ;

L'état ne serait point habile à exiger de moi l'effet de mon cautionnement, pour le temps de la jouissance de la chose louée pos-térieure à sa rentrée en possession, sous le prétexte que je n'aurais pas fait prononcer par le juge la résiliation du bail.

La raison de décider ainsi est « que les » clauses résolutoires ne sont soumises, pour » leur exécution, à l'arbitrage des juges que » dans le cas où elles sont subordonnées au » fait de l'une des parties contractantes. »

« Or, dans l'espèce proposée, la clause dé-» pendait de l'événement d'une loi, d'où ré-

De la part des juges ordi-naires.

______

(1) 17 *Therm. an X.* Rej. ARRIGHI. Jur. an 10, p. 353.

(*) Sont des juges choisis par les parties, dont les règles sont maintenant établies par les articles 1003 à 1028 du code de procédure. —— En matière de commerce ils sont nommés par les juges. — *Arbitrage,* l'action des arbitres.

» sultait l'inutilité de l'intervention du juge
» pour constater l'échéance de la condition. »
« D'ailleurs, le code civil ne prescrit le con-
» traire (art. 1763 et suiv.) que pour des cas
» étrangers à l'espèce. » (1) *V. Bail*, *Résilia-*
tion, *Cautionnemens*.

Règles générales sur l'arbitrage.

2.° *L'arbitrage est une faculté accordée à tous les arbitres nommés pour une même af-faire et dont ils ne peuvent user séparement.*

Parce « qu'en droit, la juridiction arbitrale
» n'est accordée qu'aux arbitres réunis, et
» qu'elle cesse quand ils sont séparés. » (2)

Du désistement.

3.° *Il finit par la renonciation des parties au compromis ; cette renonciation par lettre est suffisante, lorsque les arbitres en ont accusé la reception.*

Parce que « le législateur, en prescrivant la
» signification aux arbitres, du désistement du
» compromis, n'a pas entendu assujettir à une
» forme particulière la manifestation de la
» volonté des parties. » (3)

Règles générales. (a) Des arbitres.

4.° « *La loi*, *en autorisant les parties à sou-*
» *mettre leurs différens à la décision d'arbi-*
» *tres par elles choisis, a investis ces arbitres*

---

(1) 25 *Fruc, an XIII.* Rej. Bourlon. Jour. des Aud. an 14, p. 3.

(2) 14 *Fruct, an IX.* Cass. Chambart. Bul. de la Cour, an 9, p. 347.

(3) 23 *Pluv. an XII.* Cass. Labougrie. Bul. de la Cour, an 12, p. 164.

(a) En fait d'arbitres ordinaires, nous ne rapporterons que les principales décisions de la Cour, le code de pro-cédure ayant établi toutes les règles relatives à cette juridiction volontaire.

» *du pouvoir de prononcer en dernier ressort*, Règles génér.
» à moins que les parties ne se soient réservées
» la faculté d'appeller de leur décision. »

« Mais, si durant le cours d'une compro-
» mission, il survient un incident qui soit
» porté devant un tribunal (parce que les ar-
» bitres n'auraient pas voulu ou n'auraient pas
» cru avoir le pouvoir d'y statuer) cet in-
» cident doit être jugé par le tribunal auquel
» il est déféré, suivant les règles constution-
» nelles de la compétence de ce tribunal. »

« Si l'objet de la contestation est au-dessus
» de la compétence des juges ordinaires pour
» le dernier ressort, ils ne peuvent prononcer
» qu'en premier ressort sur l'incident porté
» devant eux à l'occasion de la nomination
» d'un tiers arbitre. » (1)

5.° « *Les arbitres ne peuvent prononcer sur*
» *une matière de droit public.* »

« En violant ce principe, et prononçant sur
» la prétendue nullité d'un mariage, les arbi-
» tres commettraient un excès de pouvoir ma-
» nifeste ; leur jugement serait subversif de
» tout principe, de tout ordre, incompétent,
» attentatoire ; et l'ordonnance d'*exequatur*
» qui serait mise au bas, renfermerait l'excès
» de pouvoir le plus caractérisé- » (2)

6.° *Un arbitre doit être français jouissant* De leur qualité
de ses droits en cette qualité ; politique.

---

(1) 22 *Fruct. an XIII.* Cass. *Richard et Texier.* Jour.
du Pal. an 14, 1. s. p. 273. —— Jur. an 14, p. 71. ——
Bul. de la Cour, an 14, p. 440.

(2) 6 *Pluv. an XI.* Cass. *Dame Audibert.* Jour. du Pal.
an 11, 1. s. p. 420. —— Jur. an 11, p. 351. —— Bul. de la
Cour, an 11, p. 132.

En effet « s'il est constant qu'un arbitre est
» étranger, sujet d'un souverain étranger, ré-
» sidant depuis peu en France, sans avoir ac-
» quis, lors du jugement qu'il a rendu, la
» qualité de citoyen français (*) il en résulte
» une contravention aux règles constitution-
» nelles. » (1)

De l'appel de leur décision.   7.° *L'appel d'une décision arbitrale ne peut être reçu s'il n'en a été fait la réserve par les parties*, « pas même sous le rapport d'incom-
» pétence alleguée. »

En prononçant sur l'appel du jugement portant nomination d'un tiers arbitre par les juges ordinaires, « qu'il a été compétemment
» jugé, tant par la décision des arbitres que
» par le jugement des juges ordinaires, les-
» quels continueront d'être exécutés suivant
» leurs forme et teneur, les juges d'appel com-
» mettraient un excès de pouvoir. » (2)

De l'homologation de leur jugement.   8.° *L'ordonnance d'homologation d'un jugement rendu par des arbitres ne peut être attaquée que par voie de nullité et devant les juges de première instance, dont le président a ordonné l'homologation.*

C'est-à-dire, « que les juges qui recevraient
» l'appel d'un jugement arbitral, dans le cas
» où les parties ne se seraient pas réservées la
» faculté d'en appeller, commettraient une

(*) Par une résidence de sept années, article 10 de la constitution de l'an III, et dix années, article 3 de celle de l'an VIII.

(1) 7 *Flor. an V.* Cass. Jur. notice, p. 104.

(2) 22 *Fruct. an XIII.* Cass. RICHARD. Jour. du Pal. an 14, 1. s. p. 273. —— Jour. des Aud. an 13, p. 545.

» contravention formelle aux lois en matière
» d'arbitrage. » (1)

Primo, « parce que toutes décisions arbi-
» trales attaquées pour excès de pouvoir ne
» peuvent l'être que par voie de nullité , par
» action principale et en première instance. »
(2)

Secundo, « parce que la demande formée ,
» en nullité de compromis , devant des juges
» d'appel, n'aurait pas encore subi le premier
» dégré de juridiction voulu par la loi ; et
» qu'enfin l'ordonnance d'*exequatur*, apposée
» par le président d'un tribunal de première
» instance , sur un jugement arbitral, ne peut
» être considérée comme un véritable juge-
» ment susceptible d'être immédiatement ré-
» formé par la voie d'appel. » (1)

Tertio, « que la demande formée contre
» cette espèce d'ordonnance ayant pour objet
» d'arrêter l'exécution du jugement arbitral,
» en attaquant le jugement lui-même, une
» semblable demande n'est pas de la compé-
» tence du tribunal où ce jugement doit être
» exécuté, mais bien du ressort de celui dont
» le président aurait rendu l'ordonnance ,
» et devant lequel les parties seraient ren-
» voyées sur la demande en réglement de
» juges. » (3)

9.º Enfin « *le recours en cassation ouvert con-*
» *tre les jugemens en dernier ressort rendus par*   *Du recours en cassation.*

Avant le

----

(1) 1.ᵉʳ *Frim. an XII.* Régl. de juges. GERMAIN. Jour.
de Aud. an 12 , p. 147.

(2) 12 *Prair. an X.* Cass. BENY. Jur. an 10, p. 316. Bul·
de la Cour, an 10, p. 390.

(3) 26 *Vend. an XII.* Réglem. de juges GIROD.' Jour.
des Aud. an 12 , p. 93.

code de procédure.

» *les tribunaux, n'a pu être recevable contre*
» *les jugemens rendus par des arbitres du choix*
» *des parties;* que lorsqu'elles s'étaient réser-
» vées par le compromis la voie d'appel, et
» avaient par là manifesté l'intention de ren-
» trer dans la ligne des tribunaux. » (1) *V.*
l'art. 1028 *du code judiciaire, dernier §.*

Des arbitres forcés.

10.º Néanmoins, *les jugemens rendus par*
des ARBITRES FORCÉS peuvent être attaqués
par la voie de cassation, nonobstant qu'ils auraient reçu leur exécution en l'an II.

« Parce que l'opinion commune était, en
» l'an II, que les jugemens des arbitres forcés
» n'étaient point susceptibles d'être annullés
» par la voie de cassation; d'où il suit que
» leur exécution, qui remonte à cette époque,
» ne doit opérer aucune fin de non-recevoir
» contre la demande ayant pour objet de les
» faire casser et annuller. » (2)

11.º *En fait d'arbitrage forcé, l'omission des*
significations requises et ordinaires est un mo-
tif de cassation.

La raison de cette règle est « que la loi du
» 10 juin 1793, en établissant les arbitrages
» forcés, n'a pas dispensé les arbitres de la
» nécessité d'entendre les parties intéressées,
» ou de les mettre à portée de donner leurs
» défenses. »

« L'obligation d'appeller les parties résulte
» des articles 10, 14 et 16 de la section 5 de la

----

(1) 21 *Messid. an IX.* Rej. *VERGER.* Jour. du Pal. an
10; 1. s. p. 263.

(2) 9 *Pluv. an XIII.* Rej. *CHAUNES.* Jour. des Aud. an
13, p. 296.

» loi précitée, où l'on voit que les parties de- *Des arbitres forcés.*
» vaient être citées pour la nomination des
» arbitres, pour celles des tiers-arbitres, en
» cas de partage, et pour les opérations à
» faire par experts. »

« L'article 12 de la même loi, en donnant
» un délai d'un mois à la partie pour remet-
» tre ses titres dans les mains des arbitres,
» supposait nécessairement que si la nomi-
» nation des arbitres avait été faite par dé-
» faut, elle devait être notifiée à la partie,
» pour qu'elle puisse connaître les arbitres et
» profiter du délai accordé par la loi. »

D'où il suit « qu'un jugement arbitral rendu
» (en l'an II) sur les mémoires et titres re-
» mis par une commune sans que la partie
» adverse eût remis les siens, sans qu'elle
» eût été mise en demeure de les produire,
» et sans que l'ordonnance du juge de paix
» portant nomination d'arbitres, rendue par
» défaut contre elle, lui eut été notifiée, con-
» tiendrait violation de la loi précitée art. 12
» et de l'article 3 de la loi du 3 brumaire an II;
» et fournirait par conséquent matière à sa
» cassation. » (1)

Il en est de même « lorsque les communes
» n'avaient pas d'autorisation de l'administra-
» tion départementale pour procéder devant
» les arbitres. »(2) *V. Autorisation, Cmmune.*

12.º *La date d'une décision arbitrale est cer-*   *Règles générales.*
taine par la signature d'un seul arbitre.
    Parce « que la date d'un jugement arbitral   *Date des jugemens.*

___

(1) 7 *Brum. an XIII.* Cass. Portalis. Bul. de la Cour,
an 13, p. 17.
    (2) 17 *et* 18 *Therm. idem.* Bul. idem, p. 397.

» est suffisamment justifiée par la signature des
» arbitres, et prouve s'ils étaient ou non dans
» les délais du compromis. » (1)

Jugement non homologué.
Hypothèque.

13.° *Une décision rendue par des arbitres, et non homologuée, ne confère point d'hypothèque.*

Parce « qu'aux termes de l'article 3 de la loi
» du 11 brumaire an VII, et de l'article 13,
» titre 4, de l'ordonnance de 1673, (art. 1021
» du code judiciaire) une décision arbitrale,
» qui n'a pas été homologuée, ne peut pas être
» considérée comme une condamnation judi-
» ciaire dont il puisse résulter une hypothè-
» que. » (2)

Arbitres publics de Cayenne.

14.° *Les arbitres publics de Cayenne sont soumis aux règles ordinaires du premier et der- nier ressort.*

C'est-à-dire, « que les arbitres publics de
» Cayenne en prononçant en premier et der-
» nier ressort une condamnation s'élevant à la
« somme de 44000 francs, violeraient l'article
» 4 de la loi du 24 août 1790, et commettraient
» par conséquent un excès de pouvoir. » (3)

En matière de commerce

15.° *Les* ARBITRES - MARCHANDS, *nommés par suite d'un jugement du tribunal de com- merce conformément à l'ordonnance de 1673, ne sont pas révocables comme des arbitres vo-*

____

(1) 15 *Therm. an XI.* Rej. DUHAULT. Jour. du Pal. an
12, 1. s. p. 185. —— Jur. an 12, p. 26.

(2) 25 *Prair. an XI.* Rej. MERLINO. Jour. du Pal. an 11,
2. s. p. 401. Jur. an 11, p. 303.

(3) 27 *Frim. an XII.* Cass. VIDAL. Bul. de la Cour,
an 12 p. 94.

lontaires, et ne doivent point être considé- EN MATIÈRE
rés comme des experts. DE COMMERCE

En effet, « les arbitres nommés pour pro-
» noncer dans une affaire de commerce ré-
» sultant d'une société contractée, ne sont
» pas de simples experts, mais des juges vé-
» ritables, ayant le pouvoir de juger, bien
» moins par la volonté des parties, que par
» l'autorité de la loi, et il ne faut pas les con-
» fondre avec les arbitres volontairement nom-
» més par les parties, et dont parle la loi du 24
» août 1790, » et conséquemment le code judiciaire. (1)

« Ces arbitres ne sont nommés ni pour faire
» des enquêtes, ni pour diriger des expertises,
» ni pour dresser des procès-verbaux instruc-
» tifs ou préparatoires, mais pour prononcer
» sur les différens des parties. (2)

Il est à remarquer « que la loi du 9 ventôse
» an IV, a bien aboli les arbitres forcés éta-
» blis par les lois antérieures, mais non les ar-
» bitres si sagement établis, en matière de so-
» ciété commerciale, par l'ordonn. de 1673,
» comme le prouve l'article 20 de la loi du 16
» nivôse an VI. »

« Si l'on admettait le système contraire, il
» en résulterait qu'un associé dans une affaire
» de commerce pourrait, aussi souvent que
» cela lui plairait, révoquer son arbitre, et de
» cette manière rendre interminable le diffé-
» rent; tandis que l'intention de l'ordonnance
» citée, a été d'en accélérer la fin, (1) en or-

---

(1) 13 *Fruct. an VIII.* Cass. CANTE. Jur. notice, p.
339. — Bul. de la Cour, an 8, p. 309.

(2) 18 *Vend. an XII.* Rej. SIMONS. Jur. an 12, p, 255.

» donnant, par l'article 9 de son titre 4, que les
» juges de commerce renvoient les parties de-
» vant des arbitres, quand même elles ne le
» voudraient pas. »

De l'appel de leurs juge-mens.

« Donc, en refusant l'appel d'un jugement
» rendu par des arbitres marchands, pronon-
» çant une condamnation au-dessus de 1000 f.^r,
» les juges contreviendraient aux différentes
» lois qui établissent deux dégrés de juridiction
» dans toutes les affaires qu'elles n'ont pas ex-
» ceptées par une disposition particulière. » (1)

ARGENT.

N'est pas la seule base des effets de commerce.

1.º *L'ARGENT ou la marchandise ne sont pas les seules valeurs qui puissent servir de fonde-ment à un billet négociable.*

En effet, « le prix des soins donnés à une per-
» sonne par une autre, à titre de *services offi-*
» *cieux*, est une valeur, et personne mieux
» que celui qui les a donnés, ne peut être à
» même d'apprécier cette valeur. »

« L'article 23 du titre 5 de l'ordonnance de
» 1673 n'exige point strictement que la valeur
» *d'un effet commerçable* ait été fournie en
» argent ou marchandise, pourvu qu'elle
» ait été fournie de toute autre manière. »
(2) *V. Billets, Lettres de change.*

Des locations à prix d'argent. Papier monnaie.

2.º *Les locations à prix D'ARGENT, depuis 1790 jusqu'à 1795, de maison servant d'habi-tation, n'ont été exigibles depuis que suivant la valeur du papier monnaie aux échéances, et avec réduction.*

---

(1) 21 *Niv. an IX.* Cass. STAAD. Jur. notice, p. 394.
— Bul. de la Cour, an 9, p. 67.

(2) 13 *Vent. an XIII.* Rej. CHOISEUL. Jour. des Aud.
an 13, p. 317.

La circonstance que le locataire aurait joui de la chose louée, à cette époque, par tacite reconduction, n'apporterait aucun changement à cette règle.

Parce que « la loi du 9 fructidor an V, après
» avoir statué, article 5, que les fermages ou
» portions de fermages des baux stipulés à
» prix d'argent, seraient désormais payés en
» seul numéraire métallique, ajoute art. 17.
» *sous la seule exception des maisons servant*
» *uniquement à l'habitation.* »

« D'où il suit, qu'en ordonnant le paiement
» en numéraire métallique du loyer d'un ap-
» partement, depuis le moi de juin 1790, jus-
» qu'à pareille époque de l'année 1795, les ju-
» ges contreviendraient formellement à cet
» article. » (1)

Pour ce qui concerne la garantie des matières d'or et d'argent *V. de Garantie* au mot : *Droits.*

ARMES. (*)

1.° *Sont considérées comme armes, aux termes de la loi ;*

« Les bâtons de chêne terminés à l'une de
» leurs extrêmités, par un gros nœud durci
» au feu ; en effet, ce ne sont pas des armes
» ordinaires, (ce sont au contraire des instru-
» mens *contundans*) qui font seuls exception
» dans la loi à la prohibition générale de tous

RÈGLES GÉNÉRALES.

____

(1) 11 *Niv. an XII.* Cass. *MOLINIER.* Bul. de la Cour, an 12, p. 112.

(*) C'est tout ce qui sert dans le combat, soit pour attaquer, soit pour se défendre ; le mot *arme* a diverses significations qui ne sont pas de notre ressort ; nous ne l'examinerons que sous la première de ces acceptions.

» les instrumens *contundans ;* puisque l'on
» peut en faire usage comme de véritables
» massues dont ils présentent en effet le ca-
» ractère principal » (1)

2.º *L'usage des armes pour commettre des
crimes ou des délits, donne lieu à des distinctions dans l'application de la loi.*

Le fait « de plusieurs brigands armés, pour
» commettre un vol pendant la nuit, qui font
» dans l'intérieur d'une maison, usage de leurs
» armes contre une personne, en la cou-
» chant en joue avec un fusil et en lui appli-
» quant le bout d'un pistolet sur l'oreille,
» donne lieu à l'application de la peine men-
» tionnée en la loi du 26 floréal an V, et non
» à celle portée par les articles 2, 3, 4 et 5,
» section 2 titre 2 du code pénal. » (2) *Voyez
Délits , Contrebandes.*

ARMISTICE. (*)

<table>
<tr><td>En fait de succession. Question importante.</td><td>L'ARMISTICE conclu entre des souverains in-
flue plus ou moins sur l'exercice des droits
particuliers de leurs sujets respectifs.</td></tr>
</table>

---

(1) 15 *Flor. an XII.* Cass. Proc. génér. des deux Nèthes.
Bul. de la Cour, an 12, part. crim. p. 179. — Jour. du
Pal. an 12, 2. s. p. 551.

(2) 6 *Pluv. an X. Proc. gén. du Puy-de-Dôme.* Bul. de
la Cour, an 12, part crim. p. 171.

(*) SUSPENSION d'armes pour un petit espace de temps.
TRÉVE. Les vocabulaires donnent à ces trois mots le même
sens et les considèrent comme synonimes ; mais chacun
paraît cependant avoir un caractère particulier. Nous re-
marquerons seulement que *trève* est ordinairement une
cessation d'hostilités pour un temps plus long que celui
accordé par un *armistice* ou une *suspension* d'armes. L'un
et l'autre sont succeptibles de peu d'application en jurisprudence.

« Lorsqu'une

« Lorsqu'une succession s'est ouverte pen-
» dant un armistice convenu entre deux puis-
» sances, on ne peut pas dire qu'elle soit
» ouverte pendant la guerre. »

Appliquons ce principe à un exemple.

Si ma tante est décédée en France, en l'an IV, *Exemple.*
pendant l'armistice conclu entre le roi de Sar-
daigne et la France, laissant pour héritier mon
frère, habitant la Sardaigne, et moi habitant
la France; mon frère a été habile à venir en
France recueillir sa part dans la succession de
notre tante commune.

En vain, pour contester à mon frère sa por- *Moyens*
tion héréditaire lui aurais-je dit : sous l'an- *à réfuter.*
cien régime, dès le moment que la France
était en guerre avec une puissance, les droits
d'aubaine qui avaient été abolis par des trai-
tés, étaient remis en vigueur; la jurisprudence
du parlement de Paris (rapportée par l'ancien
journal des audiences) en est constante, et
sous le nouveau régime, l'acte constitutionnel
de l'an III, n'a fait qu'étendre à tous les étrangers un privilège qui n'avait été précédem-
ment accordé qu'à quelques uns; il faut donc
se régler vis-à-vis des peuples qui n'avaient
pas ce privilège, comme on le faisait dans
l'ancien régime, à l'égard de ceux qui en
jouissaient.

L'armistice dont il s'agit ne change rien à la
question, il n'était qu'une suspension de la
guerre, les deux puissances ne communiquaient
point entr'elles, les relations commerciales
sont restées suspendues, tout s'est passé comme
dans un état de guerre parfait; il est évident

que vous ne pouvez partager avec moi la succession de notre tante, parce qu'au moment
où cette succession s'est ouverte, elle m'a été
dévolue toute entière : enfin, si l'on vous admettait au partage, je perdrais un droit acquis ; l'on violerait l'art. 7 du traité de paix
conclu entre la Sardaigne et la France, qui ne
peut vous accorder que la restitution *des biens
vous appartenans et des droits qui vous étaient
acquis ;* et l'on ferait une fausse application
de l'art. 3 de la loi du 8 avril 1791, de l'art.
335 de l'acte constitutionnel de l'an III, et de
l'art. 59 de la loi du 17 nivôse an II, qui serait ouvertement violé.

*Tous ces moyens auraient été victorieuse-
ment réfutés, par les considérations,* « que la
» loi du 8 avril 1791, et l'art. 335 de la cons-
» titution de l'an III, ont appellé les étrangers
» établis ou non en France, à succéder à leurs
» parens français, et que la succession dont
» il s'agissait, s'était ouverte sous l'empire de
» cette dernière loi :

« Que cette loi est postérieure à celle du 17
« nivôse an II, et que celle-ci n'avait pas pré-
» cisément dérogé à celle de 1791 : »

« Qu'enfin, par le traité de paix conclu de-
» puis entre la France et la Sardaigne, elles
» s'obligent de donner main-levée du séques-
» tre de tous effets, revenus ou biens saisis et
» confisqués, ou détenus sur des citoyens ou
» sujets de l'autre puissance, et à les admet-
» tre à l'exercice légal des *actions* et *droits*
» qui pourraient leur appartenir ; »

Or, « la généralité de ces expressions ne

» permet pas d'en exclure les successions,
» mêmes ouvertes pendant la guerre. » (1)

ARRÉRAGES. (*)

1.º *Les ARRÉRAGES étaient dûs personnelle-ment sous l'empire de la coutume de Paris, par le détenteur de l'héritage pendant le temps de sa jouissance*, sans distinction des rentes foncières ou de celles constituées. (*art.* 99 *et* 100)

En effet, « le *premier* de ces articles en par-
» lant *des rentes ou autres charges annuelles,*
» ne distingue pas entre la rente foncière et
» la rente constituée, en sorte que l'obliga-
» tion personnelle à laquelle il soumet le dé-
» tenteur par rapport aux arrérages échus de
» son temps, s'applique à la rente constituée
» comme à la rente foncière ; et le *second* sou-
» met le detenteur à cette action personnelle,
» pour raison des mêmes arrérages, surtout
» quand l'héritage obligé à la rente est spé-
» cialement affecté à son service. » (2) (**)
V. Bail, Rente et *Redevance.*

Suivant
la coutume
de Paris.

---

(1) 30 *Vend. an* X. Rej. DE FASSY. Jour. du Pal. an 10, 1. s. p. 285.

(*) C'est le paiement d'une rente ou redevance an-nuelle, pour raison desquelles le débiteur est en retard ; ceci comprend ce qui est relatif aux rentes annuelles et constituées, aux pensions, aux loyers de terres et de mai-sons ; on disait anciennement *arriérages*, ce qui se ren-contre encore dans les anciens docnmens.

(2) 27 *Vend. an* XI. Cass. DELABARE. Jur. an 11, p. 46. — Jour. du Pal. an 11, 1. s. p. 198 — Bul. de la Cour, an 11, p. 27.

(**) Par les autres coutumes, le détenteur d'un héritage était tenu *hypothéquairement*, seulement des arrérages

Demandés en justice.

2.° « *Les arrérages échus avant la contes-*
» *tation formaient un capital.* »
« Il n'y avait que ceux échus depuis l'ins-
» tance qui dussent être considérés comme
» accessoires au principal. » (1)

Prescription. Oordonnance de 1629.

3.° *Les demandes d'arrérages* « *du prix des*
» *baux à ferme étaient , aux termes de l'art.*
» *142 de l'ordonnance de 1629 , prescrites par*
» *cinq ans.* »
Or, « la vente du domaine affermé , au fer-
» mier lui-même , faisant cesser le bail ; »
Il en résulte « que si les arrérages échus à
» ladite époque n'ont été reclamés qu'après
» les cinq ans, la prescription mentionnée au-
» dit article 142 précité , a pu être valable-
» ment opposée. » (2)

Pendant l'existence du papier monnaie.

4.° *Les arrérages échus pendant l'existence*
du papier monnaie, de créances antérieures
à son émission, et non encore payées lors de
la reparution du numéraire, sont assujettis à
la réduction : mais non ceux échus avant ou
depuis le papier monnaie;
D'après les principes consacrés « par la loi
» du 26 brumaire an VI., laquelle ordonne
» généralement la réduction des arrérages
» des pensions courus depuis le 1.er janvier
» 1791 , jusqu'à la publication de la loi du 29

---

de rentes constituées dont était grévé ledit héritage, quand
même ce bien aurait été spécialement obligé au paiement
des arrérages de ladite rente. Il y avait peu d'exception à
cette règle.

(1) 3 *Pluv. an XII.* Cass. Robin. Jour. du Pal. an 12,
1. s. p. 449.

(2) 13 *Germ. an XII.* Rej. *Régie de l'enregist.* Jour. du
Pal. an 12 , 2. s. p. 421.

» messidor an IV, quelque soit l'époque des-
» dites pensions; et par celle du 11 frimaire
» même année laquelle n'a point dérogé à la
» précédente, et a seulement statué sur le
» mode de paiement, pour l'avenir, des pen-
» sions dues à titre de pure libéralité, et non
» sur les arrérages desdites pensions courus
» depuis la dépréciation du papier mon-
» naie. » (1)

Enfin, « par la loi du 15 pluviôse an V, et par
» celle de brumaire an VI combinées, des-
» quelles il résulte que les arrérages des rentes
» antérieures au papier monnaie, ne sont
» exigibles sans réduction, qu'autant qu'ils
» ont couru avant l'introduction du papier
» monnaie, ou depuis sa suppression, tandis
» que lesdits arrérages courus depuis l'épo-
» que indiquée ci-dessus, sont sujets à la
» réduction. » (2)

5.° *Les arrérages des redevances féodales ne* *Des choses*
peuvent plus être exigés, depuis l'époque de la *féodales.*
suppression du régime féodal.

« La loi du 17 juillet 1793 ayant ordonné le
» brûlement des titres et jugemens sur les-
» quels on pourrait asseoir des demandes de
» droits supprimés sans indemnité ; des titres
« constitutifs ou récognitifs et des jugemens ou
» arrêts portant reconnaissance de ces mêmes
» droits ou les renseignans ; il en résulte

____

(1) 24 *Messid. an* IX. Cass. *LAUGIER.* Bul. de la Cour,
an 9, p. 292.

(2) 26 *Brum. an* XI. Cass. *BROULET.* Jour. du Pal. an
11; Coll. p. 256.

» que ces lois ont supprimé les arrérages non
» payés de droits féodaux. » (1)

ARRÊTS, (*)

De l'ancien régime.
Alsace. Juifs.

1.º *Les arrêts de réglemens rendus par les anciennes cours et les anciens tribunaux sont encore succeptibles d'application dans certains cas.*

C'est-à-dire, que si j'ai contracté, en 1781, une obligation au profit d'un juif, habitant alors et depuis en l'Alsace, et qu'en l'an VII seulement, ce juif ait formé contre moi une demande en paiement de cette obligation : je peux, en excipant de la mauvaise foi du demandeur, appuyer mon exception d'un arrêt de réglement du conseil supérieur de Colmar, du 20 mai 1769, rendu à l'occasion des brigandages que les juifs commettaient, avant la révolution, dans la ci-devant Alsace.

En effet, « les juges en déclarant nulle l'obli-
» gation dont il s'agit, pourraient valable-
« ment fonder leur décision sur l'arrêt de
» réglement du conseil d'Alsace précité, d'au-
» tant plus qu'à l'époque de la date de l'obli-
» gation en question, cet arrêt de régle-
» ment avait force de loi en Alsace, et que

___

(1) 4 *Germ. an XIII.* Cass. BONAL. Bul. de la Cour, an 13, p. 256.

(*) Jugement d'une compagnie souveraine, en matière civile ou criminelle, et contre laquelle il n'y a nul appel ; mais seulement, et hors les exceptions relatives aux cours spéciales, le pourvoi en cassation.

On dit aussi arrêt, soit de la personne, (en matière civile, voyez *Contrainte par corps* ; en matière criminelle, voyez *Mandat d'arrêt* ;) soit des biens, (voyez *Saisie.*)

» son autorité a encore été corroborée par les
» lettres patentes du 14 juillet 1784. » (1)

2.° *Les arrêts du ci-devant conseil royal des finances, rendus sur des questions de propriété, entre parties entendues contradictoirement, ont acqui l'autorité de la chose jugée; et les tribunaux n'y peuvent porter atteinte, sans une contravention formelle aux lois.*

Du ci-dev. conseil du Roi

Voyons dans quelle espèce cette règle peut recevoir son application.

Si j'ai obtenu par arrêt du conseil du roi la concession d'un marais, à charge de le déssècher et mettre en valeur, et que la commune de sa situation se soit opposée à l'enregistrement au parlement des lettres expédiées sur cet arrêt; et qu'enfin, sur contestation prolongée, cette affaire ait été portée contradictoirement entre moi et la commune, au conseil des finances, qui aurait débouté la commune de ses prétentions; l'arrêt du conseil portant débouté contre la commune est un jugement de dernier ressort.

S'il est encore survenu des contestations sur l'exécution de cet arrêt; si le parlement saisi de ces contestations a prononcé des défenses d'exécuter l'arrêt du conseil; le roi a pu rendre un nouvel arrêt, dit du propre mouvement, cassant ceux du parlement.

Enfin, si ce parlement, et statuant, par suite, sur la première demande de la commune l'a maintenue dans les droits par elle reclamés; le roi en son conseil a encore pu casser ce nouvel arrêt du parlement.

____

(1) 24 *Vent.* an X. Rej. MOTSE. Quest. de droit au mot *Arrêts.*

Voilà donc trois arrêts qui jugent, avec les habitans eux-mêmes, qu'ils ne sont pas fondés dans leur reclamation, et ce sont ces trois arrêts que M. *Merlin Procureur général* a présentés à la Cour de Cassation, et fait valoir comme revêtus de toute l'autorité de la chose jugée.

En vain, contre l'opinion de M. *le Procur. général*, dirait-on : que la propriété des habitans a été solemnellement reconnue par le parlement; que les arrêts du conseil sont autant d'attentats à l'autorité légitime et aux lois fondamentales de l'état; qu'enfin, ces arrêts du conseil ont été expressément annullés par l'article 8 de la loi du 28 août 1792.

Parce que, *dans l'espèce*, « il aurait été con-
» tradictoirement et légalement jugé que le
» marais en question n'était point la proprieté
» de la commune.

« Qu'il serait aussi contraire aux ancien-
» nes lois qu'aux nouvelles, de prétendre que
» le ci-devant conseil n'avait pas juridiction
» pour prononcer dans cette affaire. »

« Qu'il ne serait pas moins absurde de
» soutenir, que lesdits arrêts du conseil ont
» été annullés par l'article 8 de la loi d'août
» précitée, tandis que cet article ne concerne
» que les jugemens rendus en faveur de la
» puissance féodale; lorsqu'il est reconnu en
» point de fait que le domaine dont il s'agit,
» n'avait ni fief ni extension de fief dans la
» commune opposante. »

« D'où il résulte, que les juges de l'ancien
» régime en décidant *que la propriété du ma-*
» *rais en question était la propriété de la com-*
» *mune; et les juges actuels en prononçant dans*
» *le même sens, d'après les motifs qui précé-*

» *dent :* (*) violeraient de la manière la plus
» formelle. l'autorité de la chose jugée, et
» feraient la plus fausse application de l'art.
» 8 de la loi du 28 août 1792. » (1) (**)

ARRÊTÉS. (***)

1.º *Les tribunaux ne peuvent se refuser* Du Gouverne-
d'appliquer, les arrêtés du Gouvernement et en ment.
général de tous ceux rendus par l'autorité ad-
ministrative.

Cette règle reçoit son application dans beaucoup de cas particuliers et pour lesquels il faut
se repporter aux mots qui les indiquent; mais
elle se vérifie en thèse générale par les principes suivans;

« La loi du 16 fructidor an III, défend aux

(*) Savoir que la propriéte des habitans anrait été
reconnue, etc.

(1) 22 *Frim. an XI.* Cass. d'office. Quest. de droit,
1.ᵉʳ vol. p. 383.

(**) A l'égard des arrêts que rendent les *Cours d'Appel*,
voyez ce mot et *Jugement;* pour les *Cours criminelles*,
voyez ce mot; en ce qui concerne ceux rendus par la
Cour suprême, voyez *Cassation*, *Rejet;* et pour tous en
général, voyez le Traité de compétence qui précède, et
les mots indicateurs de la matière sur laquelle les arrêts
ont dus ou doivent être rendus.

(***) Résolution prise par une compagnie, une administration, sur quelqu'objet mis en délibération; depuis
l'établissement des comités du Gouvernement de l'assemblée nationale, en France, les actes du Gouvernement
ont été intitulés arrêtés.

Arrêté de compte; en matière de liquidation et de commerce : c'est l'acte que l'on écrit au bas d'un compte,
par lequel, en comparant ensemble la recette et la dépense, on déclare laquelle des deux excède l'autre. On
l'appelle aussi *finito de compte.* Voyez *Compte* et *Liqui-*
dation.

» autorités judiciaires de connaître des actes
» d'administration, de quelqu'espèce qu'ils
» soient. »

« D'après les articles 21 titre 2, et 28 titre 3
» de la constitution de l'an VIII, au sénat
» conservateur seul appartient le pouvoir de
» juger les actes du Corps législatif et du
» Gouvernement, qui lui sont déférés par le
» tribunat, pour cause d'inconstitutionalité. »

« Par l'article 3 de la loi du 27 frimaire an
» VIII, les administrateurs de département
» sont chargés, non-seulement de faire des
» réglemens provisoires, et le Gouvernement
» des réglemens définitifs pour la perception
» des diverses taxes (d'octrois et autres de
» même espèce); mais encore d'établir tout
» mode de surveillance et perception suivant
» les localités. » (1)

De ces règles générales il résulte:

Par le Direc-
toire ou les
Consuls.

2.º « *Qu'un arrêté du Directoire ou des Con-*
» *suls*, ordonnant l'exécution d'une chose,
» est incontestablement un acte d'adminis-
» tration générale et de Gouvernement, qui,
» sous quelque rapport qu'on l'envisage, et
» sous quelque prétexte que ce soit; ne sau-
» rait être soumis à la censure des tribu-
» naux. » (2)

Par un Préfet.

3.º » *Que l'arrêté d'un Préfet* purement
» réglementaire, ayant pour objet d'assurer

---

(1) 8 *Vent. an X.* Cass. *Proc. génér. du Tarn.* Bul.
de la Cour, an 10, part. crim. p. 238.

(2) 23 *Flor. an X.* Cass. *Comm. de la marine de Nantes.*
Jur. an 10, p. 265. — *Daté du 5 Vent.* Jour. du Pal. an
11, Coll. p. 185.

» l'exacte exécution des lois de police, (*)
» rentrant dans les attributions de l'autorité
» administrative, il doit être respecté par les
» tribunaux .: police (et autres) et servir de
» règle à leurs jugemens. » (1)

4.º *Que « les arrêtés des Maires*, approuvés   *Des Maires.*
» du Préfet , sont obligatoires jusqu'à ce qu'ils
» ayent été réformés par l'autorité supérieu-
» re; et que jusque-là les tribunaux de po-
» lice (et autres) en doivent assurer l'exécu-
» tion.·» (2)

5.º *Qu'en matière de perception*, des droits   *En matière*
d'octrois (ou autres) « les tribunaux ne peu- *de perception.*
» vent se permettre d'interpréter ces arrê-
» tés ; ni sous prétexte de se conformer à
» leur esprit, créer des exceptions à des dis-
» positions générales. » (3)

La règle et les principes ci-dessus sont consacrés par une foule d'arrêts rendus, dans chaque espèce , plusieurs dans les mêmes termes;
mais, tous dans le même esprit.

ASSASSINAT. (**)

1.º « *ASSASSINAT (la préméditation est un élé-* *Règles génér.*
» *ment nécessaire de l'·)* elle entre aussi es-

(*) Par exemple, en fait de mesures, pour constater les
permissions de *paissances ;* entendu ici comme *paisson ,*
la permission de faire paître des bêtes sur un terrain.

(1) 3 *Niv. an XI.* Cass. d'office Bul. de la Cour, an 11 ,
part. crim. p. 104.

(2) 20 *Pluv. an XII.* Cass. *Comm. de police de Tours.*
Bul. de la Cour, an 12 , part. crim. p. 101.

(3) 30 *Frim. an XIII.* Cass. *Régie des octrois du Cal-
vados.* Bul. de la Cour, an 13 , part. crim. p. 80.

(**) *Assassinat,* meurtre qui se fait violemment de

Règles génér. » sentiellement dans le caractère de l'assassi-
» nat non consommé. » (1)

2.º *La préméditation est également nécessaire pour le fait de complicité.*

« Car, on peut se trouver fortuitement sur
» le lieu où un assassin commet son crime,
» et être entraîné à y prendre part sans pré-
» méditation personnelle, circonstance néces-
» saire pour l'application de la peine de mort »
au complice d'un assassin ; (2) « laquelle pré-
» méditation peut seule justifier la prconon-
» ciation de cette peine : on ne peut pas l'in-
» duire par voie de conséquence des faits qui
» auraient pû décider des juges, et qui ne les
» auraient pas exprimés. » (3)
Enfin, « il y aurait fausse application des
» articles 11 et 13 du tit. 2, part. 2', du liv. 2 du
» code pénal, en condamnant à la peine de

---

guet-à-pens, (embuscade, lieu caché où une personne se
met pour en assassiner une autre) ou par trahison ; on
dit au palais, et par extention, *assassinat* pour *mauvais
traitemens* et *insultes* qui ont été faits à quelqu'un à main
armée, et avec avantage, quoique la mort ne s'en soit
pas suivie. Celui qui a reçu des coups de bâton, demande communément vengeance de l'assassinat commis
sur sa personne ; mais ce langage ne convient qu'à la
partie civile ; en matière criminelle, lors de l'application de la peine, il faut bien prendre garde de ne point
abuser du mot assassinat, pourquoi nous allons en donner
la définition d'après les décisions de la Cour.

(1) 25 *Frim. an XI.* Cass. F*auqué.* Bul. de la Cour, an
11, part. crim. (comme pour tous les autres arrêts qui
suivent,) p. 85.

(2) 29 *Messid. an XIII.* Cass. G*odebout.* Bul. de la Cour,
an 13, p. 327.

(3) 11 *Messid. an XII.* Cass. M*uriani.* Bul. de la Cour,
an 11, p. 254.

» mort un individu qui serait convaincu d'une *Règles génér.*
» attaque à dessein de tuer, mais qui ne le
» serait pas de la circonstance de prémédi-
» tation, *intrinsèque* (*) à l'assassinat. » (1)

3.° *Par une suite du principe que la pré-*
méditation est essentielle pour constituer un
assassinat ; le cas de légitime défense fait éva-
nouir le crime.

En effet, « le cas de légitime défense, re-
» connu existant, fait évanouir le crime, d'a-
» près l'art. 6 du titre 2 de la seconde partie
» du code pénal; mais ce cas qui produit une
» excuse suffisante, ne peut aux termes de
» l'art. 9 du même titre, être prononcé que
» sur la déclaration affirmative d'une provo-
» cation violente, et qui laissant subsister le
» crime, en fait seulement atténuer la peine.»
(2)

4.° « *L'assassinat et le viol sont rangés par* *Sur le viol*
» *plusieurs tribunaux dans la classe des at-* *et l'assassinat.*
» *tentats à la sûreté individuelle,* » tandis
» que d'autres ne les y comprennent pas. »

« De quelque manière qu'il soit procédé
» à cet égard, on ne peut voir ni dans l'un
» ni dans l'autre cas une contravention à la
» loi; la loi n'expliquant pas ce que l'on doit
» entendre par les mots *sûreté individuelle.*»
(3) Voyez ces mots.

(*) Ayant eut lieu par rapport à l'assassinat même,
indépendante de tout autre fait et de toute conséquence
que l'homme pourrait lui prêter.

(1) *V.* la note 25 *Frim.* page précédente.

(2) 6 *Brum. an XI.* Cass. JACQUIN. Bul. de la Cour,
an 11, p. 20.

(3) 18 *Pluv. an XIII.* Rej... Jour. des Aud. an 13,
S. p. 93.

ASCENDANS. (sur le mot, la qualité et les droits des) *V.* aux mots *Collatéraux* et *Successions.*

ASSEMBLÉES.

De parens.
Divorce.
Loi du 20
septem. 1792.

1.° *ASSEMBLÉES (aux) de famille pour parvenir au divorce, tenues suivant la loi du 20 septembre 1792, les parens ont pu être représentés par des mandataires.*

Parce « que des dispositions des articles 8,
» 10, 11 et 12 §. 2 de la loi du 20 septembre
» 1792, il résulte que le demandeur en di-
» vorce (ainsi que le défendeur art. 13) pou-
» vait, si les parens ou amis indiqués, par lui
» ne comparaissaient pas, les faire remplacer
» par d'autrés de son choix; or, dans l'es-
» pèce, des particuliers comparant en qualité
» de porteurs de pouvoirs des parens indi-
» qués, étaient nécessairement des rempla-
» çans du choix de l'époux, lorsque c'était
» lui-même qui les avait présentés à la place
» des parens qui ne comparaissaient pas. »

D'où il suit que le divorce prononcé, par suite d'une assemblée de famille ainsi composée, ne pourrait être annullé sous le prétexte erroné que dans l'assemblée de famille des mandataires de parens y auraient été admis;

Car, « annuller les procès-verbaux des assem-
» blées dont il s'agit, ce serait violer le texte
» et l'esprit des articles précités. » (1)

ASSIGNATS. (*)

Déposés.
Restant de

1.° *Les assignats déposés doivent être restitués sans réduction.*

---

(1) 1.er *Vent. an XIII.* Cass. *DUBOSCHET.* Jour. des Aud. an 13, p. 319.

(*) Terme de jurisprudence, employé plus particuliè-

C'est-à-dire, si j'étais adjudicataire des biens
d'un marchand en faillite, pendant l'existence
des assignats, et que par arrangement fait
avec les créanciers unis et privilégiés de ce
marchand, il me soit resté entre les mains
une partie du prix de mon adjudication; ce
restant de prix doit être considéré comme un
dépôt, dont je dois le paiement sans réduction.

prix d'une vente.

La raison de décider ainsi est « que par
» l'arrangement fait entre moi et les créan-
» ciers duement colloqués sur le prix du do-
» maine vendu, je suis devenu leur débi-
» teur. »

rement dans le droit écrit; c'est l'assignation spéciale d'un
héritage affecté au paiement d'une rente annuelle : c'est
quelquefois la déclaration du mari, qui fait emploi de
ses propres pour sûreté des deniers dotaux de sa femme;
l'assignat est *démonstratif* lorsqu'il est dit que la rente
sera prise sur le fond indiqué; il est *limitatif* lorsqu'il
porte sur des fruits qu'on lègue à quelqu'un.

Les législateurs de 1789 empruntèrent ce mot, le 21
décembre de cette année, lors de la création d'un papier
monnaie auquel ils donnèrent ce nom, à cause que sa valeur était hypothéquée sur les biens nationaux; ces papiers
qui tombèrent en discrédit, et causèrent la ruine publique, portèrent les législateurs à rendre, en différens
temps, des lois, soit pour en forcer le cours, soit pour
en fixer la valeur réelle, comparativement à celle dont
il portait le signe. Enfin, en peu d'années on vit une
partie de la législation consacrée à ce signe monnaitaire
et mensongé; des mandats, autre signe monnaitaire,
furent mis en circulation, et eurent le même sort que
les assignats; voyez *Mandats:* il y a eu une législation
particulière à ces divers papiers, c'est pourquoi nous
rapporterons, à chacuns des mots qui les désignent, la
jurisprudence entière sur chacune de leur espèce, soit
à l'égard de leurs cours, soit pour les différens usages
auxquels ils ont servis, tels que les achats, les prêts,
les remboursemens; avec les distinctions auxquelles ils
auront donné lieu.

« Je ne peux m'acquitter envers eux qu'en
» me conformant aux articles 10 et 11 de la
» loi du 16 ventôse an VI. »

« D'où il suit que les juges en ordonnant
» la réduction d'après l'échelle, et en appli-
» quant contre les créanciers demandeurs en
» restitution, les dispositions de la loi qui
» concernent les prêts faits en assignats, vio-
» leraient les articles précités. » (1)

Restant de prix.

2.º *Le restans de prix d'une vente stipulé
payable, en espèces sonnantes, ou en bons effets ayant cours, et non autrement, est exigible en numéraire sans réduction.*

Parce que « l'art. 2 de la loi du 16 nivôse an
» VI, relative aux aliénations d'immeubles
» pendant la dépréciation du papier monnaie,
» ne déroge point à l'art. 6 de la loi du 15
» fructidor an V, (*) puisque, en soumettant
» par son article 2, l'acquéreur au paiement
» de son prix, d'après réduction à dire d'ex-
» perts, elle n'ajoute pas, même dans le cas
» où le paiement de ce prix serait stipulé ex-
» pressément en numéraire métallique; d'où
» il suit que ces deux lois ne sont pas incon-
» ciliables entre elles, et doivent être exé-
» cutées chacune dans les cas qu'elles ont res-
» pectivement réglées; »

Et « qu'ainsi, dans l'espèce, la stipula-
» tion que le prix sera payé en espèces son-
» nantes doit être exécutée, quoiqu'accom-

---

(1) 29 *Flor. an* X. Cass. *LAFAGE et MEULAN.* Jour. du
Pal. an 10, 2. s. p. 273. — Bul. de la Cour, an 10, p. 367.

(*) Qui veut que toute stipulation expresse en numéraire métallique, oblige le débiteur à payer sans réduction.

pagnée

» pagnée de la condition alternative de payer
» *en bons effets ayant cours*, puisque cette
» condition alternative ayant disparu avec le
» papier monnaie, la stipulation relative au
» paiement ne peut plus être autrement exé-
» cutée qu'en numéraire métallique. » (1)

3.° « *Dans le cas de vente ordinaire, où le*
» *vendeur est créancier d'un restant de prix*
» *de la vente qu'il a consentie, la décision de*
» *la cause rentre toute entière dans les dispo-*
» *sitions des articles 2 de la loi du 16 nivôse*
» *an VI, et 1.er de celle du 27 thermidor sui-*
» *vant.* »
Par le principe général « résultant des dis-
» positions de ces lois que tous les prix ou
» restans de prix des ventes d'immeubles fai-
» tes depuis le 1.er janvier 1791, jusqu'à la
» publication de la loi du 29 messidor an IV,
» doivent être réduits, d'après estimation, à
» moins que l'acquéreur n'ait déclaré, dans
» le délai prescrit, s'en tenir aux clauses de
» son contrat. » (2)

4.° *Les assignats donnés à titre de prêt,* Du prêt
avec stipulation expresse de la part du prêteur en assignats.
qu'il serait remboursé en numéraire, si les as-
signats n'avaient plus cours à l'échéance de
l'obligation, ont été exigibles en numéraire
sans réduction.
Parce que « la loi du 11 frimaire an VI n'a
» statué généralement que par rapport aux

______

(1) 1.er *Therm. an X.* Cass. PHILIPPE. Bul. de la Cour,
an 10, p. 453.
(2) 18 *Vend. an XII.* Cass. DUBOST. Bul. de la Cour,
an 12, p. 12.

II.e Vol. P.

» obligations contractés en assignats, sans con-
» dition expresse sur le mode de rembourse-
» ment ; et l'intention du législateur ne fut
» point que cette loi s'étendit généralement
» à toutes les obligations contractées en assi-
» gnats, qu'elle qu'eut été la convention des
» parties sur le mode de remboursement. »

« Or, lorsque le remboursement a été sti-
» pulé en espèces de matière d'or ou d'ar-
» gent, ou assignats, s'ils avaient cours au
» terme du paiement ; les assignats étant an-
» néantis à cette époque, l'obligation d'alter-
» native qu'elle était, est devenue pure et sim-
» ple, comme si elle avait été uniquement
» faite à charge de payer en numéraire mé-
» tallique. » (1)

5.° *Le prêt d'une somme de 4000 fr. en assignats, à charge de servir une rente de 200 fr.
constituée en numéraire jusqu'à son amortis-
sement n'oblige point l'emprunteur à rembourser cette somme en numéraire, à défaut de sa
part du paiement des arrérages de ladite rente.*

En effet, le sens de l'article 11 de la loi du
11 frimaire de l'an VI est, *disait M. Jourde,
Proc. génér. substit.* que le législateur n'a évidemment voulu parler que des délégations
ou indications de paiement, stipulées d'avance
en numéraire, et dont l'avantage devait tourner au profit du délégataire, exclusivement
au créancier originaire.

Or, dans l'espèce, « l'acte passé entre les
» parties ne présentant point de délégations
» ni indications de paiement de la nature de

____

(1). 15 *Flor. an XII.* Cass. *Carboué.* Jour. du Pal. an
12, 2. s. p. 497.

» celles exigées par l'article 11 précité, tout
» s'étant passé entre le délégant et le déléga-
» taire, il en résulte que les juges qui ordon-
» neraient l'exécution de cet engagement,
» condamneraient l'emprunteur à payer la
» rente, aussi long-temps que les capitaux ne
» seraient pas remboursés, » *et déclareraient
les offres de rembourser au prêteur le capital réduit des 4000 fr. prêtés en assignats,
suivant le tableau de dépréciation nulles, et insuffisantes,* « contreviendraient aux articles 2
» et 11 de la susdite loi de frimaire an VI. » (1)

6.° « *Tous les PAIEMENS définitifs faits pen-
» dant la circulation du papier-monnaie sont
» légaux et libèrent le débiteur.* »
Cette règle générale, s'applique particulièrement, à *celui* « qui a reçu et accepté pour
» solde du prix de certaines marchandises,
» tant une lettre de change, qu'un envoi d'as-
» signats par lettre chargée à la poste, et
» dont il a crédité l'envoyeur pour solde de
» compte. »
Celui-là qui aurait reçu et crédité l'envoyeur, aurait été et serait encore, le cas
échéant, non recevable à exiger le paiement
de la lettre de change en numéraire, sous le
prétexte qu'elle serait le résultat d'un marché de marchandise : « surtout lorsqu'il n'est
» établi en fait par aucune des parties intéres-
» sées, que la lettre de change ait eu pour va-
» leur effective des marchandises et espèces
» métalliques, ou aucune valeur autre que celle
» nominale du papier monnaie ayant cours. »

___

(1) 14 *Flor. an IX.* Cass. *BOURGOING.* Jour. du Pal. an
9, 2. s. n.° 29, p. 9. — Bul. de la Cour, an 9, p. 187.

Du PAIEMENT.

Les principes sur cette matière, sont « qu'il » ne peut exister de question relative à la nova- » tion d'une dette, lorsqu'elle se trouve éteinte » par la libération du débiteur, opérée par » ladite acceptation et solde de compte ; *le* » *créancier* ayant alors pour obligé principal » l'accepteur de ladite lettre de change, et » ne pouvant plus exercer contre *le ci-devant* » *débiteur* qu'un recours en garantie à rai- » son de son endossement, à défaut de paie- » ment de cette lettre de change, dont la va- » leur non exprimée en espèces ou marchan- » dises, ne peut être appréciée que d'après les » règles générales applicables aux obligations » contractées pendant la circulation légale et » forcée du papier monnaie. »

D'où il suit » qu'il ne peut y avoir lieu à ap- » pliquer à cette lettre l'exception qui termine » l'article 2 de la loi du 11 brumaire an VI, » ni celle contenue en l'article 15 de la même » loi. » (1)

A un mineur.
Assisté de son curateur.

7.º « *LE PAIEMENT fait en l'an II, en assi-* » *gnats, (même à un mineur, assisté de son* » *curateur,) conséquemment à une époque où* » *les assignats avaient un cours forcé, à dû pro-* » *duire tous les effets que les lois en vigueur dé-* » *terminaient.* »

Ce principe s'applique au cas de révision d'un compte soldé en assignats, constituant débiteur le rendant.

Dans l'espèce, « le rendant serait fondé à » soutenir, dans l'instance en nouvelle red- » dition de compte, qu'il est intéressé à porter

---

(1) 11 *Prair. an IX.* Cass. BORRELLY. Bul. de la Cour, an 9, p. 211.

» en dépense la somme entière par lui payée
» en l'an II , sans être assujetti à la réduction
» de l'échelle de dépréciation ;

Parce que « l'oyant compte , en recevant lui-
» même cette somme , et ayant provoqué le
» paiement , ne peut être traité plus favorable-
» ment que si cette somme avait été payée à
» un de ses créanciers ; auquel cas , il est in-
» contestable que le paiement aurait été alloué
» en entier sans aucune modification. » (1)

8.º *Le PAIEMENT par anticipation , sur le
terme porté dans le contrat, depuis la loi du 25
messidor an III , est nul, si le créancier n'a pas
déclaré dans la quittance qu'il avait connaissance de cette loi.*

Les termes portés dans les contrats , sont des
termes *exprès* ; nul doute , *disait le Proc. gén.* ,
que ces termes ne soient compris dans la loi du
15 messidor an III ; *le terme porté au titre de
créance* , dit la loi.

La loi en suspendant les remboursemens ,
frappait le débiteur d'une incapacité radicale
pour se libérer ; il ne pouvait pas plus offrir de
son côté , que le créancier n'aurait pù demander ; une seule exception doit être admise ;
c'est la mention faite dans la quittance donnée
par le créancier remboursé, qu'il connaissait la
loi du 25 messidor précitée.

En effet , « s'il est constant que le créancier ,
» lors du remboursement dont il s'agit, n'a pas
» fait la déclaration prescrite par la susdite
» loi, loin de contrevenir à cette loi *en décla-*

Du
PAIEMENT.

Par anticipa-
tion.
Loi du 25
mess. an III.

____

(1) 24 *Vend. an XIV.* Cass.. PLOU. Jour du Pal. an
14, Coll. p. 256. — Bul. de la Cour, an 13 et 14, p. 457.

» *rant nul le paiement*, les juges s'y confor-
» meraient. » (1)

DES
REMBOURSE-
MENS faits
en assignats.
Succession.

9.º *Le REMBOURSEMENT d'une somme reçue en assignats à titre d'héritier, doit être fait à l'héritier rappellé (*) d'après la valeur des assignats au moment où ils ont été reçus.*

« Le vœu de la loi du 3 vendémiaire an IV
» art. 5, est que ceux qui ont retiré quelque
» profit de l'effet retroactif de la loi du 17 ni-
» vôse an II, rendent ce qu'ils ont reçu en
» principal ; cette loi serait manifestement
» éludée, si l'héritier qui a reçu, en l'an III,
» 1700 fr. en assignats qui valaient 600 fr. en
» numéraire, était autorisé à ne rendre à l'hé-
» ritier rappellé que la même somme numé-
» rique au prix que les assignats avaient en
» vendémiaire an IV, où 1700 fr. d'assignats
» ne valaient que 40 fr. ; cette loi, de vendé-
» miaire an IV, détruisant un effet rétroac-
» tif et ordonnant une restitution, se porte
» nécessairement à une époque antérieure,
» et suppose une obligation qui ne peut être
« autre que celle de la somme reçue indue-
» ment. » (2)

RENTE,
usufruit,
garantie.

10.º *Le remboursement en assignats fait à l'usufruitier d'une rente, ne doit être restitué à la fin de l'usufruit qu'avec réduction.*

C'est-à-dire que, si j'ai cédé à *François*

---

(1) 3 *Vent. an X.* Cass. PILLARD. Jour. du Pal. an 10, 2. s. p. 49.

(*) Par la loi du 3 vendémiaire an IV, qui aboli l'effet rétroactif de celle du 17 nivôse an II.

(2) 4 *Flor. an XII.* Cass. LAGRANGE. Jour. du Pal. an 13, Coll. p. 212 — Bul. de la Cour, an 12, p. 241.

l'usufruit d'une rente sur *Pierre*, en me réservant la propriété du capital; le cas étant
arrivé, que *Pierre* ait remboursé le capital à
François qui s'est rendu garant envers lui de
toute recherche de ma part, si j'assigne *Pierre*
en constitution de titre nouvel, sur l'action
en garantie exercée par *Pierre* contre *François*, ce dernier doit garantir *Pierre* des assignats par lui donnés en remboursement, en
les lui restituant en numéraire à la fin de son
usufruit, d'après l'échelle de dépréciation.

DES
REMBOURSE-
MENS.

En le décidant ainsi « les juges ne contre-
» viendraient point à la loi sur les contrats;
» mais ils modifiraient seulement la clause de
» garantie, suivant qu'ils croirairent pouvoir
» le faire, d'après l'intention des parties; la
» clause de garantie ne portant dans l'espèce
» que sur les arrérages à échoir pendant la
» durée de l'usufruit: enfin, en pareil cas la dé-
» cision des juges serait suffisamment justifiée
» par les motifs d'équité qui les auraient dé-
» terminés. » (1)

11°. *Une rente*, provenant d'un emprunt
en assignats pour acquitter les dettes d'un mineur, *annuelle et viagère, créée quitte de
toutes impositions mises et à mettre, et payable sans diminution, EN ESPÈCES DU JOUR,
QUELLES QU'ELLES SOIENT; n'est point rem-
boursable avec réduction du capital suivant la
valeur des assignats à la date du contrat.*

RENTE,
à laquelle des
mineurs sont
intéressés.

En vain dirait-on contre ce principe : que
cette rente est trop contraire aux intérêts des
débiteurs, pour qu'on ne doive pas leur per-

----

(1) 8 *Niv. an XI.* Cass. MONCLOL. Jour. du Pal. an 11,
1. s. p. 422.

mettre de s'en libérer, sans blesser les droits des créanciers; et que la libération ayant toujours été facultative, il est d'autant plus nécessaire d'appliquer ce principe à l'espèce, qu'il s'agit de l'intérêt des mineurs.

« La loi du 13 pluviôse an VI, concernant
» les rentes viagères créées pendant la durée
» de la dépréciation du papier monnaie,
» prescrit des règles sur la réduction desdites
» rentes; elle ne dit rien de leur rembourse-
» ment; elle ne distingue pas non plus les
» rentes dues par des mineurs de celles dues
» par des majeurs. »

« L'article 10 de cette loi suppose nécessai-
» rement ces rentes non rachetables; car,
» dans l'hypothèse contraire, sa disposition ne
» pourrait jamais recevoir d'application, n'é-
» tant pas possible d'imaginer que le débiteur
» d'une rente, maître de s'en libérer, en
» payant une seule fois, à titre de rembourse-
» ment du capital, la valeur numéraire des
» assignats reçus lors de la création, voulut
» s'assujettir à payer annuellement cette même
» somme, pendant la durée de la vie de son
» créancier. »

D'où il suit « que le paiement annuel du
» capital réduit en valeur numéraire étant
» formellement autorisé par l'article cité, les
» juges ne peuvent sans ajouter aux disposi-
» tions de la loi, et commettre un excès de
» pouvoir, permettre le remboursement de
» la rente dont il s'agit, sous le prétexte de
» l'intérêt des mineurs et de la lésion qu'ils
» souffriraient par le paiement de cette
» rente. » (1)

____

(1) 25 *Flor. an IX.* Cass. *MATHEVOT.* Bul. de la Cour, an 9 , p. 193.

12.° *Les obligations payables en grains ou marchandises, contractées pendant l'existence des assignats, sont remboursables avec réduction.*

« Cela est démontré par la loi même (du
» 11 frimaire an VI) qui, voulant modifier
» la disposition de l'art. 7 de la loi du 15 fructi-
» dor an V, relative aux obligations qui avaient
» été stipulées en grains ou marchandises, a
» fait pour cet objet une disposition particu-
» lière dans son art. 8, et autorisé la réduc-
» tion de semblables obligations, *si le rem-*
» *boursement stipulé excède de moitié la va-*
» *leur des assignats.* » (1)

13.° *La dot exigible avant le cours des as-signats, peut être restituée aux héritiers avec réduction, lorsque le paiement d'icelle en as-signats ne provient point de la mauvaise ad-ministration du mari.*

C'est-à dire que le mari qui avait un beau-père solvable, capable de répondre de la dot dont il payait l'intérêt, laquelle se trouvait en conséquence assurée, a pu sans être mauvais administrateur laisser la dot de sa femme entre les mains de son beau-père, pendant tout le temps qu'il auroit pû en exiger le paiement en numéraire; et si par l'événement du papier monnaie il a été contraint d'en recevoir le remboursement en assignats, ce sont ces as-signats d'après l'échelle de dépréciation qu'il doit restituer aux héritiers de sa femme;

Parce que l'article 15 de la loi du 16 nivôse an VI, qui oblige les maris à restituer sans ré-

(1) 15 *Fruct. an XII.* Cass. Catbové. Jour. du Pal. an 12; 1. s. p. 497.

duction les dots qu'ils ont dû recevoir en numéraire, ne peut s'appliquer qu'aux maris auxquels on peut reprocher, comme négligence, comme mauvaise administration, de n'avoir pas poursuivi le paiement de la dot dans le temps qu'elle était payable en numéraire.

En le décidant ainsi, « l'interprétation que les
» juges auraient donnée à l'article 15 précitée,
» ne présenteraient aucune violation, puisque,
» dans l'espèce, il n'y aurait pas eu de négli-
» gence de la part du mari à laisser la dot de
» sa femme entre les mains de son beau-père. »
(1)

COMPENSA-
TION
de créances.
Lois
romaines.

14.º *Une créance en numéraire ne peut être compensée par une créance ultérieure en assignats.*

En effet, « la législation romaine (applicable
» aux créances contractées en papier monnaie)
« n'admet la compensation que comme un
» mode de libération, fondé sur la pure équité
» et l'avantage réciproque des parties, qui ne
» peut avoir lieu qu'entre des créances d'une
» égalité absolument réelle ; d'où il suit, que
» sans violer ces lois, et en se conformant à
» leur esprit, les juges peuvent, dans l'espèce,
» refuser la compensation entre deux créances
» qui, contractées en assignats, à deux épo-
» ques différentes, ne sont égales que nomi-
» nalement et par fiction, sans l'être en réali-
» té, ainsi que cela a été reconnu depuis, par
» les diverses lois sur les transactions passées
» sous l'empire du papier monnaie. » (2)

---

(1) 1.ᵉʳ *Vent. an X.* Rej. POMMIER. Jour. du Pal. an 10, 2. s. p. 58.

(2) 21 *Vent. an XII.* Cass. BARÉTY. Jour. du Pal. an 12, 2. s. p. 33. — Jur. an 12, p. 193.

15.º « *Par l'article 6 de la loi du 15 fructidor*
» *an V, toute stipulation expresse en numé-*
» *raire métallique oblige le débiteur à payer*
» *ainsi et sans réduction, à quelque époque que*
» *l'obligation ait été consentie :* » (1) mais une
» rente créée en l'an III au profit de *A* ...
» payable à *B* ... créancier dudit *A* ... de
» pareille rente payable en numéraire et sans
» réduction, et devant s'éteindre seulement
» au décès de *B* ..., et non à celui de *A* ..,
» n'a été instituée qu'en assignats, et ne doit
» être servie que d'après réduction. »

« Les juges en condamnant à payer cette
» rente en numéraire et sans réduction, vio-
» leraient l'article 7 de la loi du 13 pluviôse
» an VI, sur les rentes viagères créées pen-
» dant le papier monnaie. » (2)

16.º *Il en est autrement pour les rentes*
viagères pures et simples, constituées moyen-
nant des capitaux en assignats ;

Le débi-rentier a pu requérir la réduction
de la rente et du capital, en procédant dans les
délais indiqués par la loi ;

A défaut d'avoir procédé dans les, délais
il est tenu de servir la rente en numéraire
métallique, suivant la somme indiquée dans
le contrat, et sans réduction : les mêmes principes s'appliquent au créancier du débiteur
de la rente, qui aurait intérêt à exercer les
droits de son débiteur.

En principe général, sur cette matière,

RÉDUCTION.
(a)
Principes
généraux.

(a) Voyez ci-après, *des créances à longs termes.*

(1) 1.ᵉʳ *Therm. an X*, précité, page 225.

(2) 3 *Frim. an IX.* Cass. DUCHESNE Bul. de la Cour,
an 9, p. 39.

RÉDUCTION.
*Principes
généraux.*

» il résulte de la combinaison des articles 13
» de la loi du 13 pluviôse, 3 de celle du 9 flo-
» réal et 1.er de celle du 26 prairial an VI;
» *primo*, qu'il n'a été accordé aux débiteurs
» de rentes viagères, qu'une faculté de la-
» quelle ils ont dû user, soit dans un premier
» délai de deux mois, à peine d'être censés
» avoir opté pour la continuation de la rente au
» taux et à la valeur nominale déterminés
» par la convention, soit dans un nouveau
» délai d'un mois, à peine d'être irrévocable-
» ment déchus de cette faculté; *secundo*,
» qu'en admettant l'applicabilité de la loi du
» 9 floréal et de celle du 26 prairial à un
» créancier quelconque de débiteur de rente
» viagère, c'était dans les délais ci-dessus que
» le créancier devait exercer les droits de
» son débiteur; (*) *tertio*, que les droits de
» ce créancier ne peuvent pas être plus éten-
» dus que ceux du débi-rentier lui même,
» ce qui est conforme au droit commun; »
« D'où il suit que, dans le cas sus indiqué,
» la déchéance est irrévocablement encourue
» par le débi-rentier, de même que par son
» créancier, à défaut d'avoir usé de la faculté
» de demander la réduction de la rente con-
» tentieuse dans aucun des délais ci-dessus
» énoncés. »

*Expropria-
tion.*

17.° *Pour le cas où le débi-rentier aurait été
poursuivi, par voie d'expropriation forcée, par
un autre créancier que celui de la rente;*
« En faisant courir du jour de la produc-

(*) Dans l'espèce, c'était un créancier qui s'était cru
fondé à requérir la réduction aux lieu et placé de son
débiteur *débi-rentier* qui avait gardé le silence.

» tion du titre de la rente dans le procès- RÉDUCTION.
» verbal d'ordre, le délai que la loi du 9 flo-
» réal an VI n'a accordé qu'à compter du jour
» de sa publication, les juges substituraient
» ou auraient substitué, à un délai légal un
» délai arbitraire, et dont l'adoption ouvrirait
» la porte à toutes sortes d'abus et de frau-
» des, au préjudice des droits incontestable-
» ment acquis aux propriétaires de rentes via-
» gères créées en papier-monnaie. » (1)

18.° *Un débiteur cédé ou délégué ne peut* Indication de
être contraint à payer, sans réduction, le mon- paiement.
tant d'une obligation, au créancier indiqué, si Dot.
ce créancier n'est en tout autorisé à suivre les
droits de celui qui a fait l'indication.

Par exemple, s'il s'agit du paiement d'une
dot, faite en 1783 par le délaissement d'un
héritage, dont les dotateurs se soient reservés
l'usufruit avec faculté d'aliéner l'héritage affecté à la dot, le cas de l'aliénation étant arrivé, l'acquéreur de cet héritage qui s'est obligé
en ces termes :

J'ai reçu de A . . . (le donateur) la somme de . . . provenant du domaine de (l'héritage en question) à moi
vendu, de laquelle somme je paye les intérêts audit A . .'.
et après son décès je paierai le capital de . . . au sieur
G . . . son gendre ; *le* 16 *prairial an II.* D . . .

ne peut être contraint à payer en numéraire à
G . . . le montant de cette dot, demandée en
l'an VI.

Parce que « pour appliquer l'article 11 de la
» loi du 11 frimaire an VI à l'obligation du 16
» prairial, il aurait fallu que G . . . eût pu faire
» valoir en entier les droits de A . . . contre le
» signataire D . . ., ainsi que le décide le même

RÉDUCTION. » article dans la seconde partie, qui interprète
» la première dans ce sens : qu'il faut qu'il y
» ait une vraie cession de dette et un transport
» de droit tellement évident, que le cession-
» naire ou délégataire puissent, dans tous les
» cas, comme acquéreur des droits du cédant
» ou déléguant, exercer ces droits contre le
» débiteur cédé. »

D'où il suit « que les juges en déclarant le
» domaine acquis par D... affecté à la créance
» de G... et condamnant D... à payer, en-
» tre les mains de G..., le montant de la dot
» en numéraire métallique, sans réduction..,
» violeraient l'article 2, et feraient une fausse
» application de l'article 11 de la loi du 11 fri-
» maire an VI. » (1) *Cet exemple est applicable à presque tous les cas.*

Époque à la-
quelle on doit
avoir égard.
19.º « *Dans les réductions, on doit remonter*
» *à l'origine connue de la dette, sans s'arrêter*
» *à la date du titre.* »

« Les articles 9 et 15 de la loi du 11 fri-
» maire, l'article 22 de celle du 16 nivôse, et
» l'article 1.er de celle du 9 messidor de l'an
» VI, et une foule d'autres parfaitement d'ac-
» cord avec les dispositions ci-dessus citées,
» prouvent que l'intention, aussi juste qu'in-
» variable, des législateurs, a été que dans
» les réductions on suive la règle ci-dessus. »

Ainsi, si j'ai fait faire des réparations à ma
maison en 1793, et que le mémoire de mon
entrepreneur n'ait été fourni qu'en l'an III, et
réglé seulement en l'an IV, je ne peux valablement soutenir que la réduction doive être faite

______

(1) 14 *Vent.* an X, Cass. DREYON. Bul. de la Cour, an
10, p. 220.

suivant la valeur des assignats en l'an IV, époque du réglement des ouvrages; car, cette réduction doit être faite suivant la valeur des assignats en 1793, époque connue des susdites réparations.

Les juges qui le jugeraient autrement « vio- » leraient les lois ci-dessus réclamées, et les » principes d'équité et de justice. » (1)

20.º *Mais s'il s'agissait d'un reliquat de compte courant arrêté, la réduction devroit être fixée à l'époque du compte arrêté et à laquelle il aurait dû être soldé.*

Parce » qu'en fixant la dépréciation et la » réduction du compte courant dont il s'agit à » une autre époque, prise dans les circonstan- » ces de la cause, au lieu de la fixer à l'époque » où le compte aurait dû être arrêté et soldé, » les juges appliqueraient faussement l'article » 23 de la loi du 16 nivôse an VI, et contre- » viendraient aux articles précités. » (2)

22.º *Toute réduction doit être faite suivant l'échelle de dépréciation du département où les valeurs qui composent le compte ont été comp- tées, où elles ont été ratifiées et reçues, sans égard au lieu où le réliquataire pouvait avoir son domicile réel.*

Suivant l'échelle du département où les valeurs ont été comptées.

C'est-à-dire, que si mon établissement de commerce était à *Dijon*, et que j'ai eu des relations de commerce avec un négociant de

____

(1) 13 *Vent. an* X .Cass. PÉZÉ. Bul. de la Cour, an 10, p. 218.

(2) 2 *Therm. an* X. Cass. ROSSIGNEUX. Bul. de la Cour, an 10, p. 465. Voyez *Compte courant.*

RÉDUCTION
suivant
l'échelle du
département
où les valeurs
ont été
comptées.

Lyon, qui m'adressait ses fonds au lieu de mon établissement ; si par suite de l'appuration de nos comptes, je suis resté reliquataire de quelques sommes en assignats envers ce négociant ; la réduction de ces sommes doit être faite suivant l'échelle de dépréciation du département de la Côte-d'Or, sans égard à la circonstance que mon domicile aurait été établi à *Paris* au moment où les fonds m'auraient été transmis à *Dijon*.

En effet, « s'il est acquis, tant par les diffé-
» rens arrêtés de comptes que par mes lettres,
» toutes datées de *Dijon*, que les sommes res-
» tantes dues et dont je me suis reconnu reli-
» quataire proviennent, tant de celles qui
» m'ont été envoyées et comptées à *Dijon*, que
» de comptes antérieurement arrêtés entre
» nous, il en résulte la conséquence nécessaire
» que c'est au lieu où j'ai consenti à recevoir
» ces sommes, et où elles ont été effectuées,
» que l'obligation de rendre le reliquat a été
» contractée. »

« D'où il suit, qu'en ne m'obligeant à resti-
» tuer ces sommes que relativement à la valeur
» réduite des assignats suivant l'échelle de dé-
» préciation du département de la Seine, sur
» le prétexte indifférent, et tout-à-fait étranger
» à l'objet en contestation, que j'aurais eu mon
» domicile à Paris, les juges prendraient, ou
» auraient pris une base de réduction diffé-
» rente de celle déterminée par l'article 1.ᵉʳ
» de la loi du 5 messidor an V, qui voulait
» que la réduction fût opérée conformément
» à l'échelle de dépréciation du département
» où le contrat avait été fait, en quoi il y

aurait

» aurait contravention formelle à cet arti- RÉDUCTION.
» cle. » (1)

22.° *La réduction d'une créance contractée en* Compétence.
assignats ne peut servir de base pour fixer la Ressort.
compétence en fait de premier et dernier res-
sort.

C'est-à-dire que, si je donne assignation
en paiement d'une somme de 6518 fr. en assignats, par moi réduite à 1430 fr. en numéraire, pour prix de moutons vendus, et réduite à celle de 50 fr. 40 cent. par les juges,
cette réduction ne peut autoriser ces juges
à prononcer leur jugement en dernier ressort.

En effet « l'objet de la contestation soumise
» aux juges serait de ma part une demande
» de 1430 fr. en numéraire ; or, les tribunaux
» n'ayant le pouvoir de statuer en dernier
» ressort que sur les demandes, dont l'objet
» n'excède pas la valeur de 1000 fr; »

« Il en résulte que les juges en prononçant
» sur ma demande en dernier ressort, com-
» mettraient un excès de pouvoir évident et
» une contravention formelle à la loi du 24
» août 1790. » (2)

23.° *Les assignats remis à un mandataire* Remis à un
avec la recommandation expresse, et par lui mandataire.
avouée et acceptée, d'en faire emploi de la ma-
nière la plus avantageuse, quoique sans dési-
gnation positive de cet emploi, le rendrait res-
ponsable d'en rembourser la valeur en numé-

---

(1) 28 *Messid. an XIII.* Cass. Rossigneux. Bul. de la
Cour, an 13, p. 378.

(2) 1.ᵉʳ *Niv. an X.* Cass. Senaux. Bul. de la Cour, an
10, p. 106.

II.ᵉ Vol.   Q

raire au taux de l'échelle de dépréciation, faute par ce mandataire d'avoir fait usage desdits assignats.

Voyons les circonstances dans lesquelles on peut appliquer cette règle :

Si mon ami, ou mon correspondant, demeurant à St.-Domingue lors de la révolte des nègres (vers le commencement de 1791) ou tout autrement, empêché de veiller à ses intérêts par lui-même, m'écrivait de ne lui point envoyer ses fonds, dans l'état affreux *de ses affaires, de faire de sesdits fonds comme des miens .... de les convertir en objets les moins hasardeux, surtout en argent, s'il était possible ....., ou bien dans une possession solide, ... et me disait faites enfin, Monsieur, ce que votre bon cœur vous dictera* pour des personnes bien malheureuses ;

Ayant répondu à cet individu que *j'allais m'occuper de ses fonds de la manière la plus avantageuse à ses intérêts ..., qu'il se repose, dans tous les cas sur moi.*

Si je n'ai fait, par la suite, aucun emploi de ces fonds ; si après le discrédit des assignats, je les ai convertis en mandats pour les déposer ensuite chez un notaire ; et qu'enfin, en jugement, je ne justifie pas que j'ai toujours tenu lesdits fonds à la disposition de mon commettant :

« Les juges en décidant qu'il résulte de la
» correspondance ci-dessus, un mandat formel
» *accepté* et *non exécuté* ; et en m'appliquant
» l'art. 22 de la loi du 16 nivôse an VI, lequel
» exige que le débiteur par compte courant,
» justifie pour sa libération qu'il a toujours tenu
» à la disposition de son commettant les fonds
» qu'il lui a confiés ; loin de violer aucune loi,

» feraient au contraire une juste application RÉDUCTION.
» de celles relatives au mandat : » (1)
« Ils ne contreviendraient à aucune loi en
» décidant, qu'ayant gardé lesdits assignats
» entre mes mains, au lieu de leur donner
» la destination indiquée, je serais garant et
» responsable de toute leur valeur. » (2)

24.º *Le débiteur par compte courant, résul-*   En fait de
tant d'opérations faites pendant le cours du   compte
papier monnaie, qui a tenu à la disposition de   courant.
son créancier les fonds qu'il avait à lui, n'est
tenu de lui en rembourser le montant que sui-
vant l'échelle de dépréciation. Voyez Compte
courant.

En effet « l'article 12 de la loi du 11 frimaire
» an VI, est uniquement relatif aux déposi-
» taires ordinaires, et aux séquestres judiciai-
» res et volontaires, et n'a point été fait
» pour régler les intérêts des négocians et
» des banquiers; le titre de la loi du 16 nivôse
» de la même année, a suffisamment pourvu
» à ce qui concerne les engagemens et les li-
» quidations du commerce; enfin l'article 22
» de ce titre est le seul qui ait trait à la libé-
» ration de tout débiteur par compte cou-
» rant. »
« De toutes ces considérations il résulte que
» les juges ne violeraient ni n'appliqueraient
» faussement les articles 21 et 22 de la loi du 16
» nivôse an VI, ni l'art. 12 de celle du 11 fri-
» maire précédent, en donnant au créancier,

____

(1) 3 *Mars* 1806. Rej. *DEVINCK.* Jour. des Aud. an
14, et 1806. p. 266.

(2) 18 *Fruc. an XII.* Rej. *BONVALET.* Jour. des Aud.
an 13, S. p. 24.

» l'option d'accepter ou les choses acquises
» avec ses fonds ou son paiement comme
» solde de compte courant. » (1)

Sur la faculté de refuser les assignats.

25.º *Les offres faites en assignats ont pu être refusées après la loi de frimaire an IV.*

« Aux termes de cette loi, le créancier qui
» refusait les assignats n'était point obligé de
» motiver son refus. »

« La faculté de rembourser, malgré le re-
» fus du créancier n'était reservée par cette
» loi qu'aux débiteurs d'effets de commerce,»

Ainsi celui qui a reçu en l'an III, une somme destinée à payer des marchandises; s'il n'a pas acheté les marchandises dont il avait la commission, s'il a été condamné à restituer ladite somme avec intérêts et qu'il ait fait offre de la somme avec lesdits inté-rêts, le créancier a pu refuser les offres pu-rement et simplement.

« Dès-lors un tribunal de commerce, en
» déclarant les offres faites par ce commis-
» sionnaire valables, et en autorisant la con-
» signation des sommes offertes, contrevien-
» drait à la loi précitée. » (2)

Des créances à LONGS TERMES. Règles génér.

26.º *Les débiteurs à LONGS TERMES ont été autorisés, après certaines formalités remplies, à demander la réduction de leurs créances.*

« Aux termes de l'art. 1.er de la loi du 8
» floréal an VI, tout créancier porteur de bil-
» lets à ordre à longs termes devait les pré-

---

(1) 8 *Germ. an XI.* Rej. *VANOPERSTRAETEN.* Jur. an
11, p. 150.

(2) 21 *Niv. an IX.* Cass. *PULVIGNON.* Bul. de la Cour,
an 9, p. 70.

» senter au tireur ou débiteur originaire, (*) RÉDUCTION.
» dans le délai de trois mois, à dater de sa *Des créances*
» publication ; et suivant l'article 6 de la loi *à LONGS*
» du 11 frimaire an VI, le délai pour faire *TERMES.*
» la renonciation aux longs termes de la part
» du débiteur, (**) ne courait que du jour
» de la présentation de ces billets. »

« S'il est reconnu que le créancier n'a pas
» présenté son billet dans les formes déter-
» minées par l'art. 5 de la susdite loi de flo-
» réal ; les formes prescrites pour cette pré-
» sentation ne peuvent être suppléées par des
» actes prétendus équivalens. »

D'où il suit « que les juges en admettant
» ces supposés équivalens, contreviendraient
» formellement à la disposition précise du sus-
» dit article 5 de la loi de floréal an VI. » (1)

Et qu'en « admettant la présomption de la
» renonciation du débiteur au bénéfice de
» la loi, pour le condamner au paiement de
» la créance sans réduction, tandis qu'il était
» encore dans le délai déterminé par la loi
» pour faire sa notification légale, les juges
» violeraient les articles 2 et 6 de la loi du 11
» frimaire précitée. » (2)

*Pour l'application de ces principes on doit
remarquer ;*

« Que d'après le rapport qui a précédé la
» loi du 8 floréal, les législateurs n'ont point

(*) Pour le mettre en demeure de requérir la réduction, ou de payer en numéraire.

(**) A l'effet d'obtenir la réduction de la créance.

(1) 21 *Germ. an X.* Cass. JALLERAT. Bul. de la Cour,
an 10, p. 280.

(2) 3 *Brum. an IX.* Cass. Même JALLERAT. Bul. de la
Cour, an 9, p. 28.

» eu en vue d'aggraver le sort des débiteurs
» de billets à longs termes, et de leur imposer
» la nécessité de faire une déclaration, à peine
» de déchéance du bénéfice de la réduction,
» lors même que le créancier aurait négligé
» d'en faire la présentation; qu'au contraire
» ils n'ont eu en vue que de fournir au dé-
» biteur le moyen d'accélérer sa libération,
» dans le cas où le créancier ayant un intérêt
» contraire, négligerait de provoquer par la
» présentation de son titre une réduction sur
» la créance; ou de remédier aux inconvé-
» niens qui pouvaient résulter de trop fré-
» quentes manœuvres, à l'aide desquelles la
» présentation d'un billet étant dérobée à la
» connaissance du débiteur, celui-ci pouvait
» se trouver frustré de l'avantage de faire sa
» notification dans le délai prescrit. »

D'ailleurs « si à défaut de présentation et
» de déclaration, le débiteur jouit tout-à-la-
» fois du bénéfice de la réduction, ce qui,
» au premier apperçu, semble devoir être
» incompatible, c'est au porteur du billet, qui
» pouvait mettre le débiteur en déchéance,
» en faisant sa présentation dans le délai, à
» s'imputer sa propre négligence. »

D'où il suit « que l'art. 6 de la loi du 11 fri-
» maire an VI n'a été ni révoqué ni abrogé
» par la loi de floréal suivant; que l'article 8
» de la loi de floréal ainsi que l'art. 9 ne sont
» que facultatifs; qu'enfin lorsqu'il est reconnu
» qu'il n'a été fait par le créancier aucune
» présentation du billet à longs termes, dans
» le délai et dans les formes prescrites par
» la loi du 8 floréal; le débiteur n'a jamais
» pû encourir la déchéance du bénéfice de
» la réduction, et que les juges, en le con-

» damnant à payer sans réduction contrevien-
» draient, ou seraient contrevenus . formelle-
» ment aux articles des lois ci-dessus citées.»
(1)

ASSIGNATIONS.

Attendu la publication du *NOUVEAU CODE DE PROCÉDURE* et par les motifs insérés dans l'avis au lecteur, qui précéde, nous avons considéré comme inutile de rapporter ici la jurisprudence de la cour en fait d'assignations.

ASSOCIÉS. (*)

1.º *L'ASSOCIÉ retiré de la société, du consen-* Qui est retiré
tement de ses co-associés, et sans fraude, n'est d'une société.
point passible des dettes contractées avant sa Non - garant.
retraite.

Pour l'application de cette règle il est né-cessaire « qu'au jour du résiliement entre *l'as-* » *socié* et *la société* cette dernière ne présente » point de perte, mais au contraire l'espoir » de profit ; »

Ce fait étant reconnu, en vain dirait-on qu'il suffit que le ci-devant sociétaire ait eut un seul instant cette qualité, pour qu'il ne puisse s'affranchir du recours exercé contre lui, lors-

---

(1) 6 *Niv. an XII.* Cass. *BOUTELLIER.* Bul. de la Cour, an 12, p. 109.

(*) C'est le membre d'une société. *Associer,* c'est ad-mettre quelqu'un dans une compagnie, dans un traité de société, pour quelques intérêts communs.

Nota. Il est peu de principes applicables aux associés qui ne le soit à la société entière ; nous ne rapporterons ici que les principaux relatifs aux associés ; pour le sur-plus, *voyez SOCIÉTÉ.*

Non - garant. que surtout il s'agit d'une dette antérieure au traité en vertu duquel il s'est retiré de l'entreprise.

On répondrait « les faits qui ont donné lieu » aux pertes de la société n'étaient point encore » arrivés, les négociations d'effets, ou autres » opérations, qui en ont été la suite et d'où » sont provenues les susdites pertes de la so- » ciété étaient postérieures; par conséquent » la retraite de l'associé, ayant eu lieu du » consentement des associés et dans un temps » non suspect, ne présente aucun caractère » de fraude; »

« Il suffit que les juges se déterminent » entr'autres motifs, par de semblables consi- » dérations, pour qu'ils ne contreviennent ni » à la loi du contrat, ni aux lois de la ma- » tière, » en déclarant qu'il était libre à l'associé de se retirer, du consentement de ses co-associés, à une époque où cette société n'était point en perte. (1)

En fait de procédure. Déclinatoire. *2.° L'associé qui a procédé devant le tribunal de commerce, sur le fond des contestations relatives à la liquidation de la sosiété, n'est plus recevable à demander son renvoi devant des arbitres.*

Parce que « les juges de commerce peuvent » retenir la cause lorsque les parties ont vo- » lontairement renoncé à l'arbitrage, et que » l'associé est particulièrement non-receva- » ble à critiquer cette renonciation à laquelle » il aurait acquiescé en exécutant le jugement

____

(1) 8 *Prair. an XIII.* Cass. Donneteau. Jour. du Pal. an 14, 1. s. p. 17.

» du tribunal de commerce qui ordonnait qu'il
» serait plaidé au fond. » (1)

3.° *Les associés sont soumis à la contrainte*   *Contraintes*
par corps pour raison des engagemens qu'ils   *par corps.*
ont contractés entr'eux.

La raison de cette règle est « que la loi du
» 15 germinal an VI, (et l'art. 2070 du code
» civ.) portant : la contrainte par corps a lieu
» entre marchands et négocians à raison de
» leur négoce, et ne comprenant pas dans
» les exceptions qu'elle renferme les associés
» entr'eux, on ne peut invoquer les lois ro-
» maines pour en tirer une violation d'une
» disposition qui n'est pas dans la loi spéciale
» à la matière. » (2)

4.° *Les avances qu'ils se font entr'eux ne*   *Des avances*
sont point productives d'intérêts, si ces intérêts   *entr'eux.*
n'ont été stipulés d'avance.

Parce que « la loi du 12 octobre 1789, qui
» a autorisé la stipulation des intérêts pour
» simple prêt à terme fixe, n'a rien décidé
» pour les cas où les intérêts sont dûs sans
» stipulation. » *V. Intérêts.* (3)

5.° *L'associé qui n'est point marchand de*   *Patente.*
» *profession*, mais seulement associé dans
» une spéculation fugitive et momentanée,

---

(1) 22 *Therm. an XI.* Rej. Potin. Jour. du Pal. an 12,
1. s. p. 372.

(2) 25 *Prair. an X.* Rej. Besfort. Jur. an 10, p. 321.

(3) 5 *Vend. an XI.* Rej. Desfontaines. Jur. an 10, p. 50.

» n'est point conséquemment sujet à pa-
» tente. » (1)

Dans une *opération de commerce momentanée.*

6.º *Mais il peut être condamné consulaire-ment et par corps pour raison des engagemens de la société.*

En effet « le marché consenti en faveur
» d'un marchand par un autre marchand,
» conjointement avec l'associé non marchand,
» forme un véritable traité de commerce. »
V. Traité de compétence, *part. civ.* nomb. 85.
p. 88.

Contractant en pays non soumis à l'or-donnance.

Signature.

Garantie.

7.º *Celui qui a passé un marché, dans un pays où l'ordonnance de 1673 n'avait point été publiée, n'a pu obliger son associé, s'il n'avoit point signé pour la compagnie.*

C'est-à-dire que celui qui a contracté dans la Belgique en l'an IV, avec un sociétaire dont l'acte de société a été passé à Paris, ne peut exiger la solidarité contre les co-associés du signataire qui n'a point signé *et compagnie.*

« Il suffit que le contrat de société n'ait
» point été passé dans la Belgique, et que
» l'acte particulier passé entre un habitant
» de ce pays et l'associé ne porte point l'addi-
» tion de ces mots *et compagnie ;* pour que
» les co-associés ne puissent conséquemment
» être poursuivis solidairement en cette qua-
» lité à Paris, par l'habitant de la Belgique. »

« Parce que l'article 7 du titre 4 de l'ordon-
» nance de 1673, ne soumet à cette action

____

(1) 13 *Vend.* an X. Rej. LEBRET. Jour. du Pal. an 10,
1. S. p. 109.

» que ceux qui sont engagés par la mention
» des mots énoncés ci-dessus. » (1)

ASSURANCE. (*)

1.º *Tout propriétaire de navire a le droit de* Règles génér.
le faire assurer où il veut. (**)

« Le fait il en France, par une chambre
» d'assureurs qui ne reconnaît que les lois
» françaises? son contrat, qui tient toujours
» quelques choses du droit civil, sera jugé
» d'après l'ordonnance de la marine (la dé-
» claration de 1779) et autres lois de l'empire
» français, de même qu'on devrait lui appli-
» quer le réglement d'Amsterdam, si le con-
» trat était passé à Amsterdam, et le titre 8 de
» la deuxième partie du code prussien, si le
» contrat d'assurance était passé en Prusse :
» par le principe développé par PUFFENDORF,
» *DE JURE NATURÆ ET GENTIUM ;* quiconque

_____

(1) 13ᵉ *Fruct. an IX.* Rej. CRAHAI. Jour. du Pal. an
10, 1. s. p. 17.

(*) Sûreté qu'on donne, *nantissement,* voyez ce mot.
Assurance, ou *police d'assurance,* terme de commerce ;
c'est un contrat par lequel un particulier ou une compagnie s'oblige de réparer les pertes et dommages qui ar-
riveront à la chose assurée. On assure depuis long-temps
les vaisseaux, et presque dans tous les pays policés, moyennant une certaine somme qui est payée à l'assureur par le
propriétaire, et par avance, laquelle se nomme prime
d'assurance. Depuis plus de trente ans, ou environ, il y a
à Paris, et dans plusieurs grandes villes de France, des
compagnies d'assurance contre les incendies ; dans quelques endroits, mieux organisés que d'autres, il y a des
assurances contre les effets de la grêle, etc. : nous avions
conçu et jetté par écrit les premières idées d'une *assurance
générale* contre les épizooties qui ruinent les campagnes.

(**) Disait M. *DANIELS,* subst. du *Proc. gén.,* lors du
plaidoyer dont ce qui suit a été extrait, dans la cause
jugée par l'arrêt ci-après indiqué.

» passe un contrat dans les terres d'un sou-
» verain, se soumet aux lois du pays, et de-
» vient, en quelque manière, sujet passager
» de cet état. »

« Quel autre moyen aurait-on de juger les
» différens, lorsque les lois maritimes de deux
» nations, auxquelles appartiennent les assu-
» reurs et l'assuré, ne sont pas d'accord sur
» le point de difficulté ? » Donc,

2.º *Les dispositions des lois françaises relatives aux assurances, sont applicables aux
bâtimens étrangers, armés et assurés dans un
port de France.*

Mais, y-a-t-il quelques distinctions à établir
entre le contrat de police d'assurance dont
la formule est imprimée et celui qui serait
écrit à la main; *non*, disait encore M. DANIELS;

3.º *Toutes les conditions de la police d'assurance sont imprimées, et on emploie des for-
mules uniformes à Bordeaux et à Nantes,
comme dans tous autres ports de France;
elles n'en sont pas moins obligatoires.*

La déclaration de 1779 porte: aucun navire marchand ne prendra charge dans tous
les ports de France, avant qu'il ait été constaté que ledit navire est en bon état de navigation; et les assurés ne seront admis à faire
le *délaissement*, (*) qu'en représentant les
procès-verbaux de visites: mais,

4.º *Lorsqu'un navire a péri en se brisant*

(*) *Délaissement*, dans l'espèce dont il s'agit, est un
acte par lequel l'assuré dénonce à l'assureur la perte du
navire assuré, et lui délaisse et abandonne les effets sur
lesquels l'assurance a été faite, avec sommation de payer
la somme assurée.

contre des rochers , par *l'effet d'une force ma-*
jeur , le propriétaire doit être admis à faire
délaissement et abandon , *sans rapporter de*
procès-verbal qui constate qu'à l'époque du
départ , le vaisseau était en bon état de navi-
gation.

L'article 4 de la déclaration , *continue M.*
DANIELS , ne parle que d'un cas particulier , de
celui où la demande en délaissement serait
fondée sur ce que le navire aurait été condamné , pendant le cours du voyage , comme
ne pouvant plus tenir la mer ; et l'article suivant indique clairement qu'il ne faut pas confondre le cas *d'échouement* avec celui de *con-*
damnation pour cause *d'innavigabilité :* en
effet ce serait une législation bien singulière
que celle qui admettrait les assureurs à opposer à l'assuré comme fin de non-recevoir le
défaut de procès-verbaux de visites , dans le
cas de l'échouement ; comme si les pirates ,
les corsaires , le feu du ciel , les rochers et
autres forces majeures devaient respecter le
navire muni de ces procès-verbaux.

Enfin , comment le propriétaire du navire
assuré doit-il faire constater l'échouement ?
il a été jugé dans l'espèce , comme suffisamment constaté , lorsque ,

5.º *Le capitaine et l'équipage du vaisseau*
assuré , font leur déclaration devant le juge de
l'endroit le plus prochain du lieu où ils ont
échoués ; alors ce juge rend une sentence par
laquelle il reconnaît , s'il y a lieu , le fait de
l'échouement , avec bris et perte du bâtiment:
et c'est sur cette sentence que l'assuré pour-
suit les assureurs au paiement de la somme
assurée.

D'après les principes et les circonstances rapportés ci-dessus,

Les juges « en exprimant dans leurs motifs, » pour condamner les assureurs, que la dé- » claration d'août 1777, rendue spécialement » pour régler ce qui concerne les assurances, » n'est point applicable aux bâtimens étran- » gers, soit parce qu'ils n'y sont pas expres- » sément compris, soit parce que dans l'usage, » ils n'ont point été considérés comme de- » vant y être assujettis, adopteraient pour » quelqu'une des bases de leur décision, une » opinion contraire au texte et au vœu de » la loi, puisque sa disposition est générale, » qu'elle porte *qu'aucun navire ne pourra* » *&c...*; et que cette exception embrasse né- » cessairement tous les navires de quelque » nation qu'ils soient, par cela même qu'il » n'est fait aucune distinction ni exception; »

Mais, si dans l'espèce posée au n.º 4 ci-des- sus, « leur décision affirmative n'a pas été dé- » terminée par ces seuls motifs; s'il a été re- » connu que le bâtiment dont il s'agit, à péri » en entier en se brisant contre des rochers, » par l'effet d'une force majeure, ils peuvent » dès-lors déclarer que l'assuré ne se trouve » point obligé de rapporter procès-verbal de » la visite qui a dû être faite à l'époque du » départ, pour être admis à faire délaisse- » ment. »

Parce que « d'après la disposition de l'art. 4 » de ladite déclaration, cette obligation n'est » en effet imposée que dans le cas où, par » fortune de mer, le bâtiment est mis hors » d'état de continuer la navigation, et aurait » été en conséquence condamné; c'est-à-dire, » dans le cas où l'accident qui a empêché de

» continuer la navigation pourrait être im-
» puté aux propres vices du navire : ce
» fait n'existait pas dans l'espèce. » (1)

Nota. Le peu des décisions que la Cour de Cassation a eu occasion de prononcer en matière de police d'assurance nous a porté à saisir, de celle ci-dessus , toutes les nuances , ainsi que les principes rappellés par le magistrat chargé des fonctions du ministère public dans cette affaire : la parfaite concordance existante entre l'opinion de ce celébre Jurisconsulte et celle de la cour ne laisse presque rien à désirer sur ce point de jurisprudence ; M.ʳ le substit. du Proc. génér. ayant rapporté la législation que la cour a appliquée. Nous espérons que nos lecteurs partageront notre avis.

ATTENTATS. (*)

1.º *L'ATTENTAT à la sûreté individuelle a été qualifié crime par le code pénal, mais il est demeuré indéfini.*

A la sûreté individuelle.

« L'attentat a la liberté ou sûreté indivi-
» duelle des citoyens doit , aux termes des
» articlés 140 et 516 du code du 3 brumaire
» an IV, être soumis à des jurés spéciaux d'ac-
» cusation et de jugement. »

2.º *L'assassinat et le viol sont-ils des attentats* de ce genre, dans le sens du code précité ?

______

(1) 25 *Mars* 1806. Rej..... *Armateurs.* Jour. des Aud. an 14 et 1806 , p. 368.

(*) Ce mot signifie proprement une entreprise contre les lois, dans une occasion importante; contre la liberté ou la sûreté publique ou individuelle. S'opposer à l'exécution d'un arrêt est un attentat contre l'autorité du souverain.

« La loi n'explique point ce que l'on doit
» entendre par les mots *sûreté individuelle*;
» plusieurs tribunaux mettent dans cette classe
» *les assassinats*, tandis que d'autres tribu-
» naux ne les y comprennent pas; mais, de
» quelque manière que l'on procède, dans
» ce cas, on ne peut jamais y voir une con-
» travention à la loi. »

« Le cas du viol présente la même incer-
» titude. »

« Ainsi soit dans l'un, soit dans l'autre cas,
» que ce soit des jurés spéciaux, ou que ce
» soit des jurés ordinaires qui aient été ap-
» pellés, (pour prononcer dans une affaire
» de cette espèce) on ne peut dire qu'il y ait
» eu contravention à la loi. » (1)

À la liberté individuelle. 3.° *L'attentat à la liberté individuelle est réel et bien établi;*

« Lorsqu'il est reconnu constant qu'un
» maire, ou qu'une autre personne a été ar-
» rêté et détenu, sans mandat d'arrêt, ou
» autre indiqué par la loi : ce fait réunit les
» caractères qui constituent le crime d'atten-
» tat à la liberté individuelle, d'après le code
» pénal et les articles 581 et 634 du code des
» délits et des peines. » (2)

ATERMOIEMENT. (*)

Règles générales. 1.° *Les contrats d'*ATERMOIEMENS *doivent être homologés en justice, lorsqu'il y a des*

---

(1) 18 *Pluv. an XIII.* Rej. .... Jour. des Aud. an 13.
S. p. 93,

(2) 1.er *Frim. an XIII.* Rej. ROLPOT. Jour. des Aud.
an 13, S. p. 48.

(*) Terme de Palais; c'est un contrat passé entre le
créanciers

créanciers refusans ; c'est la disposition expresse *Règles génér.* de l'article 7 du titre 11 de l'ordonnance du commerce de 1673.

2.° *Il ne doit être établi pour les atermoie-mens aucune distinction hors des termes de l'ordonnance.*

Ainsi, la circonstance que des créanciers, en refusant d'accéder à la remise accordée au debiteur, par les trois quarts de ses créan-ciers en somme, déclareraient qu'ils veulent attendre pour le paiement de leurs créances entières, les termes stipulés avec les créan-ciers signataires du contrat d'atermoiement, ne fournirait point un motif suffisant pour au-toriser les juges à refuser l'homologation qui leur serait demandée.

En vain énonceraient-ils pour motif de leur refus : que les créanciers non signataires ne préjudicient point par leur réserve, aux au-tres créanciers, puisqu'ils ne veulent exercer aucunes poursuites séparées de la masse con-tre le débiteur commun, et qu'à ces causes on ne peut les forcer de subir la loi que les autres créanciers se sont imposé.

En effet, « il suffit que l'acte portant ater-
» moiement, et même remise au profit du dé-
» biteur, soit consenti par les trois quarts de
» ses créanciers en somme, ou au de-là ; que
» ceux qui sont refusant d'adhérer, ne soient
» ni privilégiés ni hypothécaires, et qu'il ne

---

débiteur qui a fait faillite, (par suite des malheurs qui lui sont arrivés, ce qui le distingue du banqueroutier) et ses créanciers, et par lequel il lui est accordé du temps pour les payer ; en lui faisant quelquefois remise d'une partie de la somme qu'il doit.

» soit allégué ni fraude ni simulation de la
» part des créanciers refusans ni d'aucuns
» créanciers signataires , pour que l'homolo-
» gation postulée ne puisse être refusée. »

« Le refus de cette homologation serait une
» interprétation dont la loi n'est pas susceptible
» et qui la contrarie ; puisque la loi accorde
» aux délibérations prises par les trois quarts
» des créanciers en somme, le même effet que
» si tous les créanciers avaient signé. » (1)

ATTRIBUTION. (*) *Règles générales.*

Des tribunaux extraordin. Pourvoi.

1.° *L'ATTRIBUTION donnée à une autorité judiciaire de juger sans recours ni révision, interdit tout recours en cassation, même sous le prétexte que le délit jugé par cette autorité aurait été éteint par la prescription.*

En vain dirait-on: le *SALUS POPULI SUPREMA LEX* , détermine quelquefois le législateur à limiter l'action entière de la justice , et à soustraire les jugemens des tribunaux d'ex-ception à la marche constitutionnelle; dès-lors tout pourvoi fondé sur la seule violation des formes , ou la fausse application des lois , est non-recevable : mais, sans droit , point de juridiction , sans juridiction point de compé-

---

(1) 29 *Therm. an X.* Cass. MAINONY. Bul. de la Cour, an 10, p. 485.

(*) C'est l'action de celui qui attribue. La concession de quelque prérogative en vertu de la loi ou des décrets du Prince. Les cours criminelles spéciales sont des cours d'attribution, *ad hoc*, pour certains délits, et qui ont reçue le pouvoir extraordinaire, et affligeant pour ceux qui les composent, de faire exécuter leurs décisions dans les vingt-quatre heures , sans qu'il y ait lieu à aucun pourvoi.

tence, sans compétence point de jugement ! voilà des principes immuables.

On peut être justiciable d'un tribunal pendant un temps, et cesser ensuite de l'être; au nombre des causes de la *non-justiciabilité* il faut ranger la *prescription*; elle crée un droit nouveau, elle devient un *SUMMUM JUS*, et place les personnes et les choses dans une nouvelle cathégorie; au moment où la prescription est acquise, toute autorité qui aurait été compétente cesse de l'être, et dans ce cas, les tribunaux extraordinaires doivent, s'ils prononcent, être soumis à la suprématie du recours en cassation.

Quelque raisonnables que soient ces principes, ils doivent disparaître devant la loi positive: « il suffit que la loi ait suspendu l'em-
» pire de la constitution dans le pays dont il
» s'agit, que des tribunaux extraordinaires y
» soient établis, avec attribution de pouvoir de
» juger sans appel, revision ou cassation, pour
» que les pourvois intentés contre les déci-
» sions de ces tribunaux soient rejettés. » (1)

2.º *L'attribution des nouveaux tribunaux, résultante des renvois aux ci-devant bailliages par les ci-devant conseils souverains, par suite de la cassation des décisions antérieures, n'a pu, ou ne pourrait être considérée comme une attribution arbitraire.*

Car, « les renvois aux ci-devant baillages
» prononcés par le ci-devant conseil, ne pré-
» senteraient qu'une *attribution légale* et né-
» cessaire par suite de la cassation prononcée

____

(1) 7 *Brum. an* XI. Rej. CALLONI. Jour. du Pal. an 11 1. s. p. 289.

» par ces arrêts, et ce serait par conséquent
» par une fausse application de la loi du 19
» octobre 1790, concernant les évocations et
» les attributions extraordinaires, que par
» leurs jugemens, les tribunaux remplaçant
» les susdits bailliages, se seraient déclarés
» incompétens. » (1)

ATTROUPEMENT.

Les attroupemens sont, d'après nos dictionnaires, des assemblées tumultueuses de gens sans autorité et sans aveu : mais ils ne déterminent point le nombre de personnes qu'il faut pour constituer un attroupement.

Jugé par la Cour de Cassation le 26 brumaire an XIII, que trois personnes réunis pour passer de la contrebande, constituent un rassemblement.

Pour les cas réglés par la police ordinaire, il faut consulter les réglemens particuliers rendus à ce sujet.

AVAL. (*)

Par acte séparé.

1.° *L'AVAL donné par acte séparé, de l'effet de commerce qu'il garantit, mais avec la réserve que c'est ainsi et de la même ma-*

---

(1) 6 *Therm. an VII.* Cass. *DANDLAW.* Jur. notice, p. 232.

(*) *Aval*, terme de commerce ; c'est proprement une caution, mise au bas d'une lettre de change, ou d'un billet de change, par laquelle on s'oblige d'en payer le contenu, en cas qu'ils ne soient pas acquités par les personnes sur lesquelles ils sont tirés. On nomme ces cautions donneur d'Aval ; souvent ces donneurs d'Aval étaient des personnes supposées (*dit SAVARY*, p. 94, 2. vol. de son *Parfait négo.*

nière, que si le donneur d'aval était endosseur, *ne vaut pas plus qu'un endossement ordinaire, et est assujetti aux mêmes règles pour les poursuites à exercer contre celui qui a donné cet aval.*

Par acte séparé.

C'est à dire, que le protêt, faute de paiement de l'effet garanti, doit être signifié par le porteur au donneur d'aval, dans la quinzaine.

En vain, dirait-on contre cette règle, que l'écrit dont il s'agit présente un engagement direct et principal, et non un simple endossement, et que s'il ne peut être considéré comme un engagement principal, il est au moins un cautionnement, pour en conclure que le porteur a trois mois pour signifier le protêt au donneur d'aval. (*)

Parce qu'en effet « les expressions *ainsi*, et » de la même manière *que si le donneur d'aval* » *était endosseur*, au moyen de quoi le pré- » sent *servira d'aval*, quoiqu'annonçant un » autre mode d'obligation qu'un endosse- » ment, ne constituent cependant pas le don- » neur d'aval débiteur personnel, »

D'où il suit « qu'en accueillant la fin de » non-recevoir, résultant de la non poursuite » par le porteur d'effet, en temps utile (dans » la quinzaine du protêt) les juges feraient » une juste application des articles 13 et 15.

---

ciant, édit. de 1715); de là, l'usage s'est introduit, pour faciliter les négociations, de donner les Avals par des actes séparés, et ordinairement sur des copies de lettres et billets.

(*) *Nota.* Ces exceptions sont prises d'un arrêt de la Cour de cassation *du 14 Germ. an VII*, rendu entre les mêmes parties, et qui d'après ces considérations avait prononcé dans un sens opposé à celui de l'arrêt ci-après daté.

» du titre 5 de l'ordonnance de 1673. » (1)

Distinction de la garantie.   2.° *L'aval ne doit jamais être confondu avec la simple garantie.*

En d'autres termes : si j'appose au dos d'un billet un engagement ainsi conçu , *je garantis le présent billet ,* cette garantie ne peut pas être juridiquement considérée comme un aval . et donner lieu à des poursuites contre moi , à défaut de paiement , avant la discussion du principal obligé,

Si l'on disait , pour établir le principe contraire : toute garantie d'un effet de commerce est un *aval ,* et a la force d'un endossement ; on répondrait avec succès , *ce que disait M.ᴿ Lefessier :* si l'usage du commerce a consacré cette définition , il s'ensuit bien qu'il y aurait mal jugé dans une disposition contraire ; mais il ne s'ensuit pas qu'il y aurait contravention à la loi. (*)

En effet , « en déclarant que la simple ga-
» rantie apposée au dos d'un billet à ordre est
» autre chose que l'aval dont parle l'article 33
» du titre 5 de l'ordonnance de 1673 , les ju-
» ges ne contreviendraient point à la disposi-
» tion de cet article. » (2)

AVANCEMENT (**) *d'hoirie.*

Règles génér.   1.° *L'avancement d'hoirie , par la jouissance d'un revenu provenant d'immeubles donnés*

----

(1) 9 *Flor. an X.* Rej. Lanfrey. Sections réunies. Jour. du Pal. an 10, 2. s. p. 177.

(*) Ainsi le mal jugé dépendrait de l'usage du commerce, susceptible de variation, suivant les lieux.

(2) 15 *Therm. an IX.* Rej. Barré. Jur. an 10, p. 17.

(**) Ce qu'on donne par anticipation , ou auparavant

sous l'empire de la loi du 17 nivôse an II., *en* contemplation *de mariage*, doit retourner au donateur, *dans le cas du décès du donataire et de sa postérité.*

C'est-à-dire, que si, en l'an IV, le père de mon épouse lui a fait don, en faveur de notre union en mariage, en ces termes: *qu'il donne aux futurs époux, et leur cède, à titre d'avancement d'hoirie et de droits successifs,* le revenu *de dèux terres situées dans la commune de . . . affermées* 650 *fr.*, après le décès de ma dite épouse, et des enfans procréés de notre mariage, les fermages desdites terres doivent retourner au donateur.

En vain attaquerais-je le jugement qui m'aurait condamné à ainsi le souffrir, en disant: que les juges auraient étendu et interposé la clause de mon contrat de mariage, puisque le don des deux terres énoncées en mon contrat de mariage n'étant accompagné d'aucune clause expresse de reversion, il faudrait en conclure que ce don est rangé dans la succession de mes enfans, et qu'étant appellé par la loi à la recueillir, je suis fondé à le revendiquer ; aussi inutilement avancerais-je que l'insertion des mots *en avancement d'hoirie* ne peut déroger à l'essence de la donation

---

le temps. *Pecuniæ repræsentatio.* C'est dans ce sens que l'on dit avancement d'hoirie, pour indiquer tout ce qui est donné aux enfans par avance, et en attendant le surplus de la succession, quand elle sera ouverte. C'est particulièrement sous ce rapport qu'il sera ici question de ce mot.

Avancement se dit aussi des progrès à l'égard des choses et des personnes ; *tel,* travaille à son *avancement* ; ce bâtiment ne s'achèvera pas sitôt, on n'y voit pas d'*avancement.*

 qui est irrévocable; qu'en donnant par avancement d'hoirie, le donateur avait en vue son décès; et qu'il s'est dépouillé, jusqu'à cette époque, sauf par moi à rapporter à la succession; qu'enfin, par le jugement dont je me plaindrais, les juges auraient violé les ordonnances de 1510 et 1559, qui prescrivent l'exécution des contrats, et la loi romaine : *NAM HOC SERVABITUR.* . . , et qu'ils auraient fait revivre le retour légal aboli par la loi du 17 nivôse an II.

Tous ces raisonnemens seraient vains : parce que, « 1.º les juges n'auraient point, dans » l'état de la cause, posé en fait que le retour » des objets devait avoir lieu, sans stipulation » expresse de la part du donateur, en quoi » ils auraient violé l'article 74 de la loi du 17 » nivôse an II. »

2.º « Qu'ils auraient au contraire décidé » que, d'après les circonstances, et notam- » ment d'après une lettre écrite par mon père, » (*) l'usufruit dont il s'agit a dû cesser » au décès du donataire; que telle avait été » l'intention des parties lors de leurs conven- » tions matrimoniales. »

3.º « Enfin, parce que les lois nouvelles, » en maintenant la faculté de stipuler le droit » de retour, (**) n'ont prescrit aucune forme

---

(*) Cette lettre, au procès dont il s'agit, avait été écrite par le père du demandeur en cassation au donateur; elle portait que l'usufruit devait avoir cessé d'exister avec l'enfant de son fils. . .: son auteur stipulant les intérêts du demandeur, lors du contrat de mariage, a été considéré comme rapporteur de l'intention des parties.

(**) Jusqu'à la publication de l'article 951 du code civil.

» ni aucunes expressions spéciales pour sa va-
» lidité. » (1)

Voyez *Retour*, *Succession*, *Avantages entre
époux*, *Donation*.

AVANTAGES (*) *Entre époux.*

1.º « *Les AVANTAGES ENTRE ÉPOUX ont été*   *Stipulés sous
» conservés, sans exception aucune, par l'art.*   l'empire des
» *13 de la loi du 17 nivôse an II.* »   coutumes.*
« En décidant que l'article 61 de cette loi   De Lavedar.
» n'est point applicable aux avantages léga-
» lement *stipulés* ou établis par les *coutumes*
» en faveur des époux, les juges n'applique-
» raient point faussement cet article et ne
» violeraient point l'article 61 de la même
» loi, non plus que les articles 1.er et 2 de
» celle du 18 pluviôse an V. » (2)
Car, « de l'ensemble et de la généralité des   *Stipulés par
» expressions des articles 14 et 61 de la susdite   don mutuel en
» loi de nivôse, il résulte que le but de cette   l'an IV.*
» loi a été d'écarter tous les obstacles qui inter-
» disaient ou gênaient la faculté de s'avantager
» entre époux, et de permettre aux maris et

---

(1) 1.er *Brum. an XI* Rej. MÉNARD. Jour. du Pal. an
11, 1. s. p. 161.

(*) Le mot *Avantage* a diverses significations qu'il n'est
point de notre ressort d'examiner. —— Au palais c'est,
quant à la forme, un jugement obtenu par défaut contre
une partie non comparante. —— En droit, c'est, *præci-
puum quid*, *jus prærogativum*; ce qu'on donne à une
personne plus qu'à une autre, en succession, pour cause
de mariage, ou autrement; c'est sous ce rapport, que nous
examinerons ici les avantages pouvant résulter du droit
ancien et du droit nouveau.

(2) 14 *Prair. an XIII.* Rej. GOOSSEU. Jur. an 13. p.
333. —— Jour. des And. an 13, p. 411.

» femmes de se faire tels avantages qu'ils juge-
» raient convenables, en observant toutefois les
» formalités relatives à l'essence des actes et à
» la capacité des personnes : d'où il suit,

D'Auvergne.
(*Coutume*)

2.º « *Qu'il n'y aurait pas lieu à appliquer la*
» *coutume d'Auvergne, qui défend les dons*
» *mutuels entre époux,* » *à une donation faite*
par acte public en l'an IV, portant sur tous
les biens des époux, présens et à venir...
consistant en immeubles et meubles, encore
que l'état desdits meubles n'aurait pu être
joint à l'acte portant don mutuel. (1)

Accordés par
des disposi-
tions coutu-
mières ;

Avant la pu
blication de
la loi du 17
niv. an II.

Enfin, « la loi du 18 pluviôse an V déclare
» que les avantages et autres dispositions irré-
» vocables de leur nature, stipulés entre époux
» antérieurement à la publication de la loi du
» 5 brumaire an II, auront leur plein et entier
» effet, conformément aux anciennes lois, tant
» sur les successions ouvertes jusqu'à ce jour,
» que sur celles qui s'ouvriront a l'avenir ; »
ainsi :

De Looz et de
Louvain.
(*Coutume.*)

3.º *Les avantages entre époux établis par*
les coutumes, à défaut de contrat de mariage,
lorsque les mariages ont été contractés avant
la loi de nivôse an II, doivent avoir leur entier
effet sur les successions ouvertes sous l'empire
de cette loi ;

« Car, il y a même raison de décider pour
» les avantages entre époux résultans des cou-
» tumes, que pour ceux provenant de disposi-
» tions expresses, puisqu'ils sont de même na-
» ture, également irrévocables et stipulés de
» même, les époux étant censés, lorsqu'ils

––––––––––

(1) 25 *Fruct. an* XI. Cass. B*AISLE.* Jur. an 12, p. 72.

» n'ont point fait de contrat, avoir adopté
» en ce point les dispositions de la coutume
» sous l'empire de laquelle ils ont contracté
» mariage; (1) (*) les époux les ayant taci-
» tement prises pour règle des effets de leur
» union, elles ont nécessairement la même
» force qu'aurait eu un contrat civil, les lois
» de nivôse an II et pluviôse an V, ne fai-
» sant aucune distinction a cet égard, et celle
» de ventôse an II, plaçant sur la même ligne
» le cas où il n'existe pas de contrat civil, et
» celui où il en a été fait. »

Enfin. « les droits et avantages irrévocable-
» ment acquis à l'époux survivant dès le jour
» de son mariage, contractés sous la foi de la
» coutume du lieu, n'aurait pu recevoir d'at-
» teinte qu'autant que la loi du 17 nivôse an
» II, aurait rétroagi sur les unions formées
» avant sa promulgation; mais l'effet rétroac-
» tif qu'elle devrait avoir, ayant été révo-
» qué par les lois de fructidor an III et vendé-
» miaire an IV, les droits et avantages des
» époux survivans sont restés dans leur état
» primitif. » (2)

4.° *Les avantages faits par un mari à son épouse, par institution d'héritière universelle,* A l'égard des femmes seulement.

---

(1) 27 *Germ. an XII.* Rej. Putzeis. Jour. des Aud. an 12, p. 317.

(*) *Nota.* Les coutumes de Looz et de Louvain « ne » laissaient aucun doute sur l'irrévocabilité des avan- » tages ou gains de survie qu'elles accordaient au sur- » vivant des époux; » ce qu'il faut examiner par rap- port à l'application de ces principes à d'autres coutumes.

(2) 8 *Prair. an XIII.* Cass. Goosens. Jour. des Aud. an 13, p. 407.

Comment ils se perdent.

Secondes nôces.

Viduité. (*)

sont perdus pour elles si elle se remarie dans l'année du deuil: par l'effet de la loi 2 au code *DE SECUNDIS NUPTIIS.*

Sans succès, cette femme soutiendrait-elle que ladite loi *des secondes nôces*, qui prohibe le convol avant l'année du deuil, aurait été modifiée par les lois relatives au divorce, et même abrogée par celle du 17 nivôse, les premières permettant à la femme divorcée de se remarier dix mois après le divorce, et la dernière ayant déclarée que rien ne doit gêner la liberté qu'on a de se marier.

Cette combinaison desdites lois, plus subtile que solide serait détruite par l'observation « que les lois de nivôse et de floréal an II » sur le divorce ne sont pas applicables hors » de leur cas : d'où il suit que les juges, loin » de violer la loi 2 au code *DE SECUNDIS NUP-* » *TIIS*, en appliqueraient au contraire litté- » ralement la disposition, en annullant une » institution d'héritière universelle faite en » faveur d'une femme par son premier mari, » pour s'être remariée avant l'expiration de » l'année du deuil. » (1)

5.° *Les avantages faits à une femme à con-dition qu'elle gardera* viduité (*) *ne peuvent être conservés, si elle se remarie.*

C'est à-dire que, si dans mon contrat de ma-riage (en 1789) on lit cette clause :

Ledit futur époux fait, en outre (du douaire cons-

(*) *Viduité*, est, suivant les grammairiens et les auteurs en droit, l'état du veuvage, lequel cesse par le fait du convol.

(1) 3 *Brum. an IX.* Rej. *Anne* LAFON. Jour. des Aud. an 14 et 1806, p. 34.

titué en termes ordinaires), donation à ladite future épouse, ce acceptante, de 1000 francs de rente annuelle et viagère, libre de toutes impositions, pour, de la part de ladite épouse, en jouir sa vie durant seulement, à compter du décès dudit futur époux, ... *et sous la condition expresse qu'elle ne convolera pas en secondes nôces*; et qu'en cas de convol en secondes nôces, ladite rente demeurera éteinte et amortie, et que les biens dudit sieur futur époux en seront affranchis. si, après mon décès, mon épouse se remarie, elle devra perdre la rente dont il s'agit.

Vainement dirait-elle, pour la conserver après ses secondes nôces, que la condition de ne point se remarier, inserée au contrat de mariage ci-dessus transcrite, est anéantie par la loi du 5 septembre 1791, et autres subséquentes, comme contraire à la liberté et aux bonnes mœurs; et, qu'une pareille disposition, qui n'est que déclarative d'un droit naturel, doit avoir son exécution, à quelqu'époque que la clause ait été stipulée. (*)

Les principes qui feraient rejetter ce raisonnement sont, « que la condition absolue » de ne pas se remarier, étant apposée dans » des contrats, est valable et doit être exé- » cutée, parce qu'elle est l'ouvrage de la vo- » lonté des parties qui l'ont stipulée selon leurs » vues et selon leurs intérêts. »

« Que cette opération de conventions, pro- » tégées par les lois romaines, l'était également » par notre législation. » (*art.* 25 *de l'ord. de* 1747.)

« Qu'ainsi la stipulation de ne pas convoler

(*) Ce raisonnement présenté ici par forme d'exception, est extrait de l'arrêt attaqué, et qui a été cassé.

» en secondes nôces, sur la foi de laquelle
» j'ai constitué la pension viagère portée par
» le contrat de mariage de 1789, était per-
» mise et légitime. »

D'autant plus « que la loi du 5 septembre
» 1791 n'a fait aucune mention des seconds
» mariages; qu'ainsi, elle n'a changée, en
» aucune manière, la condition de ces sortes
» de dispositions; et que la qualification d'im-
» moralité doit être appliquée avec d'autant
» plus de circonspection et de réserve, que
» la disposition de la loi sur le divorce, déja
» citée, est encore en vigueur, et que l'art.
» 206 du code civil fait cesser dans un autre
» cas l'obligation de fournir des alimens pour
» le convol qui éteint l'affinité (*) qui était
» le principe de cette obligation. » (1) *Voyez*
Mariages, Donation, Testament.

INDIRECTE.
Donation par
personne
interposée. (a)

6.° *L'avantage fait à l'époux d'un succes-*
sible n'est pas compris dans la disposition de la
loi du 17 nivôse an II, qui défend les libéra-
lités envers le successible lui-même; et ne peut
être considéré comme étant fait à une personne
interposée

C'est-à-dire, qu'une donation faite à mon
épouse, héritière présomptive du donateur,
et à moi, chacun pour une moitié, doit m'être

(*) *Affinité*; on sait que ce mot indique la liaison
qui s'opère entre deux familles par le fait d'un mariage.

(1) 20 *Janvier* 1806. Cass. *VATHAIRE*. Jur. an 14 et
1806, p. 161.

(a) *Interposée*, qui est entre le donateur et le véritable
donataire, auquel elle doit rendre la chose donnée; espèce
de fidéi-commis qui reçoit de bouche l'ordre de remettre
la chose donnée à une personne incapable de recevoir directement. *Voyez Donation*.

délivrée jusqu'à concurrence du sixième de la succession du donateur, ou autre portion disponible aux termes de la loi.

Parce que « l'article 26 de la loi du 17 ni-
» vôse an II, (*) ne regarde que le succes-
» sible, et que sa disposition prohibitive, ne
» peut être étendue à l'époux du successi-
» ble; car, dans l'espèce, ce n'est pas par droit
» d'accroissement que ce dernier recueille la
» moitié du legs, mais il lui appartient de
» son chef; puisqu'aux termes de la loi 80 *ff.*
» *DE LEGAT.* le legs dont il s'agit doit être
» considéré comme fait uniquement à son
» profit. » (1)

7.º *L'avantage résultant d'une vente à fonds perdus, faite sous l'empire de la loi du 17 nivô-se, au mari d'une héritière présomptive est nul.*

« Parce qu'il serait facile d'éluder la pro-
» hibition prononcée par la loi, si elle ne
» s'étendait pas au conjoint du successible;
» la vente qui lui serait faite devant produire
» plutôt ou plus tard l'effet de transmettre le
» bénéfice de la jouissance au conjoint. » (2)
V. Vente.

AVEU (**) *judiciaire.*

1.º *L'AVEU ne peut être divisé; c'est un* Régl. génér.

(*) Voyez les art. 909, nomb, 2, et 911 du code civil.

(1) 18 *Ther. an IX.* Rej. *WAGENARD.* Jur. notice; p. 482.

(2) 20 *Niv. an VIII.* Cass *LEBATTEUR.* Jur. notice. p. 292.

(**) *Aveu,* reconnaissance verbale, ou par écrit, d'avoir dit ou fait quelque chose; il suppose ordinairement un in-terogatoire, c'est sous ce rapport que nous allons le con-sidérer. —— Il signifie aussi le consentement d'un supé-rieur à ce qui a été fait par son inférieur. —— On appelle

Règles génér.
In-division.

axiôme admis en droit et qui n'a jamais eu besoin d'être prouvé. (*)

Celui fait par un vendeur, que la vente dont il s'agit à été renfermée dans un acte sous-seing privé, avec l'observation qu'elle n'était qu'un simple projet qui a été résilié, ne peut être divisé, nonobstant toutes les circonstances en vertu desquelles on pourrait chercher à le diviser. (**)

En vain dirait-on, qu'avant la publication du code civil, le système de l'indivisibilité d'un aveu n'était fondé sur aucune loi, et que celle 26, §. 2 *ff. DEPOSITI,* admettait au contraire la division : qu'il n'a été admis par les auteurs, que pour le cas où il n'existait, entre deux parties d'une confession, d'autre preuve que celle résultante de la confession même.

Que toutes les fois qu'une partie de l'aveu, se trouve combattue par une preuve contraire, ou par un commencement de preuve, ou même par son invraisemblance ou son absurdité, il y a lieu à la divisibilité de l'aveu, qu'ainsi le professent *VOET, ZÆSIUS, BARTHOLE, HENRYS* et *DENISART,*

Pour induire de cette doctrine que, dans

---

ordinairement *homme sans aveu* un vagabond, qui n'a point de demeure fixe, ni personne qui le réclame ; ce que l'on dit n'avoir ni feu ni lieu. *V. Gens sans aveux, Vagabonds.*

(*) Admis par l'article 1356 du code civil.

(**) Dans l'espèce il était question de connaître la date d'une vente, laquelle se trouvait rappellée dans un acte public ; dans lequel les vendeurs déclaraient *vendre le domaine de . . ., bien connu de l'acquéreur, par la vente qui lui en avait été faite verbalement . . .* c'était la date de cette vente qu'il s'agissait de savoir, et sur laquelle l'acquéreur fut interrogé.

l'espèce,

l'espèce, les deux allégations que l'acte de vente n'avait été qu'un simple projet, et qu'il avait été résilié se détruiraient elles-mêmes ; que l'on devrait admettre la partie de l'aveu, portant sur la vérité de l'acte privé, reconnu dans un acte public ; et rejetter comme absurde et comme détruit par l'acte public l'autre partie du même aveu, où l'acquéreur voudrait que l'acte privé n'eût été qu'un projet qui aurait été résilié.

Toute cette logique, et la réunion de toutes ces circonstances extraordinaires, ne pourraient point fournir motif à la cassation de la décision des juges, qui auraient refusé de diviser l'aveu fait par l'acquéreur.

Car « le contrat de vente par acte public, ne » renfermant que l'énonciation d'une simple » vente verbale, quoiqu'il induise que cette » vente aurait été exécutée dans plusieurs de » ses parties, il ne démontrerait point qu'elle » eut été parfaite et totalement accomplie, » puisque les parties ne lui assigneraient point » une date certaine, ni un prix fixe et déter- » miné ; d'où il suit que les juges, dans cette » discussion et cette interprêtation, pourraient » se décider, dans l'un ou dans l'autre sens, » sans donner ouverture à cassation. »

Et que, « d'après le principe de l'indivisibilité » de la confession en matière civile, les juges » pourraient rejetter la division qu'on vou- » drait leur faire admettre, dans l'espèce, » d'autant mieux que rien ne démontrerait » qu'une partie de l'aveu fait par l'acquéreur » fût évidemment fausse, ni même invraisem- » blable. » (1) *Voyez* ci-après nomb. 3.

____

(1) 15 *Therm.* an *XI.* Rej. A*met.* Jour. du Pal. an 11 ; 2. s. p. 454.

Exception.

En matière de divorce.

Code civil, art. 244.

2.° *L'aveu fait par le défendeur en divorce, et consigné dans le procès-verbal, opère contre lui ; il peut être syncopé (*) c'est-à-dire divisé de l'exception avec lequel il aurait été fait.*

Par exemple, si mon épouse forme une demande en divorce pour cause déterminée d'excès et injures graves ; mon aveu sur les mauvais procédés dont il s'agit dispense mon épouse de la preuve rigoureuse qu'elle devrait en faire sans mon aveu ; et l'exception, que je pourrais produire avec cet aveu, *en disant que mon épouse avait constamment provoqué les mauvais traitemens dont plainte, par des sorties suspectes et des dépenses irraisonnables*, pourrait être divisé de mon aveu.

En vain dirait-on, pour le soutien des principes contraires : si les attestations produites en cause, si les dépositions des témoins, et les aveux du mari, rendent constantes les sévices alléguées, il est aussi de fait qu'elles offrent des variations assez essentielles pour répandre des nuages sur la véritable cause de la querelle ; or, les aveux du mari ne pouvant être *scindés* des causes par lui alléguées ; il en résulte qu'ils ne suffisent point pour dispenser la demanderesse de la charge que la loi lui impose de *prouver pleinement* les faits qu'elle a articulés.

L'adoption de ces raisonnemens, de la part des juges, serait une violation de l'art. 244 du code civil : car « la disposition de cet ar- » ticle fait à tous les juges un devoir de pren-

---

(*) *Syncopé*, retrancher une ou plusieurs parties d'un tout. Terme de grammaire.

» dre égard aux aveux que fait le défendeur
» en matière de divorce ; d'où il résulte que,
» lorsque ces aveux peuvent contribuer à
» constituer les causes de divorce, alléguées
» par la partie qui réclame le divorce, il
» ne faut pas que ces causes soient *pleinement*
» constatées *par tous autres moyens que ces*
» *aveux.* »

D'où il suit « que les juges en prononçant
» en sens contraire, violeraient l'article 244
» du code civil » (1)

3.° *L'aveu fait par une partie, dans une ins-*
tance civile, ne peut servir de base à une ac-
tion criminelle : c'est la règle générale.

Si j'ai poursuivi civilement une personne
pour raison d'un dépôt que je lui aurais confié ; l'aveu qu'elle ferait, d'avoir reçu de moi
tel jour le dépôt en question, accompagné de
la circonstance qu'elle me l'aurait rendu *tel*
autre jour, ne peut m'autoriser à lui intenter une action correctionnelle, après avoir
été déclaré non-recevable dans mon action
civile.

En effet : « m'étant pourvu d'abord par voie
» civile, en restitution du dépôt en question,
» ne fondant mon action criminelle que sur
» la déclaration passée devant les juges ci-
» vils, et qui ne peut être divisée, ma nou-
» velle action n'ayant que le même objet, il
» y aurait excès de pouvoir de la part des
» juges qui admettraient ma poursuite par

Sous
LE RAPPORT
DE L'ACTION
CRIMINELLE.
Ju-division.

---

(1) 11 *Frim. an XIV.* Cass. *Dame* BUNIVA. Jour. du
Pal. an 14 et 1806, 2. s. p. 177.

» action correctionnelle. » (1) *V.* au *Traité de compétence* part. crim. nomb. 2. — au mot *Action*, part. crim. nomb. 6.

Exception de division.

4.º *L'aveu judiciaire peut être divisé, (dans la même espèce) dans deux cas : lorsque dans une des parties, il renferme quelque mensonge; et lorsqu'il existe contre celui qui l'a fait, des présomptions de mauvaise foi.*

Par exemple, et c'est le cas, si je poursuis *A...* et *D...* devant la police correctionnelle, pour suppression de dépôt et que pendant l'instruction, *A...* et *D...* persistent d'abord à nier l'existence de la chose déposée, et qu'ils avouent ensuite qu'elle a existé; mais en ajoutant que, lors du dépôt, il avait été convenu que cette chose pourrait être brûlée, si je n'acquittais pas à une certaine époque des billets souscrits par *A...*, ce qui étant arrivé, ils avaient livré au flamme l'objet déposé;

En vain, ces dépositaires de mauvaise foi, invoqueraient-ils la maxime: *NON SCINDITUR CONFESSIO :*

Les juges correctionnels, ou criminels, seraient fondés, ou au moins ne violeraient aucune loi, en déclarant le dépôt illégalement détruit; et en appliquant à ces dépositaires l'art. 12 de la loi du 25 frimaire an VIII.

Parce que « la règle assimile la preuve con-
» fessionnelle à la preuve par écrit, et que
» dans l'espèce particulière où les aveux, con-
» signés dans les interrogatoires des préve-
» nus, ont pu être réputés des commence-

---

(1) 3 *Flor.* au X. Cass. *BOMPART.* Jour. du Pal. an 10, 2. s. p. 289. — Bul. de la Cour, au 10, part. crim. p. 302.

» mens de preuve par écrit, et où les juges ont
» pu décider en fait que les dépositaires ont
» perdu croyance, parce qu'ils ont commencé
» par nier l'existence du dépôt, et parce qu'ils
» n'auraient point été d'accord sur ses condi-
» tions ; ces juges ne contreviendraient à au-
» cune loi et n'excéderaient point leur com-
» pétence, en discutant d'après les interro-
» gatoires des accusés, d'après les déclara-
» tions des témoins et les autres circonstances
» du procès, les preuves de l'existence du dé-
» pôt et de sa suppression. » (1) *Voy. Dépôt*
et *Preuve.*

AVEUGLE. (*)

1.º *L'AVEUGLE testateur, en pays coutumier,
par testament solemnel n'a point été obligé de
faire appeller plus de témoins que l'ordonnance, ou les usages locaux, en exigaient pour
les autres personnes.*

Testateur sous l'empire de l'ordonn. de 1735. En pays coutumier.

En effet, « à l'égard des testamens solem-
» nels faits en pays coutumier, l'ordonnance
» de 1735 n'a pas exigé plus de formalités
» pour les testamens des aveugles que pour
» les autres; d'où il suit qu'elle s'en est rap-

-----

(1) 20 *Fruct. an XIII.* Rej. MERLIN-HALL. Jour. des
Aud. an 13, p. 221.

(*) *Aveugle*, celui qui a perdu la vue ; la privation
de ce sens s'exprime par *Aveuglement* ou *Cécité*, suivant
l'Académie française : ce dernier mot est le seul usité
dans la littérature pour exprimer la perte de la vue, et
aveuglement ne s'emploi que dans le sens moral ou figuré : l'*aveuglement* d'une personne, dont la raison est
prévenue et offusquée par quelque passion. C'est de
celui attaqué de *Cécité* dont il est question dans cet
article.

» porté, pour les formes, aux coutumes et
» statuts locaux. » (1)

*Testament
nuncupatif.*
(a)

2.º *Le défaut de vue suffisante pour signer
ne constitue pas l'état de cécité dont il s'agit
ci-dessus.*

Par exemple, en fait de testament nuncupatif, « la déclaration du testateur émise en la
» présence des témoins, qu'il ne pouvait pas
» signer en ce moment pour manquement
» de vue suffisante à cet effet, ne constituait
» pas le testateur dans l'état de cécité indi-
» qué par la loi (*l'ord. de* 1735.) pour appeller
» un nouveau témoin outre le nombre ordi-
» naire des témoins. » (2)

AVIS.

Voyez, *Experts* et *Expertises, Assemblées
de parens.*

AVOCATS. AVOUÉS. (*)

*De la presta-
tion du ser-*

1.º *Les AVOCATS et les AVOUÉS sont assujettis à la prestation du serment exigé de toutes*

---

(1) 11 *Therm. an XIII.* Cass. Hérit. BONET. Jour. du
Pal. an 1806, 1. s. p. 136

(a) En usage seulement en ci-devant pays de droit
écrit, où le testateur déclarait de vive voix, en présence
de sept témoins, l'héritier ou les largesses qu'il voulait
faire.

(2) 28 *Frim. an XIII.* Rej. Hérit. MANIGLIER. Jour•
du Pal. 1806, 1. s. p. 134.

(*) Hommes savans en jurisprudence, qui, en vertu de
leur science, plaident et défendent verbalement, ou par
écrit, le droit des parties qui ont besoin de leur assis-
tance; en Suisse, canton de Neuchâtel, on les nomme
parliers. La profession des avocats était en honneur du

les personnes appellées à des fonctions publiques.
L'acte de la prestation de ce serment est as-
sujetti à la formalité de l'enregistrement.

En effet « les juges contreviendraient aux
» lois de la matière, en déchargeant les avo-
» cats, les licenciés, les défenseurs officieux,
» les avoués, exerçant près d'eux, des con-
» traintes décernées contre eux, pour les
» droits résultant de l'acte du serment par
» eux prêté en exécution de l'art. 31 de la loi
» du 22 ventôse an XII. » (1)

2.º « *La loi qui a rétabli les avoués, a néces-*
» *sairement rétabli aussi les formalités relati-*
» *ves au ministère de ces avoués; sans avoir*
» *besoin de les spécifier individuellement.* »
(2) Ces formalités sont indiquées par le code
de procédure; celles indiquées par les lois antérieures sont maintenant d'un si faible intérêt que nous n'avons pas pensé devoir grossir ce volume par le rapport de la jurisprudence qui les a interprêtées.

ment auquel
ils sont
assujettis.

Avoués.
RÈGL. GÉNÉR.

---

temps des Romains, et n'a cessé d'y être, depuis cette
époque; elle a fourni en France tous les hommes qui
honorent maintenat la haute magistrature. *En Allema-*
gne, l'avocat d'une ville est celui qui rend la justice
au nom de l'Empereur.

Avoués, Terme ancien qui signifie patron, défenseur
des droits de quelqu'un; depuis la nouvelle organisation
judiciaire en France, ils remplissent les fonctions des ci-
devant procureurs; leur ministère est nécessaire, excepté
pour les affaires indiquées ci-après.

(1) 19 *Therm. an XIII,* Cass. *Régie de l'enregist.* Jour.
des Aud. an 13, p. 183.

(2) 17 *Brum. an XII....* THOLMAN. Jour. du Pal. an
12, 1.ᵉ p. 371.

De leur ministère.

3.º *Le ministère des avoués n'est pas néces-saire dans les affaires dont la désignation suit :*

PRIMO, dans « celles qui concernent l'état,
» les lois constituant les agens du Gouverne-
» ment seuls dépositaires de l'intérêt natio-
» nal, et les autorisant à faire ce que les avoués
» font dans les affaires qui ne regardent pas
» la république. » (1)

SECUNDO, dans « les procès que la régie de
» l'enregistrement doit soutenir , pour toutes
» les perceptions qui lui sont confiés. »
Car « l'article 17 de la loi du 27 ventôse an
» IX, embrasse indistinctement dans sa dispo-
» sition et les affaires concernant la percep-
» tion des revenus nationaux et celles rela-
» tives aux droits d'enregistrement; par une
» exception à la disposition de l'art. 94 de la
» loi du 27 ventôse an VIII, qui donne aux
» avoués le droit de postuler et de prendre
» des conclusions. » (2) Pour les règles particulières à leur ministère, voyez le code de
procédure.

Avant la publication du code de procédure.

4.º *Les avoués ont pu valablement, même sans mandat formel,*

Primo, « faire des enchères, sur la poursuite
» d'une expropriation forcée, pour le pour-
» suivant sans avoir reçu de mandat de lui
» pour enchérir : être adjudicataire, et faire
» la déclaration de command au profit de

---

(1) 29 *Therm. an X.* Cass. d'office. Jour. du Pal. an
10, 1. 2. p. 245. —— Jur. an 12, p. 383.

(2) 4 *Vent. an XI.* Cass. *GONTHIER.* Bul. de la Cour, an
11, p. 176. —— 20 *Niv. an XI.* Cass. *Régie de l'enregist.*
Jur. an 11, p. 116; et une foule d'autres arrêts rendus
dans les mêmes termes.

» leurs parties dans le délai prescrit par la
» loi. » (1)

5.° *Leur constitution était suffisamment in-diquée,*

De leur constitution.

Par « leur signature mise au bas des requê-
» tes en cassation , (et autres) cette signature
» remplit le vœu du réglement de 1738 ; cé
» qui exclut toute idée de nullité de la signi-
» fication du jugement d'admission. » (2)

6.° *Un avocat , un avoué , même un simple défenseur , ne peut être poursuivi pour injures à raison de la défense qu'il a employée pour son client.*

En fait d'injures.

Cette règle est applicable au cas où dans
la défense d'un accusé ou d'un prévenu , le
jurisconsulte chargé de sa défense , dirait des
choses outrageantes contre un témoin , à l'effet d'atténuer sa déposition.

Parce que « de l'article 353 du code des délits
» et des peines, qui déclare , sans restriction,
» que l'accusé peut , par lui-même ou par
» ses conseils , dire contre le témoin person-
» nellement tout ce qu'il juge utile à sa dé-
» fense , il résulte que l'action en injures
» verbales , de la part des témoins , ne sau-
» rait être admise contre le défenseur de
» l'accusé , pour raison des faits que celui-ci
» aurait allégués dans sa défense , à l'effet
» d'atténuer la déposition du témoin : »
« Sauf, au Président du tribunal criminel ,

(1) 4 *Germ. an XIII.* Rej. BOCQUET. Jour. des Aud.
an 13, S. p. 122.

(2) 8 *Vent. an XIII.* Cass. SIMORRE. Bul. de la Cour,
an 13, p. 212.

» en vertu de l'article 275, à faire rentrer ce
» défenseur dans les bornes d'une légitime
» défense, s'il se permettait de s'en écarter. »
(1)

AUBERGES, AUBERGISTES.

DES VOLS
commis dans
les auberges.

« *Les vols commis DANS LES AUBERGES par*
» *quelques personnes que ce soit, autres que les*
» *maîtres, ne sont assujettis qu'à des peines*
» *correctionnelles.* »

Parce que, « les articles 13 et 15 du code pé-
» nal étant modifiés par la loi du 25 frimaire
» an VIII, ils ne peuvent plus être appliqués
» que dans les cas non prévus par cette loi plus
» récente. »

« *Que l'article 15 précité n'étend sa rigueur*
» *que sur les crimes commis par les maîtres des*
» *auberges, envers ceux qui y sont reçus, ou*
» *par ces derniers envers les maîtres ou les*
» *voyageurs qu'ils reçoivent.* » (2)

Voyez *au Traité de compétence*, nomb. 21
et 22.

AUDIENCES. (*)

Règles
générales.

1.º *Il est dé l'essence des tribunaux d'avoir*
la police de leurs audiences, et de faire justice
des délits qui peuvent s'y commettre.

---

(1) 18 *Pluv. an VII.* Cass. DURONCEROY. Jur. notice,
p. 200.

(2) 17 *Brum. an X.* Cass. MAURY. Bul. de la Cour, an
10, part. crim. p. 70.

(*) On sait qu'au palais on nomme audience le lieu,
ou la salle, où les juges écoutent publiquement les plai-
doiries des avocats, entendent les parties elles-mêmes
par leur bouche, dans les cas ordinaires, et enfin, où

Cette faculté leur fut donnée positivement par Règles génér. l'art. 15 de la déclaration du roi du 25 janvier 1692; elle fut renouvellée par l'article 4 de la loi du 28 février 1791, et par l'article 557 du code des délits et des peines, qui confèrent à tous les tribunaux le même droit, comme nécessaire au maintien du respect dû aux autorités constituées; les articles 88 et suivans du *code de procédure civile* contiennent les mêmes dispositions.

Ainsi « les tribunaux sont compétens pour la
» matière des injures lues ou proférées à leurs
» audiences, et pour les dommages intérêts en
» résultans. » (1)

D'où il suit que, « lorsqu'il s'agit de préten-
» dues injures proférées par un défenseur (ou
» avocat), en plaidant devant un tribunal de
» commerce (ou autre) et audience tenante;
» en décidant que c'est au tribunal même,
» témoin du fait, à en connaître, soit d'office,
» soit sur la plainte de la personne offensée,
» qui se trouverait présente, et que ce fait ne
» pourrait donner lieu ultérieurement à une
» action devant le tribunal de police; cette
» disposition ne présenterait point de contra-
» vention à la loi. » (2)

2.º *Aucun texte de loi ne défend aux tribu-* De police correction-
nelle.
» *naux de police correctionnelle de prononcer*

ï's prononcent aussi publiquement leurs décisions : que tenir audience, c'est y présider.

On trouvera dans le Traité de compétence qui précède, beaucoup de décisions relatives aux audiences.

(1) 3 *Brum. an* X. Rej. D... Jur. an 10, p. 80.

(2) 18 *Messid. an* XII. Cass. LECERF. Jour. du Pal. an 13, 1. s. p. 262.

» *la continuation d'une cause portée à leur au-*
» *dience.* »

Conséquemment un tribunal de police correctionnelle ne fournirait point motif à la réformation de son jugement, lorsqu'au lieu de le
prononcer aux termes de l'art. 184 de la loi
du 3 brumaire an IV, à l'audience qui a suivie immédiatement l'instruction de la cause,
il en renvoyerait la prononciation à une audience plus éloignée. (1)

AUDITION.

Terme de Palais qui se dit plus particulièrement dans ces deux phrases : *AUDITION DES
TÉMOINS ;* voyez *Témoins*, *Déclarations*, *Enquêtes et Informations; AUDITION DE COMPTES;*
voyez *Comptes*, *Reddition idem ;* et quelque
fois en ce troisième cas, quand on dit à sa
partie : n'est-il pas vrai que *telle chose* a été
dite ou faite ? voyez *Confrontation*, *Interroga-
toire sur faits et articles.*

AUTHENTICITÉ. AUTHENTIQUE. (*)

DES ACTES
*délivrés en
expédition.*

1.º *L'AUTHENTICITÉ d'un acte délivré en
expédition, par un notaire, ne peut être con-*

---

(1) 16 *Vent. an X.* Rej. JEAN. Jour. du Pal. an 10,
2. s. p. 17.

(*) *Authenticité*; qualité de ce qui est authentique.
En jurisprudence, *Authentique*, est ce qui est revêtu de
toutes les formes, et est attesté par des personnes publiques, et auquel on ajoute foi en justice. En termes de
droit, c'est un nom qu'on a donné aux Novelles de Jus-
tinien.

Voyez au mot *ACTES* les nombres 9, 10, 12, 16, 17
et 18; et le mot *EXPÉDITION.*

testée autrement que par l'inscription de faux; encore que la mention de son euregistrement soit suspectée.

En vain, soutiendrait-on : qu'un acte n'est pas authentique par le seul fait qu'il serait notarié ; mais, qu'il faudrait encore qu'il fut enregistré ; et dirait-on qu'à défaut d'enregistrement mentionné par transcription littérale de la quittance du receveur, il ne peut avoirle caractère d'authenticité; qu'il ne peut avoir d'autre force que celle d'un sous seings-privés : si, au lieu de le réduire à cette valeur les juges le considère comme authentique jusqu'à inscription de faux, il y a contravention à l'art. 8 de la loi du 19 décembre 1791, et aussi à l'édit de 1684, aux termes duquel c'est la voie de la vérification qu'il faut prendre, non la voie d'inscription de faux.

Il suffirait d'opposer à toutes ces allégations, « qu'en déclarant que jusqu'à l'inscription de » faux, foi doit être ajoutée » à l'expédition d'une quittance, ou autre acte, « les juges ne » contreviennent à aucune loi, mais se con- » forment comme ils le doivent, au principe, » qui veut que *l'on accorde à l'expédition déli-* » *vrée par le notaire qui a reçu l'acte en minute,* » *le même dégré de confiance et d'autorité qu'à* » *la minute elle-même,* encore qu'elle ne puisse » être représentée par la partie qui produit » l'expédition. »

En ce qui touche les autres vices, indiqués ci-dessus, qui seraient présentés comme moyens de cassation ; savoir,

« Le défaut de minute de ladite expédi- » tion dans l'étude du notaire, »

« Le défaut de mention dans le répertoire » par lui tenu. »

« Le défaut d'indication au bureau de l'en-
» registrement, que la prétendue minute ait
» été revêtue de cette formalité dans les dix
» jours de sa date. »

« Que la mention qui en est faite sur l'ex-
» pédition est dans une forme tout-à-fait in-
» solite, et par conséquent plus que suspecte. »

« Et qu'enfin cette expédition n'est pas
» dans la forme indiquée par les lois. »

On opposerait avec succès à tous ces moyens,
« qu'il suffit que le jugement attaqué réserve
» au demandeur en cassation l'inscription dont
» il s'agit... pour faire rejetter sa demande en
» cassation. » (1.)

AUTORISATION (*) *des communes.*

Des communes. **RÈGLES GÉNÉRALES.**

1.° « *L'AUTORISATION des communes par les*
» *corps administratifs, sur la délibération*
» *antérieure des conseils généraux, est indis-*
» *pensable pour qu'elles puissent poursuivre*
» *valablement leurs droits.* »

« C'est ce qui résulte des dispositions des ar-
» ticles 54 et 56 du décret du 14 décembre
» 1789. » (2) Car « les délibérations d'un con-

---

(1) 17 *Messid. an X.* Rej. *COULOMB.* Jur. an 10, p. 345.

(*) Terme de palais, action par laquelle on donne à
quelqu'un le droit ou la puissance de faire quelque
chose : concours ou jonction de l'autorité d'un tuteur,
ou d'un mari, ou d'un administrateur supérieur, dans
un acte passé par un mineur, ou par une femme en
puissance de mari, ou par un administrateur inférieur,
faute de quoi l'acte serait nul et ne pourrait avoir d'effet.

(2) 4 *Flor. an XIII.* Cass. *LABRIFFE.* Bul. de la Cour,
an 13, p. 301. —— 5 *Nivôse. idem.*

» seil général manquant de l'approbation de *Règles génér.*
» l'administration départementale ne peuvent
» être exécutées aux termes de la loi. » (1)

Il en est de même à l'égard des sections (des villages et hameaux) faisant partie des communes.

Parce que « la loi du 10 juin 1793, défini
» *commune* une société de citoyens unis par
» des relations locales, soit qu'elle forme une
» municipalité particulière, soit qu'elle fasse
» partie d'une autre. » (2)
Enfin « il suffit qu'en droit, les habitans d'un
» village puissent former une section de com-
» mune, pour que le droit de suivre les ac-
» tions qui intéressent cette section de com-
» mune, soit attribué au magistrat préposé à
» l'administration de ses biens. qui, lui-même,
» ne pourrait exercer ce droit sans une au-
» torisation légale : c'est ce qui résulte des ar-
» ticles 1.er et 2 de la section 1.er de la loi du
» 10 juin 1793, 1.er 2 et 3 de celle du 29 ven-
» démiaire an V. » (3)
« Ce n'est pas seulement pour leur intérêt
» que l'autorisation des communes est exigée;
» mais, c'est encore pour qu'elles ne tracas-
» sent pas sans raison, les particuliers; »

2.° « *L'autorisation* ACTUELLE (*) *ne peut* *Actuelle et*
ancienne.

---

(1) 8 *Frim. an XII.* Cass. ROCHAMBEAU. Bul. de la Cour, an 12, p. 68.

(2) 29 *Frim. an XII.* Cass. CROESER. Jour. du Pal. an 12, 1. s. p. 369.

(3) 10 *Niv. an XIII.* Cass. DEFOUGIÈRE. Bul. de la Cour, an 13, p. 122. — Jur. an 13, p. 246.

(*) *Actuelle,* pris comme synonime de présente; l'autorisation nécessaire présentement.

» *pas être remplacée par une autre donnée*
» *anciennement dans une instance périmée et*
» *fondée sur d'autres lois.* »

Par exemple, l'autorisation donnée à une commune, en 1706, par un ci-devant Intendant de province, ne pouvait plus servir à une commune, en l'an III, pour défendre à une demande en désistement des biens dont il avait été question en 1706, de la part des détenteurs desdits biens ou d'autres de même espèce. (1)

En fait d'actes conservatoires.

3.º *Les autorisations dont il s'agit, par les principes ci-dessus, ne sont point indispensables pour faire valablement des actes conservatoires.*

C'est-à-dire, que lorsqu'une commune a été condamnée en première instance, le maire de cette commune peut interjetter appel, du jugement de condamnation rendu à charge de la commune, encore qu'il ne soit pas autorisé à plaider sur cet appel au moment où il est interjetté : il suffit que cette autorisation lui soit accordée avant le jugement.

Parce que, « dans l'espèce, en appellant, le
» maire ne fait qu'un acte conservatoire ; que
» l'art. 3 de la loi du 19 vendémiaire an V, en
» défendant de suivre les actions, sans l'appro-
» bation de l'autorité administrative centrale,
» n'a pas défendu de faire des actes conser-
» vatoires, sans le concours de la même au-
» torité ; tandis que le système contraire pour-
» rait, dans certains cas, causer aux commu-

---

(1) 16 *Prair. an XII.* Cass. LENIERE *et* LAMOTTE. Bul. de la Cour, an 11, 291. —— *DATÉ du* 15 *id.* Jur. an 12, p. 280. —— *Id.* Jour. des Aud. an 12, p. 438.

» nes

» nes un préjudice irréparable... tel que celui
» de se trouver hors du délai dans lequel la
» loi aurait voulu que l'appel fut interjetté. »
(1) Voyez *Commune.*

4.º *En fait de réclamation de biens commu-*
naux usurpés sur des communes.

    « Les communes n'ayant pas obtenu d'au-
» torisation de l'administration centrale, pour
» procéder devant des arbitres, les jugemens
» arbitraux par elle obtenus sont nuls ; » (2)
parce « qu'elles n'ont jamais pu *ester* (*) en
» justice, ni par conséquent investir les arbi-
» tres d'un pouvoir légal ; »

    « Toute transaction homologuée par les ar-
» bitres forcés, mise à la suite de ces juge-
» mens, en ferait évidemment partie, puis-
» qu'elle serait contenue sous le même con-
» texte, ce qui ferait qu'elle serait infectée
» du même vice. » (3)

5.º *Pour la défense des mêmes actions dans*
l'intérêt des communes.

    « Les Procureurs-Syndics de district (en
» 1793), étaient sans pouvoir et sans qualité
» pour représenter les Procureurs-Généraux

En fait de revendication

En 1793, etc.
Procureurs-Syndic de district.

---

(1) 24 *Brum. Messid. an XIV.* Cass. *Commune de Vic,*
Jur. an 14 et 1806. p. 88.

(2) 17 et 18 *Therm. an XIII*, Cass. BAVIÈRE. Bul. de la
Cour, an 13, p. 397.

(*) *Ester,* c'est comparaître en jugement soit en demandant, soit en défendant, ou constituer procureur pour
intenter ou défendre une action.

(3) 26 *Mess. an XIII.* Cass. CHAVAUDON. Bul. de la
Cour, an 13, p. 376.

II.ᵉ Vol.   T

» des départemens , lorsque ceux-ci n'étaient
» pas autorisés par les administrations de dé-
» partemens à défendre aux actions intentées
» contre les communes ; et tout ce qui aurait
» été fait (dans l'espèce) par le Procureur-
» Syndic d'un district , et par les arbitres qu'il
» se serait ingéré de nommer de son chef, se-
» rait nul ; » d'où il suit que la sentence , rendue par lesdits arbitres, en l'an II , par suite de
cette nomination illégale , aurait pu être cassée
en l'an XIII , même « dans le seul intérêt de
» la loi. » (1)

Motifs de cassation.

6.º *Pour obtenir la cassation des jugemens arbitraux rendus sans autorisation* , dans l'espèce dont il s'agit :

« Il suffit que ces jugemens ne fassent au-
» cune mention de cette autorisation , lors-
» que les demandeurs en cassation affirment
» qu'elle n'a pas eu lieu et que cette affirma-
» tion n'est point contestée par les commu-
» nes. » (2)

A l'égard des administra-teurs des hospices.

7.º *L'autorisation des préposés du gouverne-ment est nécessaire aux administrateurs des hospices pour intenter ou soutenir des procès.*

« Aucune loi en vigueur n'empêche les ad-
» ministrateurs des biens appartenans aux
» hospices de poursuivre et défendre devant
» les tribunaux , les actions résultantes des
» propriétés des hospices , mais avec autorisa-

---

(1) 8 *Pluv.* '*an XIII.* Cass. d'office. Bul. de la Cour,
an 13, p. 161. — Jur. an 13 , p. 220.

(2) 3 *Brum. an XII.* Cass. BOROGER. Bul. de la Cour,
an 12, p. 35. — Jour. du Pal. an 12, 1. s. p. 262. —
6 *Niv.* Bul. de la Cour, id. p. 108.

» tion préalable de l'autorité administrative,
» dans les formes prescrites par la loi du 29
» vendémiaire an V. » (1) Voyez *Hospices.*

AUTORISATION *des femmes mariées.*

« En droit, une femme mariée ne peut
» s'engager à titre gratuit ou onéreux, ni ac-
» cepter une succession (ni comparaître en
» justice) sans l'autorisation de son mari ou
» de la justice. »
« En cas d'absence du mari, la femme doit
» s'addresser au juge, qui, en connaissance
» de cause, l'autorise à contracter. »

1.° *L'AUTORISATION de la justice, (de ces* A l'égard des
principes il résulte que) est indispensable, même   *femmes*
aux femmes d'émigrés, lorsqu'elle veulent s'en- *d'émigrés.*
gager.

Parce que « l'émigration proprement dite,
» de la part du mari, n'emporte point avec
» elle, *de plein droit,* la dissolution du ma-
» riage, . . . puisque tant que le divorce n'est
» pas prononcé, le mariage subsiste, et ce,
» nonobstant *la mort civile* attachée à l'émi-
» gration, par la loi du 28 mars 1793. »
« D'où il suit, que la femme d'un émigré
» doit recourir à l'autorisation de la justice
» pour tous les actes tendant à l'aliénation
» de ses biens, (et dans tous les cas où celle
» du mari serait nécessaire): telle a été la
» jurisprudence depuis les lois rendues sur
» l'émigration ; auquel n'a point dérogé le sé-

---

(1) 22 *Pluv. an XIII.* Rej. *Administ. de l'hospice de
Chantilly.* Jour. du Pal. an 13, 2. s, p. 369.

T

» natus consulte du 6 floréal an X, qui cons-
» titue le dernier état de la législation sur
» les émigrés. » (1) . . . .

En fait de demande en divorce.

2.º *L'autorisation du mari n'est point nécessaire à la femme pour intenter une demande
en divorce, pour cause déterminée.*

Parce que « le code civil, en prescrivant des
» formes à suivre, pour la demande en di-
» vorce pour cause déterminée, n'y a pas
» compris celle de l'autorisation préalable de
» la femme; que le mode des formalités qu'il
» a spécialement choisi pour cette demande
» exclut même cette autorisation. » (2) *Voy.
Divorce.*

Loi de 1792.

De même, « les deux lois du 20 septembre
» 1792, en permettant le divorce, et en pres-
» crivant le mode de le constater, mettaient
» le mari et la femme sur la même ligne,
» sous le titre *d'époux*, de *conjoint demandeur*,
» ou *conjoint défendeur*, sans assujettir l'un
» plus que l'autre à aucune formalité d'auto-
» risation. » (3)

Du défaut d'autorisa-tion.
Code civil.

3.º *Le défaut d'autorisation du mari ne peut
être opposé que par la femme, par le mari ou
par leurs héritiers :* c'est la disposition de l'art.
225 du code civil, appliqué par la cour suprême le 29 prairial an XII.

---

(1) 4 *Fruct. an XII.* ROHAN-GUEMENÉE. Jour. du Pal.
an 13, Coll. p. 91.

(2) 25 *Germ. an XIII.* Rej. LACOSTE. Jur. an 13, 33.
—— Jour. du Pal. an 14, 1. s. p. 33.

(3) 9 *Frim. an XI.* Rej. DANVILLE. Jour. du Pal. an
11, 1. s. p. 241.

4.º *L'autorisation d'un second mari à sa femme, pour ester en jugement dans une instance commencée pendant le veuvage, peut être fournie après la reprise de l'instance.*

La cour, sur une semblable contestation, a prononcé : « vû l'art. 215 du code civil, por- » tant que *la femme ne peut ester en juge-* » *ment sans l'autorisation de son mari;* or- » donne que dans un mois, *la partie* justi- » fiera de l'autorisation de son mari, si non » qu'il, sera fait droit, ainsi qu'il appartien- » dra, dépens réservés. » (1)

5.º *Le défaut d'autorisation de la femme, séparée de biens et marchande publique, qui a été admise à plaider, devant les premiers juges, n'empêche point qu'elle ne puisse se pourvoir en cassation.*

« La cour, s'il ne parait pas que *la deman-* » *deresse* soit autorisée par son mari à ester » en jugement au tribunal de cassation, or- » donne, avant faire droit, qu'elle rapportera » l'autorisation de son mari, ou à son refus, » celle du tribunal civil de l'arrondissement » de son domicile, pour, après le rapport de » cette autorisation, être statué ce qu'il ap- » partiendra. » (2)

6.º *Le défaut d'autorisation de la femme avant l'introduction d'une demande en sépara-tion de corps, n'opère point une fin de non-recevoir irréparable:*

---

(1) 20 *Therm. an XII. Esquirol. femme* THIL. Jour. des Aud. an 12, p. 586.

(2) 21 *Germ. an XII.* Rej. CASTAING. Jour. des Aud. an 12, p. 343. — *Daté du* 16 *Prair.* Bul. de la Cour, an 13, p. 323.

C'est-à-dire, que l'autorisation obtenue par justice pendant le cours de l'instance est suffisante et régulière.

Parce « qu'en droit, il n'est d'aucune im-
» portance que cette autorisation ne soit ac--
» cordée que postérieurement à la demande. »
(1)

En cas de divorce.

7.º *L'autorisation donnée à une femme divorcée, par la présence de son ci - devant mari en jugement, ne serait point un moyen de nullité.*

En d'autres termes, peu importe, pour la validité du jugement, que la femme ainsi assistée de celui qu'elle dit être son mari soit divorcée ou non ;

Car « si elle est véritablement l'épouse de
» celui qui l'assiste en jugement, elle est va-
» lablement assistée et autorisée de son mari ;
» et si elle en est divorcée, cette personne est
» seulement surabondante. » (2)

En fait de biens paraphernaux.

8.º *L'autorisation donnée par le mari à sa femme, relativement à un procès sur des biens dont il n'a pas l'administration, ne peut le faire condamner légitimement aux dépens du procès.*

Parce que « la disposition de la loi qui assu-
» jettit à la condamnation aux dépens toute
» partie qui succombe, ne peut être appliquée
» qu'aux personnes qui sont véritablement par-
» ties, et nullement à des maris appellés uni-
» quement pour autoriser leurs femmes, sur-

----

(1) 13 *Brum. an XIV.* Après un long délibéré. Rej.
Royer. Jur. an 14 et 1806, p. 111. —— Jour. du Pal. an
1806, t. s. p. 180.

(2) 11 *Messid. an X.* Rej. Leroy Jour. du Pal. an 11,
t. s. p. 73.

» tout lorsqu'il s'agit de biens paraphernaux,
» (*) à l'égard desquels les femmes sont in-
» dépendantes de leurs maris. » (1)

AUTORISATION. *En matière criminelle.*

1.º *L'AUTORISATION préalable de l'autorité* *A l'égard des juges mis en jugement.*
compétente est indispensable pour la mise en
jugement d'un juge accusé de crime, dans l'exercice de ses fonctions.

« D'après la disposition de l'art. 80 de la loi
» du 27 ventôse an VIII, lequel n'est qu'un
» développement et le mode d'exécution de
» l'art. 74 de la constitution, les juges ne peu-
» vent, pour les délits relatifs à leurs fonc-
» tions, être *poursuivis* et *jugés* que dans la
» forme qui est déterminée par cette loi;
» ainsi, un assesseur de juge de paix, (un
» juge de paix ou son suppléant depuis la sup-
» pression des assesseurs) prévenu d'avoir par-
» ticipé à un faux, ne peut, à raison de ce
» délit, être mis en jugement qu'après *l'au-*
» *torisation* résultante de l'accusation admise
» par la Cour de Cassation. »

D'où il suit « qu'une cour spéciale mixte
» ne pourrait se déclarer compétente pour
» instruire et juger, *avant cette autorisation,*
» sans une contravention formelle à la loi ci-
» dessus citée, et sans excéder ses pouvoirs. »
(2)

(*) Que la femme s'est retenus, en se mariant, pour
en disposer à sa volonté; qui ne font point partie de la
communauté ni de la dot: c'est proprement le pécul
des femmes. Voyez *art.* 1576 *du code civil.*

(1) 24 *Vend. an VII.* Cass. BOURSE. Jur. notice, p. 170.

(2) 28 *Brum. an XI.* Cass. d'office. Bul. de la Cour,
an 11 , part. crim. p. 69.

A l'égard des administra- teurs, dans l'exercice de leurs fonc- tions.

2.° *L'autorisation du Gouvernement est né- cessaire pour la mise en jugement des admi- nistrateurs*, même dans le cas où le délit qui leur est imputé est antérieur à la publication de la constitution.

Parce que « la garantie donnée aux agens
» du Gouvernement est une disposition d'or-
» dre et d'intérêt public qui, comme toutes
» les formes de procéder nouvellement intro-
» duite, doit recevoir son exécution, lorsque
» l'état de l'affaire le comporte encore, quel-
» que soit l'époque du fait pouvant donner
» lieu à une action. » (1)

Ainsi, « les injures verbales, imputées à un
» citoyen exerçant dans le moment les fonc-
» tions de directeur du scrutin, et comme
» débitées à des citoyens qui allaient chez lui
» pour y voter ; ne peuvent donner lieu à la
» traduction de ce citoyen , sans autorisation
» préalable du Gouvernement, devant un tri-
» bunal de police. » (2)

3.° *Il en est de même d'un maire intervenant et prenant fait et cause* des ouvriers auxquels il a donné l'ordre de démolir une digue ser- vant à des communes voisines ;

« Le réjet, *prononcé par le tribunal de police,*
» avant toute autorisation préalable, de l'in-
» tervention, et de l'exception déclinatoire de
» ce maire, agissant comme agent du Gou-
» vernement, chef de la police, serait une

---

(1) 19 *Pluv. an XII.* Cass. *WIPERFURT.* Bul. de la Cour, an 12, part. crim. p. 100.

(2) 3 *Niv. an XI.* Cass. Cass. d'office Bul. de la Cour, an 11, part. crim. p. 101.

» violation de l'art. 75 de la constitution et
» de la loi du 16 frimaire an III. » (1)

4.° *L'ex secrétaire d'une municipalité ou un percepteur des contributions ne pourrait pas être poursuivi sans autorisation préalable ;*
« Pour le faux qu'il serait prévenu d'avoir
» commis dans l'exercice de ses fonctions, en
» vertu d'une dénonciation portée dans l'ar-
» rêté d'un Sous-Préfet, à qui le pouvoir d'ac-
» corder pareille autorisation n'a pas été dé-
» légué. » (2)

5.° *Un préposé aux douanes ne peut non plus être poursuivi, sans autorisation préalable,* pour « le délit à lui imputé dans l'exercice de
» ses fonctions : même dans le cas où ce délit
» aurait été commis avant la promulgation
» de la constitution dans le département où
» les poursuites seraient exercées postérieu-
» rement à cette promulgation. » (3)

Préposés des douanes.

AUTORITÉS. (*)

L'*AUTORITÉ administrative* et le *pouvoir judiciaire* sont les autorités avec lesquelles les habitans d'un pays sont journellement en relation.

----

(1) 29 *Pluv. an XI.* Cass. d'office. Bul. de la Cour, an 11, part. crim. p. 161.

(2) 9 *Niv. an XII.* Cass..., Bul. de la Cour, an 12, part. crim. p. 78. — 14 *Niv. id.* p. 80. — 12 *Frim. an XI.* Cass. *Joly.* Jour. du Pal. an 11 ; 1. s. p. 321.

(3) Voyez la note, (1) 19 *Pluv. an XII*, page précéd.

(*) Droit de commander et de se faire obéir ; on trouve dans ce mot le droit d'administration civile ou politique,

L'assemblée constituante de France, dans la vue d'empêcher les empiétemens de ces deux juridictions, s'occuppa, dès le principe du nouvel ordre de choses qu'elle allait établir, de fixer une ligne de démarcation entre les autorités administratives et le pouvoir judiciaire.

Il serait superflu de donner ici des détails sur les attributions et la compétence de ces autorités, lesquelles sont établies dans le cours dé cet ouvrage, et dans l'ordre de matières le plus convenable ; c'est pourquoi, à l'égard des autorités administratives, nous renvoyons le lecteur aux mots indicatifs des matières sur lesquelles il désirera des renseignemens, et principalement au Traité de Compétence, nomb. 44 à 64 ; aux mots : *Acquéreurs*, nomb. 5 ; *Actes*, nomb. 2, 19 à 26 ; *Adjudicataires*, nomb. 3 ; *Adjudication*, nomb. 10 ; *Administrateurs* en entier ; *Affaires*, nomb. 5 ; *Agens*, nomb. 1 et 2 ; *Arrêtés* en entier ; *Conflit*, &c.

L'autorité ne se confère en France que par la loi, ou par le prince, au nom de la loi, d'après l'autorité qu'elle lui a confiée. On dit les autorités constituées, pour dire les différens corps qui ont reçus leurs pouvoirs des lois constitutionnelles de l'état ; ces corps sont ou *administratifs* ou *judiciaires* ; nous ne les désignerons point ici, les relations journalières les faisant assez connaître à toutes les personnes auxquelles ce Dictionnaire est destiné ;

Au palais, on nomme autorités ; les *lois*, les *décrets*, les *ordonnances*, les *jugemens* et les sentimens des docteurs, qui servent à prouver et autoriser ce que l'on y dit. *Voyez ces mots.*

BAIL.

1.º *En fait de* BAIL D'USUFRUIT*, et pour distinguer si le contrat est un contrat de vente, ou un contrat de bail à rente, ou un contrat mixte, qui soit partie vente et partie bail à rente;* RÈGLES GÉNÉRALES, D'un usufruit.

On doit dire : « un des caractères distinc-
» tifs du bail à rente est l'aliénation d'un
» droit réel, pour le prix d'une rente, avec
» obligation de la chose aliénée, par pri-
» vilège, au paiement de la rente. »

« L'usufruit est un droit réel immobilier,
» susceptible d'être baillé à rente. » (*)

Et si, « dans les dispositions particulières de
» ce contrat, on remarque que le prix de l'usu-
» fruit aliéné pour la vie de l'acquéreur, est
» de deux espèces, une partie de ce prix con-
» sistant dans une somme d'argent une fois
» payée, et l'autre partie consistant dans une
» rente annuelle, à payer par l'acquéreur,
» autant que son existence prolongera la durée
» de l'usufruit par lui acquis, »

On doit en conclure qu'un semblable contrat
est, *dit M. MERLIN,* un contrat de bail à rente
et une vente ; ou ce qui revient au même, un
bail à rente avec des deniers d'entrée ; si
l'usufruit cédé, dès 1788, contient des immeubles et un droit de chasse, aboli par la

____

(*) Voyez POTHIER, contrat de rente à bail, numéros
6 et 7. — LOISEAU, du déguerpissement, Liv. I. chap. 5,
numéros 14 et 16.

Voyez ci-après *Congément.*

loi du 4 août 1789, il s'ensuit que la rente stipulée est devenue réductible par la suppression du droit de chasse qui faisait partie de l'usufruit, et qu'on peut justement appliquer à ce contrat l'article 38 du titre 2 de la loi du 15 mars 1790.

« En effet, les juges ne contreviendraient
» à aucune loi, en jugeant ce contrat comme
» étant en partie bail à rente; et par suite ne
» feraient point une fausse application de
» l'art 38 précité; » (1) *Voyez* aux mots
Redevances, Rentes et *Usufruit.*

EMPHITÉO-
TIQUE.
Lois romaines

2.° *Le* BAIL *d'un héritage fait pour vingt-neuf années, avec clause que le preneur ne pourrait être expulsé, dans le cas où le bailleur vendrait ou échangerait cet héritage; n'a pu être considéré, aux termes des lois romaines, comme bail emphitéotique.*

Car, en principe, « des lois au code DE JURE
» EMPHITEUTICO, et de la loi 12 au code
» DE FEUDIS PATRIMONIALIBUS EMPHITEUTI-
» CIS, qui déterminent les caractères et les
» effets du bail emphitéotique, il résulte que
» ce bail est l'aliénation du domaine *utile*
» avec réserve de la *directe* (*), et que l'em-
» phitéote devient propriétaire du fonds,
» EMPHITEUTICARII FEUDORUM DOMINI; »

---

(1) 26 *Pluv. an XI.* Rej. GOUTTARD. Jour. du Pal. an 12, Coll. p. 145.

(*) *Utile*, terme de jurisprudence, les revenus d'une terre, d'un domaine, par opposition à la directe.

Directe, c'est-à-dire duquel relevait immédiatement certaines terres, certains héritages; on disait: cette terre est de la directe de *tel* seigneur, c'est à lui qu'il faut payer les droits de lots et vente.

Or, dans l'espèce, « l'acte portant bail
» n'est point translatif de propriété; il ne
» contient qu'une cession de jouissance; la
» clause de cet acte, où il est stipulé que le
» *bailleur* venant à vendre, échanger ou au-
» trement aliéner, le *preneur* ne pourrait être
» expulsé des biens donnés à bail, exclut toute
» idée d'aliénation en faveur du *preneur*, et
» prouve que le *bailleur* est resté proprié-
» taire: d'où il suit que cet acte ne présente
» que les caractères d'un bail à ferme, et
» non d'un bail emphitéotique. » (1)

3.º *Le* BAIL *prétendu* EMPHITÉOTIQUE *d'une*
partie quelconque d'un domaine féodal, n'est
point, dit M.ʳ MERLIN, *une emphitéose pro-*
prement dite, mais un véritable bail-à-cens;
seule voie par laquelle un seigneur pouvait
concéder la partie utile de son fief, et s'en réserver la propriété directe.

D'un domaine
féodal.

Si le prétendu bail emphitéotique a eu pour
objet la concession d'un moulin, dans la ci-
devant Alsace, et du cours d'eau servant à
le faire tourner; en le considérant comme
bail à rente, c'est un bail à rente qui contient à-la-fois et un droit seigneurial maintenant aboli, et une propriété foncière; par
cela même, la rente constituée par ce bail
se trouve dénuée de cause, en tant qu'elle
est représentative du droit de cours d'eau,
et, sous ce rapport, elle est abolie sans indemnité.

« Il suit de ces différens faits, que les ju-
» ges peuvent considérer la redevance, *conte-*
» *nue audit bail*, comme féodale; et pronon-

----

(1) 23 *Niv. an* VII. Cass. ROBELIN. Jur. notice, p. 190.

» cer son abolition en ce qui touche la va-
» leur qu'elle prend du cours d'eau servant
» au moulin, sans contrevenir aux lois sur
» l'abolition des rentes et droits féodaux. »
(1)

Car « l'article 2 de la loi du 15 mars 1790,
» introductif d'un droit nouveau, embrasse
» indistinctement toutes espèces de baux à
» rentes. » (2) *V. Rentes supprimées, Banna-*
lité nomb. 2. et *Abolition* nomb. 1.er

DE L'EFFET
DU BAIL.

Il détermine
la valeur
de l'objet.

4.° *Un* BAIL *est susceptible de divers effets.*
Le prix d'un bail authentique est suffisant
pour déterminer la valeur de l'immeuble donné
à bail.

C'est-à-dire, que la régie de l'enregistrement peut prouver l'insuffisance d'une déclaration de biens, par le rapport du bail de
ces biens : sans que les juges puissent renvoyer la régie à requérir l'expertise indiquée
par l'article 19 de la loi du 22 frimaire an VII.

Parce que « la loi citée n'admet l'expertise
» qu'à défaut d'actes qui puissent faire connaî-
» tre le véritable revenu des biens; et que dans
» l'espèce, ce véritable revenu est *suffisam-*
» *ment* constaté par un bail authentique. » (3)

Conservation
de l'usufruit.
Expropr^{on}
du bailleur.

5.° *Un* BAIL *authentique conserve au loca-*
taire la jouissance du bien donné à bail nonobs-
tant l'adjudication de ce bien, par voie d'ex-
propriation forcée.

---

(1) 12 *Vent. an XII.* Rej. ANTHÈS. Jour. des Aud.
an 12, p. 277.

(2) 7 *Vent. an XII.* Cass. SALESSES. Jour. du Pal. an
12, 2. s. p. 337

(3) 7 *Germ. an XII.* Cass. *Régie de l'enregist.* Bul. de
la Cour, an 12, p. 213.

C'est-à-dire, que l'adjudicataire ne peut obtenir la résiliation de ce bail, « qu'en rem-
» plissant, en qualité d'acquéreur à titre sin-
» gulier, les conditions prescrites par la loi,
» pour parvenir à la résiliation des baux de
» plus de six années. » (1) *V. Adjudicataire,*
nomb. 2; *Acquéreur,* nomb. 4, et *Expropriation forcée.*

6.º *Le bail à rente, à charge d'acquitter les vingtièmes auxquels les biens arrentés pour- raient être imposés, en sus de la rente, rend le preneur passible de l'impôt foncier.*

En vain dirait-il : que ne s'étant pas nomi- nativement obligé par son bail à l'acquittement de l'impôt foncier, il ne pourrait y être forcé, parce que cet impôt ne pourrait représenter les vingtièmes stipulés dans le bail.

On lui répondrait : « la clause de votre bail
» annonce clairement l'intention convention-
» nelle des parties, que les contributions pu-
» bliques fussent à la charge exclusive du pre-
« neur, en sus de la rente : et cette clause
» équivaut à celle par laquelle vous vous seriez
» obligé de prendre à votre compte seul le
» paiement de l'impôt foncier. » (2) Voyez
Contributions.

7.º « *Le bail à ferme passé en* 1773, *à charge*
» *par le preneur, de laisser à sa sortie pour la*
» *somme de* 1100 *liv. de bestiaux gros et me-*
» *nus, et charrettes,* est obligatoire pour ses

---

(1) 7 *Messid. an XII.* Cass. Dardenne. Jour. des Aud. an 12, p. 460. —— Jour. des Aud. an 12, Coll. p. 443.

(7) 29 *Vend. an XIV.* Cass. Henrep. Bul. de la Cour, an 14, p. 462.

» successeurs aux mêmes obligations (contrac-
» tées pendant les assignats) lesquels doivent
» laisser à la fin du dernier bail, des bestiaux et
» charrettes jusqu'à concurrence de la somme
» de 1100ᵗ, valeur métallique,» sans réduction
pour le temps de l'existence du papier monnaie.

« En jugeant, au contraire, qu'il ne devait
» laisser, lors de sa sortie, les mêmes objets
» que relativement à la valeur réduite en nu-
» méraire qu'ils avaient en assignats à l'époque
» de son entrée dans ladite ferme, les juges
» feraient une fausse application de l'article 2
» de la loi du 2 Thermidor an VI, et contre-
» viendraient formellement à l'article 5 précé-
» dant. » (1) *V. Cheptel.*

8.º *Le bail est résolu par la vente, du bien
loué, au fermier lui-même.*

D'où il suit, que s'il s'agit d'un bien national acquis par le fermier, la régie des domaines n'a eu que cinq ans (aux termes de l'ordonnance de 1629, comme par l'art. 2277 du
code civil), pour réclamer les fermages échus
avant la vente.

En effet, « l'article 142 de l'ordonnance de
» 1629, relatif à la prescription de cinq ans,
» des prix des baux à ferme, a été reçu comme
» loi dans le ressort du ci-devant parlement de
» Paris. »

« Le bail à ferme cesse par la vente du do-
» maine affermé au fermier lui-même. »

Ainsi, dans l'espèce, « les arrérages échus
» à l'époque de la vente n'étant réclamés qu'a-
» près les cinq ans, la prescription prémen-

____

(1) 29 *Prair. an XIII.* Cass. *Dupin.* Bul. de la Cour,
an 13, p. 343.

» tionnée ;

» tionnée, peut être valablement opposée. »
(1) V. *Fermage* et *Prescription.*

9.º *Le bail, même emphitéotique, est aussi* Par le déguer-
pissement.
résolu par le déguerpissement du fermier.

C'est-à-dire « que si le fermier est obéré, et
» assigné en vertu d'une des clauses de son
» bail *pour entendre dire que le propriétaire*
» *reprendra les biens loués*, eu égard au dé-
» faut absolu de paiement; et qu'il prenne
» le parti d'abandonner lesdits biens : au
» moyen de ce déguerpissement, il reconnaît
» la justice de l'assignation; et si ce déguer-
» pissement est suivi d'une possession publi-
» que et paisible du propriétaire ou d'un nou-
» veau fermier; les juges en faisant revivre,
» en faveur de celui qui a déguerpi, le bail
» dont il s'agit, violeraient les lois des con-
» ventions. » (2) V. *Déguerpissement, Pacte
commissoire.*

BANNALITÉS. (*)

1.º *Les* BANNALITÉS *établies entre les com-* Rachetables.
*munes et des particuliers nonseigneurs sont
demeurées rachetables.*

______

(1) 13 *Germ. an XII.* Rej. *Régie de l'enregistr.* Jour.
des Aud. an 12. p. 417. —— Jour. du Pal. an 12, 2. s. p.
421.

(2) 1.ᵉʳ *Therm. an XII.* Cass. THEVENON. Jour du Pal.
an 12, Coll. p. 320.

(*) *Bannalités*, droit des ci-devant seigneurs d'avoir
un moulin, un pressoir, un taureau bannal, et de con-
traindre leurs vassaux à s'en servir à l'exclusion de tous
autres. Ce droit tyrannique n'était pas plus ancien que
le 10.ᵉ siècle.

II.ᵉ *Vol.*   V

En effet, « si l'article 5 de la loi du 25 août
» 1792, paraît supprimer sans indemnité tou-
» tes les bannalités déclarées rachétables par
» l'art. 24 suivant, il est évident que cet arti-
» cle 5 n'a réellement entendu supprimer de
» ces bannalités que celles seigneuriales, dont
» parlent les n.º 2 et 3 de l'article 25, et non
» celles du n.º 1.ᵉʳ, fondées sur des conven-
» tions entre des particuliers non seigneurs
» et des communes ; puisque cet art. 5 ne pro-
» nonce de suppression sans indemnité que
» d'objets vraiement seigneuriaux. » (1)

De sa suppression. 2.º *La suppression de la bannalité n'a point entraîné celle des rentes ayant pour objet des concessions de fonds.*

Mais, si « outre les propriétés foncières et
» dépendantes d'un moulin bannal, le bail a
» pour objet le droit de bannalité, supprimé
» par les lois nouvelles, le preneur est fondé
» à demander la réduction des redevances,
» aux termes de l'art. 38 du titre 2 de la loi du
» 15 mars 1790. » (2) *V. Redevances.*

BANQUE. Voyez, *Société.*

BANQUEROUTES. (*) *Mat. civile.*

De ceux qui les favorisent. 1.º *Les BANQUEROUTES donnent lieu à des condamnations civiles contre ceux qui les fa-vorisent.*

---

(1) 7 *Frim. an XIII.* Cass. *BACHELU.* Jour. des Aud.
an 13, p. 123. — Bul. de la Cour, an 13, p. 55.

(2) 7 *Vent. an XII.* Cass. *SALESSES.* Jur. an 12, p. 236.
Jour. du Pal. an 12, 2. s. p. 337. — Bul. de la Cour,
an 12, p. 185.

(*) *Banqueroute*, c'est l'état d'un négociant qui man-

Par exemple, « s'il est constant en fait qu'une
» personne ait transporté des magasins d'un
» banqueroutier dans les siens, des marchan-
» dises qui étaient le gage des créanciers de
» ce banqueroutier, sans que la quantité et
» la valeur en eussent été réglées par aucun
» acte; les juges peuvent décider en droit
» que cette personne est au moins civilement
» responsable de ce qui est dû aux créanciers
» du banqueroutier. » (1)

BANQUEROUTE.   *Matière criminelle.*

1.° *La banqueroute frauduleuse est suffisamment caractérisée:*
Lorsque des faits établis « il résulte que le
» failli a supposé dans différens bilans des
» créances non existantes, lorsqu'il a soustrait
» des pièces, et brisé les scelles apposés sur
» ses effets, ce qui constitue le délit de ban-
» queroute frauduleuse. » (2)

2.° *La banqueroute frauduleuse a*, dit M.ᵣ
MERLIN, *comme tous les autres crimes, deux
époques ; la première, lorsque l'exécution commence, la seconde lorsque l'exécution se con-
somme.*
L'exécution commence par la soustraction

---

que de payer ses créanciers, par sa propre volonté. Celui
que des malheurs ont réduit à cet état, n'est point considéré comme banqueroutier, mais seulement comme *failli.*
Voyez *failite.*

(1) 13 *Prair. an XII.* Cass, CALENGE. Bul. de la Cour,
an 12, part. crim. p. 213.

(2) 26 *Vent. an XI.* Cass. d'office. Bul. de la Cour, an
11, part. crim. p. 184.

V 2

Tentative. des effets, des papiers du débiteur; par la fabrication de faux registres.

Elle s'accomplit par la déclaration du débiteur, qu'il est dans l'impossibilité d'acquitter ses dettes, ou par sa fuite: et de ce qu'il
n'aurait pas pu accomplir la banqueroute à
raison de circonstances indépendantes de sa
volonté, il n'en résulte pas moins qu'il y aurait eu délit, tentative de crime punissable,
comme la tentation de vol, de meurtre, &c.

« S'il y a eu divertissement des effets *d'un*
» *commerçant*, dans le dessein de faire une
» banqueroute frauduleuse, et qu'il soit con-
» vaincu de ce divertissement, il en résulte
» qu'il a manifesté une tentative de faire une
» banqueroute frauduleuse. »

« La banqueroute frauduleuse étant un
» délit, et la loi du 22 prairial an IV, ne fai-
» sant point d'exception relativement à ce
» délit, la question de tentative peut être
» posée et répondue par les jurés. »

Or « si les jurés décident que les accusés
» ont diverti les effets, il en résulte qu'ils
» ont manifesté la tentative de banqueroute
» frauduleuse par des actes extérieurs; dès-
» lors le vœu de la loi est rempli, et la con-
» damnation qui en est la suite est justement
» prononcée. » (1) *V.* au mot *Questions.*

Précédée   3.º *Sur le fait de banqueroute frauduleuse*
d'escroquerie. (*l'acquittement du prévenu*) *n'empêche point
qu'il ne puisse être poursuivi pour les escroque-
ries qu'il aurait faites pour préparer sa banqueroute.*

------

(1) 26 *Messid. an VIII.* Rej. Forêts *et consorts.* Jur,
notice, p. 306.

Par exemple, celui qui, pour s'approprier le crédit d'une personne portant le même nom, signe des billets, les fait négocier comme venant de cette personne, et abuse par ce moyen de la crédulité des négocians;

S'il est mis en jugement pour le fait de banqueroute frauduleuse, arrivé depuis l'escroquerie, mais poursuivi dans le même temps; il peut, après la déclaration négative du jury être poursuivi de nouveau pour le fait de l'escroquerie.

En effet, « ces deux délits sont bien distincts l'un de l'autre, et par les faits, et par » les caractères qui leur sont propres. » *Voy. ci-devant* nomb. 1.

Or, « le directeur du jury ayant eu soin » de distinguer ces deux délits par les caractè- » res qui leur sont propres, et d'ordonner que » celui de faillite frauduleuse soit présenté à » un jury spécial d'accusation; pour qu'ensuite » du procès criminel, le prévenu soit traduit » à la police correctionnelle, pour y être jugé » sur l'autre délit, résultant du dol et de » l'escroquerie; »

Il en résulterait « que, le jury consulté » sur le délit de banqueroute, qui ferait seul » l'objet de l'acte d'accusation, ne pourrait » prononcer sur un délit qui ne lui serait pas » présenté, et qui serait hors de ses attribu- » tions; d'autant moins qu'il verrait dans l'or- » donnance qui fixerait exclusivement sa com- » pétence, la réserve expressément portée, » quant au délit d'escroquerie. »

Enfin, si le prévenu disait: « les sommes » provenant des billets en question étant por- » tées dans mon bilan, il en résulte qu'elles » font un élément de ma banqueroute; étant

» acquitté sur ce fait, je le suis également
» sur toutes les circonstances de fraude qu'il
» pouvait présenter. »

On lui répondrait : « votre système se trouve
» dans une opposition directe avec les faits
» littéralement énoncés dans la plainte et dans
» les autres actes de la procédure ; »

Les juges criminels qui « conformément à
» ce système annulleraient le jugement cor-
» rectionnel, ensemble l'ordonnance du di-
» recteur du jury, et vous mettraient hors
» de cause, feraient en cela une fausse appli-
» cation de l'article 255 du code de brumaire
» an IV, et commettraient un excès de pou-
» voir. « (*)

Complice. 4.° « *La prévention d'être auteur ou complice*
» *d'une banqueroute frauduleuse, conséquem-*
» *ment d'un délit emportant peine afflictive,* »
ne permet pas la mise en liberté du prévenu,
sous caution.

En effet « dans l'espèce le directeur du jury
» ne peut, sans contrevenir aux dispositions
» de l'article 222 du code des délits et des
» peines, et sans usurpation de pouvoir, ren-
» voyer le prévenu à caution et le mettre
» provisoirement en liberté. » (1)

BANS. (**)

Le BAN des vendanges est valablement réglé par les conseils municipaux des communes ;

(*) *Voyez* la note (2) p. 307.

(1) 17 *Pluv. an* X. Cass. d'office, Bul. de la Cour, an
10, part. crim. p. 206.

(**) *Bans* ou *Banni,* étaient anciennement des gouet ceux qui enfreignent leurs dispositions sont passibles des peines prononcées par ces réglemens.

« Lorsqu'il est constant qu'une personne
» a enfreint les bans de vendange, un tribu-
» nal de police, ne prononçant pas la peine
» indiquée par le réglement du conseil mu-
» nicipal, viole évidemment ce réglement, et
» fournit matière à la cassation de son juge-
» ment. » (1)

BATARDS. Voyez *Enfans naturels*.

BATIMENS. *DE MER*. Voyez *Douanes*.

BAUX. *DES OCTROIS*.

Voyez *Enregistrement*, *Bail*, *Mutations*.

BELGIQUE.

Voyez au *Traité de compétence*, partie ci-vile, nomb. 93, et les mots *Belgique* aux notes marginales dans tout le cours de cet ouvrage.

BÉNÉFICE (*) *d'inventaire*.

1.° « *BÉNÉFICE D'INVENTAIRE* (*l'héritier par*)
» *ne pouvait*, *d'après les dispositions combi-*

RÈGL. GÉNÉR
Coutume de
Normandie.

---

verneurs de province, encore en usage chez les Turcs. Chez nous, c'est un usage introduit dans les campagnes, et par lequel les habitans d'une commune conviennent du jour où ils récolteront leurs raisins ou autres fruits de la terre; cet usage a le bon effet d'empêcher les vols qu'on pourrait commettre sur autrui, sous le prétexte d'aller récolter le sien.

(1) 3 *Frim. an XII*. ... Bul. de la Cour, an 12, part. crim. p. 36.

(*) En jurisprudence, ce mot signifie grace accordée par le Prince ou par la loi ; *celui d'inventaire*, est la faveur

Règles génér. » nées des articles 92 et 95 de la coutume de
» Normandie, étre tenu au-delà des forces de
» l'hérédité; qu'autant qu'il n'avait pas fait
» d'inventaire, ou qu'il y avait commis quel-
» que fraude, ou qu'il avait concélé (*) quel-
» que chose de la succession. »

Ce principe posé, s'il arrive « que l'héritier
» ait fait un inventaire régulier, à Caën et
» autres lieux du même ressort, où la grande
» majorité des effets mobiliers était situé ; la
» circonstance qu'il n'aurait été fait, pour Pa-
» ris, qu'un projet d'inventaire, non signé de
» plusieurs parties intéressées, ni d'aucun of-
» ficier ministériel, ne pourrait porter atteinte
» à la validité de celui fait à Caën. »

En vain dirait-on, que l'héritier ne pourrait plus exciper de sa qualité d'héritier bénéficiaire pour se soustraire aux créances excédant le montant de l'hérédité, faute d'un
bon et loyal inventaire, auquel la coutume
de Normandie subordonnait la qualité d'hé-
ritiér bénéficiaire, et à cause de la prétendue
nullité de l'inventaire fait à Paris. (**)

---

de se porter héritier d'un défunt, sans être obligé de payer
ses dettes au-delà de la valeur de sa succession, mais à
charge de faire inventaire de tout ce qui compose cette
succession, et d'en rendre compte, s'il est besoin. *Celui de
discussion,* est l'exception de la caution qui renvoie le
créancier à discuter les biens du principal obligé; c'est-
à-dire, à rechercher tous les biens de ce principal débiteur et les faire vendre en justice, avant de pouvoir s'at-
tacher à ceux de la caution.

(*) Terme de la coutume qui est employé dans le même
sens que recéler, soustraire, détourner à son profit.

(**) *Nota.* Il appert d'un considérant de la Cour de
cassation, que cet inventaire avait été fait par un notaire : « les imperfections reprochées à cet inventaire ne

Vainement ajouterait - on , qu'en principe *Règles génér.* sur la matière, on ne reconnaît qu'un seul inventaire, divisé en plus ou moins d'actes partiels, à raison des lieux divers où se trouvent des choses dépendantes de la succession ; et qu'enfin l'inventaire fait pour Paris aurait déjà été répoussé comme défectueux et nul, par les juges de première instance et d'appel, et l'héritier condamné à payer les dettes de la succession.

On opposerait victorieusement à ces raisonnemens ; « l'inventaire, fait pour Paris, » signé de l'héritier, par conséquent obliga- » toire contre lui, a été cité, comme étant » un véritable inventaire, dans plusieurs ac- » tes publics . . , il n'a pas cessé d'exister dans » l'étude du notaire. . . . ; si l'héritier avait » voulu soustraire quelqu'uns des effets qui » y sont décrits, il aurait été contraint de » les représenter, en vertu de sa signature, » comme si elle avait été authentique, »

« D'où il résulte que les imperfections qui » auraient servi de base aux premiers juges, » ne pouvaient tirer à conséquence, ni être » imputées à mauvaise foi. »

Enfin, « les juges ne pouvaient appliquer » à cet héritier une déchéance de *bénéfice* » *d'inventaire*, que l'article 95, précité ne » prononce que pour le cas où l'héritier est » trouvé avoir commis quelque fraude ou » concélé aucune chose de la succession. » (1)

» sont pas du fait de l'*héritier*; ce n'est pas sa faute si » cet inventaire n'est pas signé du notaire et de quel- » ques parties intéressées. »

(1) 18 *Fruct. an XII.* Cass. Lɪʏʀʏ. Bul. de la Cour, an 12, p. 437. — Jour. des Aud. an 13, p. 32.

De l'exercice de ce droit.

Coutume de Bordeaux.

Art. 789 du Code civil.

2.º *Les droits résultant de la législation qui établit le bénéfice d'inventaire peuvent être exercés tant que l'héritier n'a fait aucun acte qui suppose nécessairement son intention d'accepter, ou qu'il n'aurait pu faire qu'en qualité d'héritier.*

En d'autres termes, si cet héritier n'a pas pris qualité dans le délai fixé pour faire inventaire et délibérer ; l'expiration de ce délai n'est pas un motif pour le faire condamner comme héritier pur et simple : il a trente ans pour faire sa renonciation expresse.

En vain dirait-on : la loi fixe à trois mois le délai pour faire inventaire et délibérer ; la succession s'étant ouverte en 1795, les enfans du défunt étaient de plein droit ses héritiers, et ils n'ont pu se dépouiller de cette qualité par une renonciation tardive, seulement faite en l'an VIII, (1800) ; une renonciation doit être non seulement expresse ; mais effectuée dans le délai fixée par la loi. (*)

On répondrait : « en prononçant des con-
» damnations contre des enfans, en qualité
» d'héritiers de leur père, quoiqu'ils eussent
» renoncé en l'an VIII, à sa succession ou-
» verte en 1795, et qu'ils soutinsent s'en être
» abstenus ; les juges transgresseraient le §. 2.
» *INSTIT. DE HERED. QUALIT. ET DIFFER ;* la loi
» 13, ff *DE ACQUIR. VEL OMIT. HEREDIT ;* et fe-
» raient une fausse application de l'art. 235 du
» réglement judiciaire précité (4 de la loi du

____

(*) On soutenait que cette opinion était conforme à la disposition de l'article 235 du réglement judiciaire fait pour les quatre départemens de la rive gauche du Rhin ; la cause ayant pris naissance dans celui de la Roër.

» 3 brum. an II.) qui fixe à trois mois le délai
» pour délibérer ; »

Car « cet article n'a d'autre objet que de
» déterminer les délais dans lesquels les hé-
» ritiers présomptifs peuvent être obligés de
» faire inventaire et de délibérer ; mais l'ex-
» piration de ces délais ne peut faire considé-
» rer comme héritier quiconque s'est abstenu
» et a renoncé avant d'avoir été condamné en
» cette qualité. » (1) *V. Renonciation.*

3.º *La faveur attachée par la loi au béné-* *Doit être*
fice d'inventaire est tellement certaine que les *maintenue*
juges peuvent en faire l'application d'office. *même d'office.*

C'est-à dire, qu'il suffit que les juges aient une
connaissance quelconque de ce mode d'acceptation d'une hérédité , pour qu'ils ne puissent
condamner , même par défaut, un individu
comme héritier pur et simple.

Vainement opposerait-on à la règle ci-dessus,
que l'héritier bénéficiaire n'aurait jamais fait,
de sa qualité d'héritier bénéficiaire , l'objet
d'aucunes conclusions ; que l'ayant articulé en
cause d'appel, (*) et ayant été astreint à en
justifier, il n'aurait point exécuté le jugement
qui le lui aurait ainsi enjoint, et se serait au
contraire laissé condamner par défaut ; que les
juges prononçant par défaut ne devaient avoir
aucun égard à une qualité non justifiée d'une
part , et contestée de l'autre ; qu'en le re-
gardant comme héritier pur et simple, ils

____

(1) 15 *Fév.* 1806. C**ass.** D**egeyr** Jour. du Pal. 1806; 1.
s. p. 321.

(*) *Nota.* Voilà le fait qui a déterminé l'affirmatif de
la règle posée.

avaient décidé un point de fait non susceptible de la censure de la Cour de Cassation.

On répondrait; « il suffit que par juge-» ment, antérieur à l'action dont il s'agit, » l'héritier ait été admis au bénéfice d'in-» ventaire, qu'il ait opposé la qualité résul-» tante de ce jugement, pour que les juges, » en ne se proposant point la question s'il » était ou n'était pas héritier bénéficiaire, et » ne donnant aucun motif de sa condamna-» tion, en qualité d'héritier pur et simple, » aient fourni matière à la cassation de leur » décision. » (1) Voyez *Héritier, Succession, Renonciation.*

Comment la faveur de ce bénéfice se perd.

4.° *La faveur attachée au bénéfice d'inventaire s'évanouit à l'égard de l'héritier qui néglige de rendre son compte, en faveur du créancier qui l'a constitué en demeure de rendre ledit compte.*

En d'autres termes, si l'héritier admis au bénéfice d'inventaire, à charge de rendre compte, est en défaut de rendre ce compte, il est tenu des dettes de la succession, envers les créanciers qui lui en ont formé la demande.

Sans succès, l'héritier en retard de rendre son compte après les délais écoulés, excipe-rait-il de la circonstance que la succession se serait ouverte à la nouvelle Angleterre, ou au-tres lieux éloignés, pour en conclure l'impos-sibilité d'en connaître promptement l'état, et dirait-il que cette circonstance doit être dé-terminante pour les juges, aux fins d'accorder

---

(1) 4 *Prair. an IX.* Cass. *SERIGNAC.* Jour. du Pal. an 9, n.° 17, p. 1.re ——— Bul. de la Cour, an 9, p. 206.

un nouveau délai; et qu'en le refusant ils auraient violé la règle de la matière, et les articles 316 et 317 de la coutume de Paris; qu'enfin le jugement qui l'aurait déclaré héritier pur et simple serait en contradiction avec celui qui l'aurait admis au bénéfice d'inventaire.

Il suffirait, pour renverser tous ces moyens, de lui répondre « qu'il n'y a point de con-
» tradiction entre un jugement qui admet
» à la qualité d'héritier bénéficiaire, à la
» charge de remplir les formalités et condi-
» tions qu'elle impose, et un jugement qui,
» faute de s'être conformé aux conditions
» prescrites, répute héritier pur et simple. »

« Que la coutume de Paris n'admettait au
» bénéfice d'inventaire que sous certaines
» formalités, et notamment à la charge de
» rendre compte.

» Que les juges en ne disant pas que faute
» d'avoir rendu compte l'héritier serait indé-
» finiment considéré comme héritier pur
» et simple à l'égard de tous les créanciers
» de la succession; mais en le réputant hé-
» ritier et en le condamnant à payer, seu-
» lement à l'égard du créancier qui l'a mis
» en demeure, ne violeraient aucune loi. »
(1)

5.º *Le bénéfice d'inventaire ne dispense pas les héritiers de faire la déclaration et d'acquitter les droits de la mutation qui s'opère en leurs personnes.*

Ne peut dispenser d'acquitter le droit de mutation.

____

(1) 23 *Pluv. an XII.* Rej. *Dame* DESTILLIÈRE. Jour.
du Pal. an 12, 1. s. p. 499.

« Parce que l'héritier bénéficiaire ayant
» la possession et l'administration des im-
» meubles de la succession, il ne peut en
» ignorer la valeur qu'elles que soient les
» charges, et qu'il ne peut se dispenser d'en
» faire la déclaration, même sous le prétexte
» que la somme des dettes de la succession
» serait encore inconnue. » (1)

Créanciers
d'un
commerçant.

6.° *Il ne suspend pas l'action des créanciers*
contre les héritiers d'une commerçant.

En effet « l'ordonnance de 1667, (et le code
« de procédure civile, art. 426,) en accor-
» dant aux veuves et héritiers des délais pour
» faire inventaire et délibérer, n'a point in-
» terdit, pendant ces délais, l'exercice des
» actions des créanciers et autres ayant droits
» contre la succession ; les veuves et héritiers
» ainsi actionnés peuvent seulement proposer
» l'exception dilatoire qui résulte de l'ordon-
» nance (et de l'art. 187 du code) en leur fa-
» veur, d'où il suit que ce délai de faveur ne
» pourrait pas empêcher le cours de la pres-
» cription. » (1)

DE
DISCUSSION.
Coutume
de Senlis.

7°. *BÉNÉFICE DE DISCUSSION (le) n'avait lieu*
dans la coutume de Senlis, généralement et
particulièrement, qu'en faveur du tiers dé-
tenteur de l'immeuble affecté au paiement d'une
créance, même dans le cas où l'état, représentant le débiteur principal, aurait offert de
payer.

C'est-à-dire, que si (en 1791) j'ai vendu
une partie de mon bien, à charge par l'acqué-

____

(1) 24 *Flor. an XIII.* Rej. CPENIN. Jour. des Aud.
an 13, p. 371.

reur de ne point prendre des lettres de ratification ; et que par l'événement j'ai été déporté et assimillé aux émigrés : l'offre de paiement fait, de la part de l'état, à mes créanciers de rentes à prix d'argent, ne les priverait point de l'exercice de l'action hypothécaire, sur les biens possédés par mon acquéreur, quoique tiers détenteur d'iceux.

Les juges ne tomberaient dans aucune erreur, en décidant que ce tiers détenteur peut être contraint au paiement desdites rentes, par les motifs que l'action personnelle contre le débiteur réel n'exclut point l'exercice de l'action hypothécaire contre le tiers détenteur; que l'état n'offre point un paiement intégral; qu'enfin mon acquéreur, en s'obligeant à ne point prendre des lettres de ratification, a voulu demeurer passible du paiement des créances hypothécaires, puisque par le défaut de lettres de ratification, il a privé mes créanciers du paiement de leurs créances.

En vain, dirait-il avec DOMAT : qu'on ne trouble pas sans nécessité un possesseur ; que la novelle 4 a étendu aux tiers détenteur, le bénéfice de discussion déjà accordé aux cautions ; que l'article 216 de la coutume de Senlis, où les biens vendus sont situés, exclut la discussion, en matière de rentes foncières, et non pas en matière de rentes constituées; qu'enfin, suivant la maxime *INCLUSIO UNIUS EST EXCLUSIO ALTERIUS*, la coutume de Senlis admet la discussion en matière de rentes constituées.

Il suffirait de lui opposer le principe « que » les lois romaines n'avaient pas force de loi » dans les pays régis par les coutumes, et » même que la novelle 4, rejettée par quel-

» ques unes, n'était reçue dans les autres
» qu'avec plusieurs distinctions ; et qu'enfin ,
» dans l'article 216 , ni dans aucun autre de
» la coutume précitée , il n'est écrit que
» le créancier est obligé de discuter le princi-
» pal débiteur , avant de s'adresser au déten-
» teur de l'héritage hypothéqué , et que tous
» ces moyens ne sont établis que sur des in-
» ductions. » (1)

BIGAMIE.

Voyez au mot *Questions posées aux jurys* ,
celle relative au crime de bigamie.

BIENS.

Observations.　　*Le mot* BIENS *dans sa première signification
est synonime avec bon ;* c'est tout ce qui nous
est utile , avantageux et convenable :

En jurisprudence, ce mot signifie toutes sortes de possessions, tant meubles qu'immeubles.

Tous les biens sont maintenant régis par
le code civil : mais, avant sa publication les
biens immeubles étaient régis par les coutumes où ils étaient situés , et en pays de
droit écrit par le droit romain ; enfin lorsqu'il
s'agissait de biens meubles, délaissés par un
défunt, c'était la loi du lieu du décès que ces
biens devaient suivre ; cependant il y avait
souvent des exceptions , et pour divers cas,
suivant les usages et à causes des privilèges
qui existaient alors en faveur de certaines
personnes.

Les diverses positions où les propriétaires

______

(1) 2 *Flor. an XIII.* Rej. *BRODELET.* Jour. des Aud. an
13, p. 359.

se sont trouvés, et se trouvent encore par les événemens. influent souvent sur le régime des biens; d'où il suit que si l'on avait entrepris de rapporter à ce mot toutes les décisions de la cour rendues sur les contestations relatives aux biens, l'on peut dire qu'il aurait formé au moins le tiers de ce Dictionnaire : on a préféré renvoyer le lecteur aux mots indicateurs des matières résultantes des divers biens ou de leur distribution.

En conséquence, et suivant les différentes espèces dont on aura besoin, il faut voir les mots :

Abandon,	*Inscriptions*,
Acquéreurs,	*Locataires*,
Confiscation,	*Partages*,
Contrat pignoratif,	*Prêtres*,
Délaissement,	*Puinés*,
Démission,	*Rachat*,
Déportés,	*Rescision*,
Dévolution,	*Restitution*,
Domaines nationaux,	*Revendication*,
Donation,	*Séparation*,
Enfans naturels,	*Succession*,
Expropriations,	*Testament*,
Fruits,	*Transmission*,
Hypothèques,	*Usufruit*, et
Indivis,	*Vente*.

BILLETS. (*)

1. *Les simples* BILLETS *ou reconnaissances, quoique souscrits entre marchands ne sont point des billets de commerce:* (1)

DE COMMERCE. *Règles génér.*

____

(*) *Billets*; par lequel on s'oblige à un paiement; c'est ordinairement la fortune des négocians.

(1) 26 *Vend. an VII.* Jur. notice, p. 173.

Règles génér.   *Ceux pour cause de valeur reçue comptant, sor de véritables billets commerçables,* qui rendent les négocians qui les ont souscrits, ou endossés, justiciables des tribunaux de commerce.

« En droit, les négocians et marchands qui
» signent des billets pour valeur reçue comp-
» tant, sont par cela même justiciable des tri-
» bunaux de commerce et sujets à la con-
» trainte par corps, à moins que des termes
» des billets ou de quelqu'autre preuve éga-
» lement décisive, il ne résulte qu'ils sont pour
» autre cause que pour marchandises. » (1)

A ORDRE.
En quelles valeurs peuvent être fournis.

2.º *BILLET A ORDRE (la valeur d'un) peut être fournie autrement qu'en argent ou marchandise.*

C'est-à-dire, qu'un billet à ordre peut être causé, *pour les bons offices reçus* de celui au profit duquel il est fait ou endossé.

Parce que « l'article 23 du titre 5 de l'ordon-
» nance de 1673 n'exige point strictement que
» la valeur ait été fournie en argent ou mar-
» chandise, pourvu qu'elle ait été fournie de
» toute autre manière; et que des soins don-
» nés ont une valeur, que personne mieux
» que celui qui déclare les avoir reçus, ne
» peut apprécier. » (2)

DE LEUR TRANSMIS.^{on}
par la voie de l'ordre.

3.° *En principe,* « les signatures mises au dos
» d'un effet négociable, par celui au profit du-
» quel le billet a été souscrit, et par les en-
» dosseurs subséquens, suffisent pour donner

---

(1) 9 *Vend. an XIII.* Rej. LIGNI *et* DARDELLE. Jur. an 12, p. 75. — Jour. des Aud. an 12, p. 64. — Jour. du Pal. an 13, 1. s p. 513.

(2) 13 *Vent. an XIII.* Rej. CHOISEUL. Jour. des Aud. an 13, p. 317. — Jour. du Pal. an 13, 1. s. p. 225.

» au porteur qualité suffisante pour en pour-
» suivre le paiement contre celui qui a souscrit
» un pareil billet; (1)

» Il est généralement reconnu dans le com-
» merce, que les signatures en blanc, mises au
» dos des lettres de change, donnent aux
» porteurs qualité pour en réclamer le paie-
» ment. » (2)

« Les articles 23, 24, 25 et suivans, du ti-
» tre 5 de l'édit de 1673 disposent : *les lettres*
» *de change endossées appartiennent à celui du*
» *nom duquel l'ordre est rempli, sans qu'il soit*
» *besoin de transport ni de signification :* d'où
» on doit conclure que celui qui est porteur
» de billets de commerce est toujours censé
» par le fait, avoir procuration pour en tou-
» cher le montant : » (2)

4.° *Les* BILLETS *A* ORDRE *souscrits* ENTRE
PARTICULIERS NON MARCHANDS NI NÉGOCIANS,
peuvent procurer hypothèque, après leur signa-
ture reconnue, même avant leur échéance.

DE LEURS EFFETS. *Hypothèque.*

C'est-à-dire; si mon épouse souscrit un billet à ordre, en qualité de fondée de pouvoir de ma part, au profit de *A.* . . , payable
dans trois mois; *A.* . . peut quelques jours
après nous faire assigner l'un et l'autre en reconnaissance de la signature apposée sur ce
billet; et ensuite de la reconnaissance de cette
signature, prendre, en vertu du jugement

---

(1) 29 *Brum. an XII.* Cass. BELOT. Jour. des Aud. an
13, p. 115. — Jour. du Pal. an 13, 2. s. p. 65. — Bul.
de la Cour, an 13, p. 51.

(2) 18 *Messid. an X.* Rej. MORIN. Jour. des Aud. an
13, p. 114. — Jour. du Pal. an 10, 2. s. p. 403.

X 2

qui lui en a donné acte, inscription hypothécaire sur mes biens.

En vain, demanderais-je la nullité de cette inscription, sous le prétexte que si l'on pouvait faire prononcer la reconnaissance d'un billet sous seing-privé avant son échéance, et prendre inscription sur le jugement portant reconnaissance, il en résulterait que le créancier chirographaire serait traité plus favorablement que le créancier hypothécaire, et que d'ailleurs la convention des parties de ne donner et de ne recevoir aucune hypothèque, serait détruite; car le jugement qui aurait admis mes principes serait cassé.

Parce que « de l'article 3 nomb. 3 de la loi
» du 3 brumaire an VII, *et de l'art.* 2123 *du*
» *code civil*, (*) il résulte que l'effet d'un ju-
» gement portant reconnaissance de l'écriture
» d'un billet sous seing-privé, est de consti-
» tuer, au profit de celui qui a obtenu ce
» jugement, un droit d'hypothèque sur les
» biens immeubles du débiteur: »

D'ailleurs « aucune loi ne s'oppose à ce que
» le porteur d'un semblable billet (au porteur
» et sous seing-privé) en obtienne la recon-
» naissance ou vérification par un jugement,
» avant même l'échéance du terme apposé
» audit billet; cette faculté a constamment
» été admise par la jurisprudence générale,
» et, si elle a été interdite à l'égard seulement
» des lettres de change et autres effets de

(*) M. DENEVERS, greffier de la Cour, assure que lors de la délibération sur l'affaire que nous rapportons, les magistrats qui la composent ont considéré la question sous le rapport des deux législations et qu'ils ont reconnu que dans les deux cas leur décision serait la même.

» commerce, par une déclaration du Roi, du
» 2 janvier 1717, enregistrée le 10 mars sui-
» vant, cette exception établie uniquement
» dans l'intérêt du commerce et par suite de
» la faveur spéciale qui lui est due, ne peut
» être étendue aux billets souscrits entre par-
» ticuliers non marchands ou négocians, d'a-
» près le principe: *INCLUSIO UNIUS EST EXCLU-*
» *SIO ALTERIUS.* » (1)

5.º *Les billets de commerce produisent leurs effets contre les veuves et les héritiers des ga-rants, marchands et négocians, suivant les usages des différentes places.*

CONTRE LES
HÉRITIERS
et les veuves
des
marchands.

C'est-à-dire « que l'ordonnance de com-
» merce de 1673 n'ayant point de dispositions
» positives sur la nature des diligences que
» doivent faire les porteurs de billets à ordre,
» valeur reçue en marchandises et autres ef-
» fets, pour exercer leur garantie contre les
» endosseurs, ni pour le temps dans lequel
» ces diligences doivent être exercées, il en
» résulte que les tribunaux ne peuvent que
» se conformer aux usages qui se sont établis
» dans les différentes places. » (2) *V. Héritiers* et *Bénéfice d'inventaire*, nomb. 6.

6.º *Les billets ne produisent pas de plein droit, comme les lettres de change, des intérêts en faveur de ceux qui en ont remboursé le mon-tant pour le compte de leur débiteur;* sur-tout lorsqu'il s'agit de négociations antérieures à la loi du 12 octobre 1789, sur le prêt à intérêt.

DES
INTÉRÊTS
qu'ils
produisent.

---

(1) 3 *Fév.* 1806. Cass. *MAGNIER.* Jour. des Aud. an 14 et 1806, p. 192.

(2) 24 *Flor. an XIII.* Cass. *CUENIN.* Jour. des Aud. an 13, p. 371.

En vain dirait-on, l'usage contraire est établi par une foule de parères, sur la foi desquels les commerçans font des avances, et prêtent leurs deniers; enfin, cet usage est reconnu par la loi d'octobre 1789, sur-tout lorsque les billets sont revenus à protêt.

L'on répondrait, avec M. MERLIN : la règle ci-dessus n'est contraire ni à l'usage ni aux lois; l'usage invoqué ne serait pas suffisamment constaté, si les parères n'étaient produits que depuis le jugement attaqué; la loi d'octobre 1789 n'est pas plus favorable au système contraire, lorsqu'elle est postérieure à la négociation intervenue entre les parties.

S'il est vrai que la législation romaine autorise le paiement des intérêts (dans l'espèce proposée), il est nécessaire d'observer . . . qu'elle est presque tombée en désuétude; . . .

Ensuite, il n'est pas exact d'attribuer aux billets à ordre les mêmes effets qu'aux lettres de changes; il y a entr'eux au contraire une différence réelle. Si la loi a voulu, en certains cas, établir une similitude, on ne peut s'en prévaloir pour argumenter indéfiniment. . . .

Enfin, on ajouterait, avec la Cour suprême: « les lettres de change diffèrent essentielle- » ment des billets à ordre, et les lois applica- » bles aux unes ne le sont point nécessaire- » ment aux autres. » (1)

7.º « *BILLET* (*le fait de retenir induement* » *un*) *déjà acquitté, et d'en poursuivre une se-* » *conde fois le paiement*, caractérise bien un

______

(1) 5 *Vend.* an *XI.* Rej. *Hérit.* DESFONTAINES. Jour. du Pal. an 11, 1. s. p. 113.

» manque de foi, un abus de confiance, mais
» non le genre de délit prévu par l'article 31
» de la loi du 22 juillet 1791. »

Mais, le fait« d'avoir arraché de force un billet
» qu'on a souscrit en faveur d'une personne, et
» de l'avoir lacéré, est prévu par l'article 37,
» section 2 titre 2 de la deuxième partie du
» code pénal, et emporte peine afflictive;
» ainsi, le prévenu d'un semblable délit ne
» pourrait être renvoyé devant la police cor-
» rectionnelle, sans faire une fausse applica-
» tion de l'article 35 de la loi du 19 juillet
» 1791. » (1)

Suivant le plan adopté pour ce Dictionnaire, *Mots à con-*
de classer chaque principe sous le mot qui *sulter après*
le désigne, et pour ne point tomber dans des *les règles*
redites, le lecteur est prévenu qu'il faut con- *ci-dessus.*
sulter les règles indiquées aux mots qui suivent
pour les cas qu'ils indiquent;

S A V O I R :

Approbation, nomb.	*Garantie.*
Assignations.	*Intérêts.*
Assignats.	*Lettres de change.*
Blanc-seing.	*Longs termes.*
Consignation.	*Ordres.*
Déclaration de 1733.	*Paiemens.*
Délais.	*Poursuites.*
Ecritures.	*Promesses*, non écrites
Effets de commerce.	de la main du *signa-*
Endossement.	*taire.*
Exceptions de nullité.	

---

(1) 6 *Germ. an* X. Cass. d'office. Bul. de la Cour, an
10, part, crim. p. 279.

Protêts.   *Réduction.*
Provision.   *Tireurs.*

Enfin , *le Traité de compétence* , placé en tête de ce Dictionnaire , particulièrement les nombres 79 , 84 et 85.

BLANC-SEING. (*)

En fait de compte arrêté Déclaration de 1733.

1.º *BLANCS-SEINGS* (*l'usage des*) *a été supprimé , par la déclaration du Roi de* 1733 , *à l'égard des particuliers et personnes lettrées , autres que les marchands , négocians , artisans , fermiers …*

En effet , cette loi porte : « tous billets sous
» signature privée , au porteur à ordre , ou
» autrement , causés pour valeur en argent ,
» autres néanmoins que ceux qui seront faits
» par des banquiers , négocians , marchands ,
» manufacturiers , artisans , fermiers , labou-
» reurs , vignerons , manouvriers et autres de
» pareille qualité , seront de nul effet et va-
» leur , si le corps du billet n'est écrit de la
» main de celui qui l'aura signé , ou du moins
» si la somme portée audit billet n'est re-
» connue par une approbation écrite en tou-
» tes lettres , aussi de sa main ; faute de quoi
» le paiement n'en pourra être ordonné en
» justice . &c. en prononçant la nullité des
» billets dont la somme n'est pas approuvée
» par le débiteur , elle a eu pour objet de
» prévenir les inconveniens des blancs-seings. »

Or « un écrit, *souscrit par une personne non*

(*) Papier signé que l'on donne à quelqu'un pour le remplir à sa volonté , et par lequel on se confie à sa discrétion.

» comprise dans l'exception indiquée par la
» loi portant énonciation d'un arrêté de compte,
» d'avances faites, à raison d'achats et prêt
» d'argent, quoique annoncé être fait double,
» ne contient point d'engagement réciproque,
» et en résultat n'est qu'une promesse de payer
» une somme déterminée pour avance et prêt
» d'argent faits pour *le signataire ;* »

Donc, « si la somme contenue *en cet écrit*
» n'est pas approuvée par *le signataire*, il y
» aurait fausse application de la loi du 22 sep-
» tembre 1733, dans le jugement qui le con-
» damnerait à payer la somme portée en cette
» promesse, non écrite de sa main, ni dont
» la somme y portée ne serait pas approuvée
» par lui en toutes lettres, ainsi que l'exige
» la loi sus-datée ; » (1)

2.° *Blancs-seings* (les) apposés au dos des *En fait d'en-*
effets commerçables ne sont pas assujettis à la *dossement.*
règle ci-dessus.

Parce que « cette espèce d'endossement est
» depuis long-temps d'un usage général, in-
» troduit pour la facilité du commerce ; parce
» qu'il a lieu même pour les lettres de change
» qui, étant faites dans la forme ordinaire,
» indiquent dans leur contexte même, le nom
» de celui à qui elles doivent être payées,
» et de quelle manière il en a fourni la va-
» leur au tireur: qu'en conséquence, on tient
» depuis long-temps pour principe dans les
» tribunaux comme dans le commerce, que
» la *signature en blanc* au dos d'un effet de

____

(7) Juin 1793. Cass. Demoiselle CROSNIER. Jur. notice,
p. 34.

» commerce, équivaut à un ordre, et trans-
» fère au porteur la propriété de l'effet ainsi
» négocié; » (1) au surplus. « depuis cette loi,
» on n'a jamais vu dans l'usage de l'endos-
» sement d'un effet négociable les endosseurs
» mettre une approbation de la somme portée
» aux billets, lorsque l'ordre passé n'est pas
» écrit de leur main. » (2) *V. Endossemens.*

BOIS. (*) *Mat. civile.*

PRINCIPES
GÉNÉRAUX.
*Des difficultés
qui naissent
de leur ex-
ploitation.*

1.° *Bois (les difficultés résultantes de l'exploitation des) sous le rapport des dommages
et restitutions pour cause de malversations commises dans les coupes doivent être soumises
aux juges civils.*

La raison de décider est « qu'en fait de l'exé-
» cution d'engagemens résultant d'un con-
» trat, et lorsqu'il y a contestation, les parties
» n'étant pas d'accord sur leurs droits et leurs
» obligations réciproques, les tribunaux cor-
» rectionnels et criminels sont radicalement
» incompétens pour en connaître; qu'aux seuls
» tribunaux civils appartient le droit de ju-
» ger, préjudiciellement à toute poursuite
» correctionnelle, quels doivent être entre les
» parties les engagemens et les effets du con-
» trat passé entr'elles, et de déterminer, d'a-
» près cet examen, les faits qui peuvent cons-
» tituer une contravention à ce contrat, un
» abus, ou un excès de jouissance, pour en-

____

(1) 7 *Therm. an XI.* Cass. RAYÉ. Bul. de la Cour, an
11, p. 358.

(2) 2 *Prair. an XIII.* Rej. LANCHÈRE. Jur. an 13, p. 381.
—— 2 *Brum. an X.* Contenant le même principe. Rej.
Régie des domaines. Jour. du Pal. an 10, 1. s. p. 159.

» suite statuer sur tout ce qui peut se résou-
» dre en intérêts civils, et renvoyer devant
» les tribunaux correctionnels les malversa-
» tions qui auraient le caractère d'un délit. »

En effet, « ce n'est que par le résultat de
» l'examen des tribunaux civils et de leur
» jugement qu'il peut être déclaré que les faits
» sur lesquels une plainte est fondée, sont
» ou ne sont pas légitimes, d'après les clauses
» et les conventions d'un contrat, que le fait
» du délit peut être fixé; enfin, ce n'est qu'a-
» lors que ce fait est ainsi déterminé, qu'il
» peut devenir l'objet d'une poursuite crimi-
» nelle: » (1) suivant les cas indiqués et les
règles rapportées au *Traité de compétence*,
partie crim. nombres 12 à 18 incl. ; aux mots
Action civile, nomb. 13 ; et crim. , nomb. 3 ; —
Adjudicataires, nomb. 1 ; *Coupes* et *Forêts*.

2.° *Bois des communes (les) ne sont point* Des
communes.
compris dans les biens dont la loi du 21 prai-
rial an IV, a ordonné le partage.

C'est-à-dire que cette loi n'apporte aucun
obstacle à ce qu'il soit statué sur les différens
existans entre des particuliers et des communes, à raison de la propriété des bois ou forêts.

En vain dirait-on : cette loi a prononcé la
suspension des procès qui ont pour objet l'exécution de la loi du 10 juin 1793, sur le partage des biens communaux ; elle maintient
provisoirement les possesseurs actuels dans la
jouissance desdits terreins; son esprit a été

______

(1) 2 *Messid. an XIII.* Cass. PARENT LA GARRENNE.
Jour des Aud, an 13, p. 413. — Jour. du Pal. an 14, 1.
s. p. 217

de laisser les choses IN *STATU QUO*, et que les tribunaux attendissent que le législateur se fut prononcé à cet égard; elle n'a laissé aux citoyens que la faculté de contester sur le possessoire; donc l'incompétence des juges pour connaître du pétitoire, des bois en litige entre des particuliers et une commune, est dans ce cas, *RATIONE MATERIÆ;*

Il suffirait d'opposer à ce faux raisonnement « que la loi du 21 prairial an IV, n'est » relative qu'au partage des biens commu- » naux; qu'elle n'est point applicable à des » biens dont la propriété est contestée entre » des communes et des particuliers; »

« D'où il suit que les tribunaux peuvent » juger définitivement les contestations, *re-* » *latives à la propriété des bois*, *entre des* » *communes et des particuliers*, sans violer » la loi du 21 prairial an IV. » (1)

Des particuliers. 3.º *Bois des particuliers (les) sont soumis à l'inspection de l'administration forestière.*

Bois nationaux (les usagers dans les) ne peuvent pas faire usage de leurs droits, sans la permission spéciale des agens forestiers. (*)

En vain, les usagers diraient-ils : nous jouissons des droits d'usage, depuis un temps immémorial; l'article 2 de la loi de décembre 1789, qui fait défenses aux communes de se mettre en possession par voie de fait d'aucuns bois et paturâges, ne s'applique qu'à celles

---

(1) 12 *Brum. an X.* Rej. *Comm. de Néhon* Jour. du Pal. an 10, I. s p. 221.

(*) *Voyez* ce qui est rapporté sur cette matière, au nombre 12 de la partie criminelle du *Traité de compétence* et *au mot Coupes.*

qui n'avaient pas cette possession antérieurement au 4 août précédent, et ces défenses
ne peuvent atteindre les communes, ou les
habitans, qui ont justifié de leur possession
immémoriale; enfin, les habitans qui se sont
conformés aux dispositions de la loi du 28
ventôse an XI, qui obligent les communes et
les particuliers qui se prétendent, en vertu
de titres ou de possession, autorisés à exercer des droits d'usage dans les forêts, à déposer leurs titres, ou à faire connaître leurs actes possessoires aux secrétariats des préfectu-
res ou sous-préfectures, ont pu, et peuvent,
user du droit de couper des arbres, dans les
forêts nationales.

On réfuterait ces moyens, par le rapprochement des lois et ordonnances sur la matiére, en disant, *avec M. JOURDE :* (1) la loi
du 28 ventôse an XI a eu pour unique objet
de préparer les moyens, de fixer d'une manière positive et invariable les droits de
propriété ou d'usage, que les communes peuvent avoir dans les forêts nationales, de donner un propiétaire certain à des biens dont
la jouissance avait, depuis la révolution, été
tour-à-tour suspendue, reprise et rendue; de
fixer l'étendue du domaine national, et de lui
rendre ce qui en avait été usurpé.

Mais elle n'a rien changé aux lois antérieures sur la manière dont les droits d'usage,
dans les forêts, devaient être exercés, aux
termes de l'ordonnance de 1669, puisqu'elle rap-

____

(1) Dans son réquisitoire adopté par la Cour, et par
les mêmes motifs: *le 24 Vend. an XIII.* Rej. Jour. des Aud.
an 13, p. 101. —— Bul. de la Cour, an 13, p. 14.

pelle elle-même l'opération prescrite par cette
ordonnance pour le réglement des usagers.

Elle ne fait autre chose que ramener tous
les usagers des nouveaux domaines (postérieurement à 1676) forestiers, au mode de vérification prescrit par l'ordonnance de 1669.

Cette ordonnance, art. 3 tit. 26, défend aux
particuliers propriétaires de bois et futaies,
assis à dix lieues de la mer et à deux lieues
des rivières navigables, de couper des arbres,
sans la permission expresse des officiers de la
maîtrise, sous peine de confiscation des bois
coupés ou vendus et de 3000 liv. d'amende:
et par un réglement du 1.er mars 1757, le Roi
ordonna que *tous propriétaires de futaies ou
bois épars. balivaux ou taillis, dans quelques
lieux et endroits qu'ils fussent situés, et à quelque distance que ce fut de la mer et des rivières
navigables*, seraient tenus, six mois avant de
les couper, d'en faire la *déclaration* au greffe
de la maîtrise particulière des lieux où les bois
qu'on voulait couper étaient situés ;... à com-
bien plus forte raison cette prohibition existait-
elle pour les bois des communes et pour les
simples usagers.

Dans ces deux derniers cas, il fallait, outre
la *déclaration* et la permission des officiers de
la maîtrise, un martelage des arbres à couper,
pour ce qui était en coupe réglée ; cette prohibition était absolue ; hors ces cas, il fallait
des lettres patentes de sa Majesté, arrêtées au
conseil.

Nul doute, *dit-il en terminant*, qu'il n'y ait
délit de la part *de l'habitant d'une commune,
ayant coupé des arbres dans une forêt nationale*, même en admettant que cette commune
soit usagère dans cette forêt, aucune déclaration

n'ayant été faite , ni aucune permission accordée pour la coupe dont il s'agit. (*)

4.° *Bois des particuliers (les dégâts faits*   *Dégâts.*
dans les) doivent , à raison des dommages ,   *Dédommage-*
être estimés de gré à gré, ou à dire d'experts ,   *ment.*

« Aux termes de l'article 38 de la loi du 28
» septembre 1791 , pour le cas où il y a lieu à
» prononcer des dommages. Or , les juges en
» confirmant la disposition d'un jugement re-
» lative à la fixation arbitraire du dédommage-
» ment , violeraient la disposition fiscale dudit
» article 38 précité. » (1)

5.° *Les* BOIS *communaux sont soumis à la*   ADMINISTRA-
même administration que les bois nationaux :   TION.
conséquemment la chasse y est défendue.   *Bois*
                                           communaux.
C'est la disposition de l'article 1.er de l'ar-   Chasse,
rêté du 19 ventôse an X , « lequel assimille ,
» sans aucune restriction , et sous tous les rap-
» ports , l'administration des bois communaux
» à l'administration des bois nationaux »
Or , « de cette assimillation absolue , il s'en-
» suit que la chasse étant légalement interdite
» dans les bois nationaux , à tous particuliers
» sans distinction , elle est également interdite
» dans les bois communaux ; d'ou il suit qu'en
» autorisant , par jugement , la chasse dans
» un bois communal , il y aurait contravention
» à l'article précité. » (2)

(*) *Voyez* la disposition conforme de la Cour, au
Traité de compétence, part. crim. , nomb. 12.

(1) 20 *Prair. an XI* Cass. d'office. Bul. de la Cour,
an 11, part. crim. p. 264.

(2) 21 *Prair. an XI.* Cass. d'office. Bul. de la Cour, an
11, part. crim. p. 271.

6.º *BOIS TAILLIS (le pâturage dans les) des
particuliers ou des communes est passible des
peines portées par la loi du 28 septembre 1791;
ceux qui ont lieu dans les HAUTES FUTAIES ou
dans les FUTAIES SUR TAILLIS sont punis des peines portées par l'ordonnance de 1669.*

En effet, « aux termes de l'article 10 titre 32
» de l'ordonnance précitée, ce délit est suscep-
» tible de peines excédant la valeur de trois
» journées de travail, et cette disposition s'ap-
» plique à toutes les espèces de bois, autres
» que les taillis que mentionne l'article 38 de la
» loi du 28 septembre 1791. (1) Voyez le §. *de
Pâturage*, au mot DÉLITS.

7.º *BOIS FAÇONNÉ (le vol de) ne doit point être
puni des peines ordinaires pour les délits purement forestiers.*

En effet, « l'article 38 de la loi du 28 septem-
» bre 1791, ne comprend dans ses dispositions
» que les délits purement forestiers; et le vol
» de bois coupé et façonné dans une vente (ou
» coupe) de bois, n'est pas un délit forestier
» proprement dit; »

« Ce délit de vol de bois coupé, façonné, et
» par ce moyen devenu marchandise, quoi-
» qu'encore déposé dans une vente de bois, a
» été au contraire textuellement et nommé-
» ment prévu par l'article 11 de la loi du 25
» frimaire an VIII, qui parle des vols sur les
» chemins publics et *les ventes de bois*; &c. »

---

(1) 29 *Fruct. an XI.* Cass. d'office. Bul. de la Cour,
an 11, part. crim. p. 359.

Voyez

(1) Voyez *Délits*, *Communes*, *Coupes*, *Exploitation*, *Rapports*, *Gardes*, *Poursuites*.

BONNES MŒURS. (*)

Bonnes mœurs, (il n'y a point d'atteinte *aux*) dans les actes qui reconnaissent la validité d'un divorce prononcé.

C'est-à-dire : que celui qui, après avoir reconnu dans plusieurs contrats la validité du divorce que sa femme aurait fait prononcer contre lui, voudrait ensuite attaquer ce divorce de nullité, serait non-recevable.

En vain dirait-il : qu'une convention tendante à valider un acte de divorce nul, serait contraire à l'ordre public et aux *bonnes mœurs;* qu'ainsi, en supposant le *fait* de reconnaissance ou consentement par le mari, les juges n'en pourraient conclure, en point de *droit*,

En fait de divorce prononcé. Code civil, article 6.

---

(1) 25 *Vent. an XII.* Cass. d'office. Bul. de la Cour, an 12, part. crim. p. 146.

Nota. Dans beaucoup d'endroits l'on nomme *Coupe,* ce que l'ordonnance nomme *Vente*; il ne peut y avoir que cette erreur dans les noms qui ait donné lieu au jugement et à l'arrêt réformés.

(*) On entend par *Mœurs* la façon de vivre et d'agir, bonne ou mauvaise; les habitudes naturelles ou acquises; pour le bien ou pour le mal, et suivant lesquelles les peuples, ou les particuliers, conduisent les actions de leurs vies; voilà le sens des grammairiens, lesquels disent, *il a des mœurs,* pour dire qu'un homme a de *bonnes mœurs*; et qu'il est *sans mœurs* pour dire le contraire.

Mais, en législation et en jurisprudence, les mœurs sont difficiles à définir, d'une manière précise, et il faut attendre de la première autorité judiciaire l'étendue qu'elle donnera à ce mot.

que par la force de cette convention le divorce serait devenu inattaquable.

Parce « qu'en ajoutant à la considération de
» la non-application des lois invoquées par *le*
» *demandeur en nullité de divorce*, celle de
» l'approbation par lui donnée à la régularité
» de ces actes, et même celle de la reconnais-
» sance par lui faite dans d'autres actes pu-
» blics de la qualité de *femme divorcée*, à celle
» qui a fait prononcer le divorce d'avec lui,
» les juges ne violeraient pas l'art. 6 du code
» civil qui, défendant de déroger par des con-
» ventions particulières à *l'ordre public et aux*
» *bonnes mœurs*, et bornant sa défense à ce
» qui concerne les objets d'intérêt public, a
» voulu permettre l'effet des reconnaissances,
» et celui des transactions sur *l'intérêt civil et*
» *privé ;* ce qu'il a formellement exprimé dans
» l'article 2046, et ce que la loi transitoire de
» floréal an XI a spécialement appliqué au
» divorce. » (1)

Voici une espèce où la Cour suprême a repoussé une fausse application qu'on avait voulu donner à l'expression *bonnes mœurs :* Voyez *Mœurs*.

BORDEREAU. (*)

Des objets consignés.

BORDEREAU (le défaut du) des éspèces consignées, en assignats, aux termes de la loi du 16

---

(1) 24 *Pluv. an XIII.* Rej. *BOEHLER.* Jur. an 13, p. 221.

(*) Terme de finance ; c'est le mémoire de différentes espèces dont se compose un paiement : on s'en sert aussi en matière d'hypothèque : c'est aussi la note que celui qui veut prendre hypothèque est tenu de remettre au Conservateur.

thermidor an III, ne rend pas la consignation
nulle.

En vain dirait-on : que sans le bordereau,
de ces espèces, on peut changer leur nature,
et par-là porter préjudice aux intérêts du
créancier; ce qu'il fallait prévenir sur-tout
dans un temps où le signe monétaire chan-
geait tous les jours de nature et de valeur :
que la nécessité de ce bordereau, énumératif
des espèces consignées, était d'autant plus indispensable que le principe est consacré par
POTHIER, n.° 555 de son *Traité des obligations*,
et par la jurisprudence des parlemens, attestée
par le répertoire universel : que si cela se
pratiquait ainsi dans un temps où il y avait
fixité dans le signe monétaire, à plus forte raison cette formalité devait elle avoir lieu dans
un dépôt en assignats.

Quel que solide que ce raisonnement pa-
raisse, comparativemant avec le jeu de valeur
des assignats et l'insigne agiotage qu'ils ont ali-
menté, il suffirait de répondre : « la consigna-
» tion, dont il s'agit, était régulière et con-
» forme à la loi du 16 thermidor an III; aucune
» loi n'impose la nécessité de dresser un bor-
» dereau des espèces déposées; ainsi les juges,
» en déclarant nulle sous ce prétexte, une
» consignation valablement faite d'ailleurs,
» créeraient une nullité arbitraire, violeraient
» la loi de thermidor an III, et commettraient
» un excès de pouvoir : » (1) puisqu'il résulte
» évidemment de ses articles 1, 2 et 3, que,
» quels qu'aient été les assignats déposés,

____

(1) 15 *Vent. an XII.* Cass. ROGER. Jour. du Pal. an
12, 2. s. p. 23. — Jour. des Aud. an 12, p. 274. — Jur.
an 12, p. 288.

» l'acte de dépôt devient, pour le débiteur
» d'un billet, un titre de libération ; pourvu
» qu'il contienne les trois choses (*) dont
» parle l'art. 2 ; or, exiger autre chose, c'est
» ajouter à la loi, c'est créer une formalité
» qu'elle n'a pas voulue, c'est vouloir arbi-
» trairement que le débiteur soit astreint à
» plus que n'a voulu notamment l'art. 3. »
(1)

En matière d'hypothèque.

BORDEREAU d'inscription (le) déposé au bu-reau des hypothèques, avec l'élection de domi-cile voulue par la loi, autorise toute signifi-cation au domicile élu par ce bordereau.

C'est-à-dire : que l'élection de domicile faite en ces termes *à* tel endroit *chez le citoyen (ou monsieur le) conservateur des hypothèques,* est attributive de la personne et du lieu ; et que la circonstance que le bureau serait transporté dans une autre commune n'oblige point à faire les significations dans cette dernière.

Parce « qu'il résulte de l'art. 17 §. 1.er de la
» loi du 11 brumaire an VII, que l'élection de
» domicile doit se trouver dans le bordereau
» d'inscription. »

« D'où il suit, que les notifications faites au
» domicile élu dans le susdit bordereau sont
» conformes à la loi, toutes-les-fois que cette
» élection de domicile n'a pas été changée
» par le créancier, dans les formes prescrites
» par l'article 20 de la même loi. »

« Le créancier n'ayant pas établi son domicile

(*) La date du billet, celle de l'échéance et le nom de celui au bénéfice duquel il a été fait.

(1) 17 *Therm. an* XIII. Cass. NoÉ, *dit* DAVID. Bul. de la Cour, an 13, p. 392.

» au bureau du conservateur, mais à *tel en-*
» *droit*. chez le citoyen conservateur, il ne
» pourrait prétendre que la suppression du
» bureau des hypothèques de cet endroit et
» sa réunion à celui d'un autre lieu, aurait
» transporté son élection de domicile au bu-
» reau de ce lieu, et aurait imposé l'obligation
» de faire les significations au dernier bu-
» reau. » (1) Voyez *Domicile, Hypothèque.*

BREF-DÉLAI.

BREF DÉLAI (*les assignations à*) ne doivent
avoir lieu que dans les *affaires requérant cé-*
lérité.

Des cas où il y a lieu à abréger les délais.

C'est-à-dire, « que lorsqu'une action n'est
» par sa nature ni provisoire ni célère; il n'y
» a par conséquent pas de motif pour abré-
» ger les délais, ni pour obtenir la permission
» du juge. » (2)

Si la partie assignée demeure hors du lieu où
l'assignation est donnée.

« Si la nature de l'affaire permet de ré-
» duire le délai de huitaine à trois jours,
» du moins l'assigné domicilié à *Rennes*, par
» exemple, et assigné à un domicile élu à
» *Paris*, doit-il avoir autant de jours de délai
» au-delà du premier, qu'il y a de fois cinq
» myriamètres (trois myriamètres aux termes

______

(1) 8 *Therm. an XI.* Cass. PINOT. Bul. de la Cour,
an 11, p. 365.

(2) 25 *Vend. an XII.* Cass. ... Bul. de la Cour, an
12, p. 23. —— Jour. du Pal. an 12, 1. s. p. 300.

» de l'art. 1033 du code de procédure) de dis-
» tance entre *Paris* et *Rennes.* » (1)

BREVET D'INVENTION. (*)

RÈGLES
GÉNÉRALES.
Contrefaçon.

1.º *BREVET D'INVENTION* (*le porteur d'un*) *ne doit point être reçu dans ces poursuites en contrefaçon contre celui qui était en possession des mêmes procédés avant l'obtention du brevet.*

L'exception, fondée sur cette possession peut être proposée devant les tribunaux ; et les parties peuvent être admises à prouver ce fait.

En effet : si je suis poursuivi comme contre-facteur, par le possesseur d'un brevet d'invention, j'ai le droit d'opposer à l'action en

---

(1) 25 *Vend. an XII.* Cass. *Jovin.* Jour. du Pal. an 12, 1. s. p. 422.

(*) *Brevet d'invention ;* c'est l'acte donné par le Gouvernement à celui qui a quelqu'idée nouvelle, et dont la manifestation ou le développement peut devenir utile à la société, laquelle appartient primitivement à celui qui l'a conçue ; cet acte est accordé pour 5, 10 ou 15 années, pendant lesquelles l'inventeur jouit privativement de son invention. Un brevet d'invention doit être exécuté comme loi, mais le breveté peut être déchu dans six cas indiqués par la loi ; cette déchéance est prononcée, d'abord par le ministre de l'intérieur, dans les cas indiqués par la loi, et par les tribunaux, lorsquil s'élève des contestations entre le propriétaire du brevet qui veut faire valoir son privilège, et des particuliers qui, exerçant la même industrie, prétendent qu'elle était connue antérieurement au brevet, soit par l'usage, soit par sa description dans des ouvrages imprimés et publiés. Alors ce sont les parties intéressées qui font juger la déchéance. — *Extrait des observations de M. Costaz, chef de bureau au Ministère de l'intérieur.*

trouble dans l'exercice de son droit privatif Règles génér. (résultant du brevet d'invention) la preuve qu'antérieurement à ce brevet, j'employois les mêmes procédés dont il s'est annoncé l'inventeur.

Le juge de paix, saisi de l'action en trouble, doit nécessairement connaître de la défense, *disait M. ARNAUD;* l'accueillir, si elle est fondée, ou la rejetter, si elle ne l'est pas; en un mot, juger s'il y a contrefaçon, ou s'il n'y en a pas;

En statuant sur une semblable action, « la » justice de paix ne statue que sur une question de contrefaçon placée dans ses attributions, par les lois de janvier et mai 1791; » ainsi, il n'y aurait point d'excès de pouvoir » à imputer ni à la justice de paix, ni au » tribunal de première instance, considéré » comme tribunal d'appel, » lorsqu'ils auraient prononcé que j'ai le droit de fabriquer et vendre les mêmes objets que le plaignant.

Mais, pour arriver à ce résultat il faut établir la possession antérieure au brevet, et cette possession peut être prouvée par témoins; car loin d'être prohibée, *continue M. ARNAUD,* elle est au contraire autorisée par la loi de mai 1791, dont l'article 11 porte; le juge de paix entendra les parties et *leurs témoins,* et ordonnera *les vérifications* qui pourront être nécessaires.

Cette enquête et ces vérifications n'ont pour objet que d'éclairer le juge de paix, pour juger s'il y a, ou s'il n'y a pas contrefaçon.

En effet, « dans l'espèce, il ne s'agirait pas » d'une action principale en déchéance formée de ma part, et qui dès-lors devrait être » circonscrite dans les six cas prévus par l'ar-

» ticle 16 de la loi du 7 janvier 1791 ; mais il
» ne serait question que d'une action en trou-
» ble, qui ne conduirait qu'à ma seule main-
» tenue dans une possession reconnue anté.
» rieure au brevet, sans produire de déchéance
» absolue et applicable à d'autre qu'à moi :
» enfin, il est conforme aux règles établies soit
» par *la loi générale*, soit par les lois particu-
» lières de la matière, qui permettent d'ap-
» peller des témoins, qu'une semblable pos-
» session soit prouvée de cette manière. » (1)

D'où il suit « qu'en confirmant le jugement
» de la justice de paix, qui, sans s'arrêter
» ni avoir égard aux faits par moi articulés,
» en aurait déclaré la preuve inadmissible,
» les juges d'appel (de première instance)
» contreviendraient aux arrêtés du Gouver-
» nement (*) et violeraient les articles 10 et
» 11 de la loi du 25 mai 1791. » (2)

Des cas où ils sont inutiles. 2.° **BREVETS** *d'invention (les) sont inutiles à ceux qui, avant de les avoir obtenus, ont donné eux mêmes de la publicité à leurs procédés.*

---

(1) 29 *Messid. an XII.* Rej. Toussaint. Jour. des Aud. an 12, p. 55.

(*) Dans cette cause, entre *Bridel*, entrepreneur *bre-veté*, et *Duguey*, aussi entrepreneur *non breveté*, de la poudre végétale inodore, (ou excrémens convertis en poussière), le dernier ayant fait réformer le brevet de Bridel, celui ci parvint à se faire réintégrer, permis à Duguey de continuer sa fabrication, à la charge de n'em-ployer que des procédés connus et usités avant le brevet de Bridel ; c'est la preuve de l'existence des procédés de Duguey qui fut refusée ; et ce sont ces divers arrêtés auxquels il a été contrevenus.

(2) 22 *Frim. an X.* Cass. Duguey. Bul. de la Cour, an 10, p. 90. — Jour. du Pal. an 10, 1. s. p. 397. — Jur. an 10, p. 172.

En d'autres termes : l'obtention d'un brevet *Règles génér.* depuis que l'invention est devenue publique, par le fait de l'inventeur, ne lui confère aucune propriété exclusive.

En effet, « s'il résulte des faits posés que le
» breveté ait dévoilé le secret de son inven-
» tion à l'administration municipale de sa com-
» mune, qui en aurait fait, sur sa demande
» expresse constater l'utilité par une exper-
» tise publique, et lui en aurait délivré une
» attestation solemnelle ; si, de plus, il avait
» cédé volontairement l'usage de *quelque ma-*
» *chine comprise dans le brevet*, à d'autres per-
» sonnes : il en résulterait qu'en livrant ainsi
» sa découverte à la publicité il en aurait
» fait la propriété publique. »

D'où il suit, « que les juges en concluant
» de ces faits, que le brévet d'invention par
» lui obtenu postérieurement à cette publi-
» cité, n'aurait pu lui conférer une propriété
» exclusive, ne violeraient ni n'appliqueraient
» faussement les lois de la matière. » (1)

3.° *BREVET* ou patente *d'invention (le proprié- De la déchéan-taire d'un)* obtenu *de l'ancien Gouvernement, ne ce ou pres-peut, avant l'échéance du temps fixé pour la cription sur durée de son privilège, en être déclaré déchu cette matière.au profit de ses contrefacteurs ;* encore qu'il Ancien eut laissé lesdits contrefacteurs imiter ses pro- privilège.cédés pendant plusieurs années.

Parce que « la loi du 7 janvier 1791, énon-
» ciative des cas dans lesquels celui qui a ob-
» tenu un privilège peut être déclaré déchu,

---

(1) 10 *Fév.* 1806. Rej. *MARTIN*, *GAJOU*. Jur. an 14 et 1806, p. 218. — Jour. des Aud. *même année*, p. 252.

Règles génér. » ne place point au nombre des cas de dé-
» chéance celui auquel l'inventeur privilégié
» a souffert pendant plusieurs années que d'au-
» tres personnes se servissent de son procédé.»
» Que l'espèce dont cette loi parle la plus
» rapprochée de l'hypothèse actuelle, est celle
» portée n.º 4 de l'article précité, qui oblige
» l'inventeur, à peine d'être d'échu, de met-
» tre sa découverte en activité dans les deux
» ans, à partir de sa patente : or, dans l'es-
» pèce, il n'est pas prétendu que le breveté
» ait laissé passer deux ans sans user des pro-
» cédés de son invention ; puisqu'il n'a au
» contraire cessé de fabriquer en exécution
» de sa patente : »
« D'où il suit que les juges excéderaient
» leurs pouvoirs, créeraient un cas de dé-
» chéance qui n'est pas dans la loi, et feraient
» une fausse application de l'un de ceux
» qu'elle autorise, » en jugeant le contraire. (1)

BUREAU.

Voyez, *Conciliation*, *Douanes*, *Droits réunis*, *Hypothèque*, *Octrois*, *Postes*, &c.

---

(1) 28 *Niv. an XI.* Cass. LANGE. Jur. an 11, p. 142.
— Jour. du Pal. an 11, 1. s. p. 401.

'CALENDRIER. *Mat. de Commerce.*

CALENDRIER (*c'est le*) *du lieu où un acte doit être exécuté qu'il faut suivre*, dans le cas où il y a diversité entre celui du lieu où il est fait et celui du lieu où il doit être exécuté.

C'est-à-dire que, si, pendant l'existence du calendrier républicain, on a tiré sur moi d'Amsterdam, une lettre de change à 2 mois de date et que la révolution des deux mois du calendrier grégorien usité en ce pays ait duré 61 jours, le protêt fait contre moi, en France, le 71e jour aurait été tardif.

Une lettre de change, *dit M. MERLIN*, tirée de Madrid sur Paris, à deux usances, aurait 70 jours à courir, les usances étant à Paris de 30 jours; tandis que si elle était tirée de Paris sur Madrid, également à deux usances, elle ne serait payable que le 130e jour, les usances à Madrid étant de 60 jours.

Une lettre de change qui serait tirée de Paris sur Lille, à un mois de date, n'aurait que 36 jours à courir, parce que sur cette place on n'accorde que 6 jours de grace; tandis qu'une lettre tirée de Lille sur Paris où l'on accorde dix jours de grace, aurait 40 jours à courir.

Ainsi, dans l'espèce, en tirant d'Amsterdam sur Paris une lettre de change à deux mois de date, on s'est ordinairement soumis à compter les mois comme ils se comptaient à Paris, c'est-à-dire de 30 jours chacun; ce qui avec les 10 jours de grace, formait 70 jours.

D'où il suit que la lettre de change étant

RÈGLES GÉNÉRALES. *Echéance, Protêt.*

échue le 70.ᵉ jour de sa date, le protêt qui aurait été fait contre moi le 71ᵉ, serait tardif.

Parce que, « le mandataire sur lequel la » lettre de change était tirée à deux mois de » date, était domicilié à Paris, et y avait ac- » cepté ladite lettre de change. » (1) Voyez *Complémentaires* (Jours)

CANTONNEMENT. (*)

RÈGLES GÉNÉRALES.

Cantonnemens (les) *faits entre des commu- nes et leurs ci-devant seigneurs n'ont point été annullés par la loi du 28 août 1792.*

----

(1) 18 *Brum. an XI.* Rej. *Coppens et comp.* Jur. an 11, p. 139. — Jour. du Pal. an 12, Coll. p. 335.

(*) *Cantonnement* : opération forestière qui eut lieu entre les propriétaires de bois et les usagers dans ces mêmes bois ; particulièrement entre les ci-devant *seigneurs* propriétaires et les *communes* usagères ; avant les cantonnemens, le droit des communes s'exerçait con- formément à une ordonnance de 1280, en indiquant une portion desdits bois ou forêts, où les communs ha- bitans exerçaient leurs droits d'usage ; postérieurement, la législation introduisit le cantonnement en faveur des communes et autres usagers ; il leur fut assigné, par un espèce de partage, une portion de bois dans laquelle ils exerçaient leurs droits ; ils eurent cette portion en pro- priété et renoncèrent à leurs droits d'usage sur le surplus ; de cette manière, un usage indéfini et qui s'étendait sur toute la propriété fut converti en une propriété déter- minée et renfermée dans des bornes plantées à cet effet ; tel fut l'origine et l'effet du *Cantonnement.* La faculté de déterminer ses droits par le cantonnement, ceux faits par le passé, tout a été maintenu par la loi de septembre 1790, laquelle portait abolition d'une manière de jouir des droits d'usage nommé triage ; *voyez ce mot ;* mais, une autre loi d'août 1792, autorisa les communes usagères à demander la révision des cantonnemes effec- tuées ; c'est des dispositions de ces deux lois que sont

En effet, « aux termes de l'article 9 de la loi *Règles génér.*
» du 27 septembre 1790, les arrêts du conseil
» qui avaient jugé des questions de propriété
» et ordonné des cantonnemens, n'étaient pas
» pour cela nuls de plein droit, mais seule-
» ment sujets à revision ; »

« La loi du 28 août 1792 n'a pas pour objet
» de rendre aux communes des propriétés
» qu'elles n'ont jamais eues, mais seulement
» celles dont elles ont été dépouillées par la
» puissance féodale ; ainsi, les juges ne peuvent
» regarder comme dépouillée de sa propriété,
» une commune qui n'a jamais été proprié-
» taire, et qui, si elle a possédé *ANIMO DO-*
» *MINI*, ne l'a fait que pendant un temps in-
» suffisant à la prescription ; et en refusant
» d'appliquer à cette commune l'article 8 de
» ladite loi d'août 1792, les juges ne viole-
» raient pas cet article. » (1)

Ces principes s'appliquent aux cas « où un
» propriétaire n'aurait demandé, dès 1754,
» le cantonnement, qu'àfin d'arrêter les dé-
» gradations que les habitans de sa commune
» se permettaient de faire à ses bois. »

« En réintégrant cette commune dans des
» droits de propriété, quoiqu'elle n'eût eu
» que des droits d'usage, qui auraient été lé-
» galement réglés par jugement de canton-
» nement, les juges, arbitres ou autres, fe-

---

nées diverses prétentions de la part des communes, lesquelles ont donné lieu aux décisions qui composent cet
article.

(1) *Non daté.* Rej. *Commune de Jasseron.* Jur. an
13, p. 231.

» raient une fausse application de la loi citée. »
(1) *V. Communes, Réintégrande, Féodalité.*

CAPACITÉ.

DES LÉGATAIRES.
Exception en faveur des pauvres.
Droit romain.

1.º *CAPACITÉ (les règles générales sur la) des légataires, ne sont point applicables contre les pauvres appellés, à titre de légataires, au partage d'une succession.*

En effet « une foule d'exceptions sont éta-
» blies par le droit romain contre les légatai-
» res et héritiers qui ne remplissaient pas tou-
» tes les conditions exigées par la loi; mais,
» ces exceptions cessaient entièrement, lors-
» qu'il s'agissait de la cause favorable des
» pauvres ; »

« L'on trouve un exemple bien remarqua-
» ble de cette législation, dans la loi 24., au
» code *DE EPISCOPIS ET CLERICIS,* où il s'agit
» de savoir quel sera le sort d'un legs fait
» *INCERTIS PERSONIS,* legs dont la nullité est
» incontestable, dans les cas ordinaires : néan-
» moins, cette loi décide que le legs doit avoir
» son effet en faveur des pauvres. » (2) Voy.
*Testamens, Successions, Donations, Légatai-
res,* et tous les mots indicatifs des actes dont
l'homme peut être capable pendant sa vie.

Règles générales.

2.º *CAPABLE (il suffit d'être) au moment où un legs vient à échoir, pour pouvoir le recueillir.*

C'est la doctrine de *SERRES,* en ses instituts,

____

(1) 26 *Niv. an XIII.* Cass. *GRAMMONT.* Bul. de la Cour,
13, p. 149.

(2) 4 *Germ. an XIII.* Rej. *LEMETTRE.* Jur. an 13,
p. 311. Jour. des Aud. an 13, p. 362.

liv. 2 titre 19 §. 4 ; et adoptée par la Cour suprême dans l'espèce ci-dessus. (1)

3.º *Capacité* (*mais il faut avoir la*) *au moment même de la donation, lorsqu'il s'agit de recevoir entre vifs.*

« En jugeant qu'un individu qui reçoit à ti-
» tre de donation entre vifs, pour être capa-
» ble de recevoir à ce titre, doit avoir la ca-
» pacité, au moment même de la donation,
» et qu'il ne peut l'acquérir par la suite ; les
» juges se conforment aux principes de la
» matière. » (2)

En fait de donation.

CASSATION.   *En Mat. civile.*

Cassation : (*) *c'est un arrêt rendu par la Cour suprême et qui en porte le nom ;* on dit la Cour de Cassation, pour indiquer que cette autorité ne peut décider les différens existans entre les parties ; mais, seulement réformer les décisions rendues par les cours et tribunaux, en dernier ressort, lorsqu'elles blessent les lois ; car, le mal-jugé n'est point un motif de cassation ; c'est un des malheurs attaché à tout ce qui est le résultat de l'esprit humain : un mal-jugé au fond et en dernier ressort est un mal irréparable,

La cassation était autrefois dans les attributions du *conseil privé*, ou *des parties;* lequel était composé de M. le Chancelier, des con-

Définition.

---

(3) Voyez la note, (2) 4 *Germ. an XIII*, page précéd.

(2) 8 *Vent. an XIII.* Rej, *Lafaye.* Jour. des Aud. an 13, S. p. 92.

seillers d'état, et des maîtres des requêtes, (*)
qui y rapportaient les affaires de la même manière qu'elles se rapportent maintenant à la
Cour de Cassation.

EN MATIÈRE CIVILE.
Violation de la loi du contrat.

2.° *La Cassation peut avoir lieu lorsque les juges, en matière civile, ont violé la loi du
contrat.*

Cette règle est établi et justifiée, d'une
manière satisfaisante. aux mots *Contrat*, *Lois
romaines*, *Remboursement*, *Requête civile*,
Société, *Succesions*.

On peut, *disait* M. JOURDE, *le* 14 *germinal
an X*, invoquer la jurisprudence constante de
la Cour, qui a souvent cassé pour contravention aux lois sur les conventions qui règlent
les contrats, et notamment à la loi *CONTRAC-
TUS LEGEM EX CONVENTIONE ACCIPIUNT;* et
aux ordonnances de 1500 sur les contrats.

C'est ainsi que la Cour a jugé:

Poimo. EN MATIÈRE DE SOCIÉTÉ, *le* 30 *prairial an* 13, « qu'il y avait contravention à l'art.
» 46 de l'ord. de 1510; à l'art. 30 du chapitre 8
» de celle de 1535; et à l'art. 134 de celle 1539
» qui veulent que les conventions des parties
» soient exécutées suivant leurs forme et te-
» neur, si elles ne sont attaquées par les voies
» de droit; et contravention spéciale à l'ar-

(*) *Libellorum supplicum magistri;* ceux qui rapportaient les requêtes et placets au Roi et à son Conseil. Ils
étaient réputés membres du Parlement, où ils siégeaient
au-dessus des Conseillers, mais seulement au nombre de
quatre ensemble. Ils avaient juridiction en certains cas et
présidaient, dans les provinces, les siéges présidiaux, qui
étaient ce que sont maintenant les tribunaux de première
instance; excepté que les premiers ne jugeaient sans appel
que jusqu'à 250 livres tournois.

» ticle

» ticle 7 du titre 4 de l'ordonnance de 1673,
» (qui porte que tous les associés sont obli-
» gés solidairement aux dettes de la société)
» dans la décision portant que des décomp-
» tes, signés de celui des associés à qui
» l'acte de société avait donné la signature,
» n'obligent pas solidairement chaque associés
» au paiement d'une dette ainsi contractée. »
Voy. *Société.*

2.º *En matière de cession avec garantie*:
« qu'il y aurait violation des mêmes lois et
» fausse application de celle du 24 frimaire
» an VI, lorsque le cédant ayant garanti au
» cessionnaire la créance cédée, tant à l'égard
» de ses promesses, que quant à la solvabilité
» du débiteur, avec obligation, en cas de
» retard de paiement, de fournir et faire va-
» loir cette créance et l'acquitter à son échéan-
» ce, après simple dénonciation, &c. . . si les
» juges l'affranchissaient de cette obligation,
» quoiqu'ils s'appuyent, entr'autres motifs, sur
» les lois relatives à l'émigration du débiteur ;
» car, en le décidant ainsi, il y aurait fausse ap-
» plication de ces mêmes lois. » Voy. *Émigrés*,
Garantie.

3.º *En matière de conventions matrimoniales*: « qu'il y avait violation du contrat et de
» l'art. 1134 du code civil, dans la disposi-
» tion des juges, qui, sans égard à l'évidence
» de l'intention des parties, de convenir d'un
» forfait de communauté, avait refusé l'exé-
» cution du contrat » de mariage; , et ordonné
le partage de la communauté, après le décès de l'un des conjoins. Voy. *Communauté*,
et *Succession.*

II.ᵉ Vol.   Z

Violation de la loi du contrat.

4.º *En fait d'obligation solidaire :* « que les
» débiteurs ayant promis solidairement de
» payer ; la déclaration faite par l'un d'eux,
» dans l'acte, qu'il cautionne l'autre, et que
» celui-ci a seul profité de la somme prêtée,
» ne dérogerait nullement à l'obligation so-
» lidaire : et qu'en affranchissant ce débiteur
» de l'obligation solidaire, les juges porte-
» raient atteinte aux conventions des par-
» ties, . . . et violeraient les ordonn. de 1510,
» 1535 et 1539. » Voy. *Obligation.*, *Solidarité*,
Caution.

Interprétation des contrats.

Mais, *la cassation n'est point autorisée pour
erreur commise dans l'interprétation des contrats, lorsque le sens des clauses contestées
n'est pas clair.*

Par exemple : l'erreur des juges, sur la
question de savoir si l'assignat d'un legs est
limitatif ou démonstratif, n'est point un motif
de cassation ; parce que « l'erreur d'un tribu-
» nal, sur la nature de l'assignat, n'opère
» qu'un mal-jugé. » (1)

Remarqué que, du rapprochement des décisions rendues sur cette matière, il est hors
de doute que tous les magistrats qui composent la Cour, paraissent rejetter la prétendue
violation du contrat, lorsqu'il s'agit de clauses
dont la construction ambiguë présentent plus
d'un sens ; encore que le sens *préféré* ne soit
point celui que la Cour adopterait, si elle avait
à juger le *fonds.*

Nous avons entendu, *dit M. DENEVERS,
Greffier de la Cour,* plusieurs membres de la
Cour dire, à ce sujet, que la langue française

______

(1) 4 *Vent. an XI.* Rej. *Demoiselle* DAUVERGNE. Jour.
du Pal. an 11, 2. s. p. 145.

avait aussi ses règles positives, qui faisaient tellement loi, qu'il n'y avait pas d'autre règle certaine pour entendre clairement si les lois générales avaient été violées ou faussement appliquées : nous les avons vus (*) motiver en conséquence leur avis de casser, sur ce que la clause *contentieuse* était rédigée dans des termes dont le sens grammatical était en opposition formelle avec celui qu'il avait plu aux juges du fonds de leur attribuer ; et cette opinion nous a paru être la dominante.

4.º *Quand on dit que la Cour de Cassation ne peut connaître des faits, on entend parler de ces faits que les juges en dernier ressort ont rassemblés de différentes circonstances, qu'eux seuls ont pu connaître, ou de preuves et enquêtes faites devant eux.*

    Lorsqu'il s'agit du fait de la cause.

Quand la Cour entre dans l'examen du fait, comme elle le fait souvent, ce n'est pas le fait en lui-même qu'elle examine, mais bien s'il y a un fait, ou s'il n'y en a pas ; car s'il n'y a pas de fait qui puisse s'appliquer à la loi, la Cour peut toujours décider que la loi a été mal-appliquée ; et en cela elle n'entre point, à proprement dire, dans l'examen et l'appréciation des faits, puisque sa décision n'émane pas directement de cette appréciation comparative des circonstances qui les modifient et en fixe la nature, mais elle décide simplement *qu'il n'y a pas de fait ;* ou que le

---

(*) Et, sans doute, on doit croire que M. DENEVERS ne hasarde point dans le récit qu'il fait ; puisqu'en se pénétrant des dispositions de la Cour, on y reconnaît cet esprit : du moins nous le pensons ainsi, d'après la lecture méditée des arrêts de la Cour, que notre travail exige.

fait que les juges ont fait servir à l'application de la loi ne lui est pas propre, et n'était pas celui auquel elle pouvait s'appliquer.

S'il en était autrement, il dépendrait toujours du juge de prévenir et d'empêcher le recours en cassation, en dissimulant des faits qui feraient la base de ses jugemens, et qui seraient arrangés de manière qu'on ne puisse les attaquer sans entrer dans l'examen de ces faits. (*M. Bigot-Préameneu.*).

Par exemple, *en matière de donation* : « le » fait qui serait allégué, *devant la Cour de* » *Cassation*, que le donateur ne savait pas » que le bien (qu'il donnait) ne lui appar- » tenait pas, mais que le donataire avait cette » connaissance, est par sa nature étranger à » la Cour de Cassation, qui ne doit considé- » rer à cet égard que ce qui est reconnu par » les premiers juges. » (1)

5.° *En matière de testament mistique*, (que *l'ordonn.* de 1735 *et l'article 978 du code civil défendent à ceux qui ne savent pas ou ne peuvent pas lire*), *s'il s'agit de savoir si le testateur étoit, au moment de la confection de son testament, en état de lire ou non :*

La Cour de Cassation prononce, sans entrer dans l'examen de ce fait.

Il suffit, « que les juges dont le jugement » serait attaqué, aient considéré en fait que » le testateur avait été dans l'impuissance de » lire ; que ce jugement ait été basé sur les » dispositions de l'article 11 de l'ordonnance » de 1735, d'après ce qui était reconnu en

---

(1) 22 *Niv. an* X. Rej. Les *Marcelin.* Jur. an 10, p. 205.

» fait ; pour que la Cour rejette le pourvoi « exercé contre ce jugement. » (1)

Voyez *l'article suivant* ; au *Traité de compétence* part. civile, nombre 97 et suivant ; et les mots *Admission*, *Pourvoi*, *Rejet*.

6.º *CASSATION (le recours en) est admissible contre les décisions rendues par des arbitres forcés, entre les communes agissant par action en réintégrande et des particuliers ou ci-devant seigneurs ;* encore que ces décisions ayent reçu leur exécution.

Ce principe, qui forme exception à la règle générale en fait de pourvoi en cassation; est fondé sur ce « que l'opinion commune, en » l'an II, (*) était que les jugemens des ar- » bitres forcés n'étaient point susceptibles » d'être annullés par la Cour de Cassation ; » d'où il suit que leur exécution, qui remonte » à cette époque, ne doit opérer aucune fin » de non-recevoir contre la demande ayant » pour objet de le faire casser et annuller. » (2)

7.º *Dans l'espèce dont il s'agit, et d'après les principes ci-devant établis, la Cour examine si le jugement attaqué contient erreur sur le fait; et si la juste application de la loi. d'après la prononciation sur ce fait, n'est-elle même qu'une erreur.*

PRINCIPES GÉNÉRAUX.
Arbitrage forcé.

---

(1) 6 *Messid. an XII.* Rej. *LABORDE.* Jour. du Pal. an 12, 2. s. p. 513,

(*) Époque à laquelle la décision arbitrale avait été rendue et exécutée, dans l'espèce de l'arrêt dont il s'agit.

(2) 9 *Pluv. an XIII.* Cass. *CHAUNES.* Bul. de la Cour, an 13, p. 173.

PRINC. GÉN.
*Arbitrage
forcé.*

Il suffit, pour que la cassation soit prononcée, « que les communes n'aient point justi-
» fié, avoir anciennement possédé les biens
» qu'elles ont revendiqués; »

Or, si la Cour, examinant le fait de cette justification, reconnaît « que les communes
» n'ont invoqué à l'appui de leur préten-
» tion, qu'une transaction par laquelle lesdits
» biens litigieux ont été abandonnés au ci-
» devant seigneur; que cet acte, loin de leur
» être favorable, était contraire à leur pré-
» tention, en ce qu'il en résulterait qu'elles
» auraient, à cet égard, reconnu et consacré
» par cet acte les droits du ci-devant seigneur
» sur les biens en litiges; que cette transac-
» tion ne réfute aucun titre primordial en
» faveur des communes; alors, seule elle ne
» peut servir de titre à la réclamation des-
» dites communes, et il en résulte que les
» juges, en se décidant sur de simples allé-
» gations, sur des présomptions, plus ou moins
» incertaines, auraient violé l'article 8 de la
» loi du 28 août 1792. »

Pourquoi, la Cour faisant droit sur le pourvoi exercé contre cette décision casserait et annullerait, &c. (1)

Pays réunis.
Genève.

8.º *CASSATION (la) des jugemens rendus dans les pays réunis, avant la publication des lois françaises, et où le pourvoi en cassation n'était point usité, ne peut être proposée devant la Cour.*

En vain, le demandeur en cassation dirait-il: qu'avant la réunion, les jugemens en der-

---

(1) 8 *Messid. an XII.* Cass. DAMAS. Jour. du Pal. an 12, 2.ˢ p. 515. — Bul. de la Cour, an 12, p. 337.

nier ressort, rendus par les tribunaux de
Genève, étaient susceptibles d'annullation,
s'ils contenaient une contravention expresse
aux lois, aux édits et aux réglemens du pays :
et s'appuirait-il des articles 514, 515 et 516
des lois politiques de ce pays, du 5 février
1794, pour en induire que, dans l'espèce, les
jugemens dont il s'agit, pouvaient être annullés par le corps législatif, sur la pétition des
parties intéressées, en observant les formalités prescrites par les articles cités.

Vainement ajouterait-il, que la république
de Genève était réunie à la France lors du jugement dénoncé ; que les autorités judiciaires
de ce pays avaient les mêmes attributions
que celles de la France, que conséquemment
leurs décisions étaient soumises aux mêmes
censures.

Avec succès on lui répondrait : « il est prouvé
» en fait au procès, que les lois françaises
» n'ont été promulguées et mises à exécution
» dans le territoire de la ci-devant républi-
» que de Gênes, qu'à l'époque du 1.er vendé-
» miaire an VII, et que le jugement attaqué est
» antérieur à cette promulgation, puisqu'il a
» été rendu le 6 messidor an VI. »

« D'où il suit que l'admission d'un pour-
» voi, en cassation contre un pareil jugement,
» porterait atteinte à l'article 7 du traité de
» réunion avec la France, sanctionné le 28
» an VI. » (1)

9.° *La Cour de Cassation*, en prononçant Règle gén.
le renvoi des parties par devant les juges qu'elle

____

(1) 21 *Fruct. an IX. Rej. Delaizette.* Jur. notices
p. 485.

indique , après avoir annullé la décision des
premiers juges , ne porte par ce renvoi aucun
préjudice aux exceptions des parties, qui sont
entières de les faire valoir devant les juges où
elles ont été réglées comme elles l'étaient devant les juges dont la décision a été cassée.
« En effet » la Cour en annullant la *décision*
» *attaquée*, et ce qui s'en est ensuivi, et en
» renvoyant l'affaire et *les parties* par devant
» *d'autres juges*, n'entend, ni ne peut enten-
» dre déroger aux cas d'exception qui pour-
» raient survenir , et c'est sauf et sans pré-
» judices des exceptions éventuelles indi-
» quées par la loi. » (1)

CASSATION. *En mat. criminelle.*

Ce qu'on dit en matière civile, que la Cour
de Cassation ne peut connaître du fond, du
bien ou mal-jugé, ni entrer dans l'examen des
faits ; on le dit également en matière criminelle :

Ce principe, établi au *Traité de compétence,*
partie criminelle , pag. 265 , nomb. 158 , reçoit
quelques exceptions, auxquelles on pourrait
appliquer les développemens rapportés ci-
devant.

EXCEPTION
aux règles
générales.

CASSATION (la Cour de) en certains cas ,
entre dans l'examen du fait qui a été l'objet
de la déclaration du jury de jugement.

C'est-à-dire, que la déclaration du jury de

---

(1) 7 *Vend. an X.* Cass. GRASSET. Bul. de la Cour, an
10; part. crim. p. 12. — *Nota.* Voyez l'espèce de cet arrêt,
au *Traité de compétence,* part. crim. p. 222, et au mot
Option.

jugement, rendue sur l'accusation portée contre un juge de paix, pour raison de crime commis dans l'exercice de ses fonctions, serait
annullée par la Cour de cassation; et que par
suite, et « en vertu de l'art. 82 de la loi du 27
» ventôse an VIII, la section criminelle, procé-
» dant d'après les attributions qui lui sont
» conférées par cet article, dénoncerait ce
» juge de paix à la section des requêtes de
» la Cour de Cassation, pour être agi par
» elle, à son égard, ainsi qu'il appartien-
» drait. »

Cette manière de procéder serait fondée sur
ce « que par le susdit article 80, les juges sont
» placés sous la juridiction et la poursuite
» de la Cour de Cassation, relativement aux
» délits commis dans l'exercice de leurs fonc-
» tions; »

Par conséquent, « si un juge a été mis en
» accusation et en jugement, sans avoir été
» préalablement dénoncé à la Cour de Cassa-
» tion, toutes les poursuites exercées contre
» lui sont frappées d'un excès de pouvoir
» et d'un vice d'incompétence : » (1) il en
est de même à l'égard du défaut d'autorisation envers les agens du Gouvernement. Voy.
Autorisations, en matière criminelle.

Pour éviter les redites on ne s'étendra pas
davantage sur cette matière; pour les règles
particulières aux divers cas qui peuvent être
portés devant la Cour de cassation, *voyez*
les mots qui les indiquent, le *Traité de compétence*, *Admission*, *Consignation* nombre 14;

____

(1) 9 *Brum. an X. Cass. LECUDENNEC.* Bul. de la
Cour, an 10, part. crim. p. 65.

Délai, *Effets*, *Pourvoi*, *Rejet* et *Requête*.

CAUSES.

Voyez *Action*, *Affaires*, *Continuation*, *Divorce*, *Instance*, *Péremption*, *Prescription*.

CAUTION.

JUDICATUM
SOLVI.

1.º *Caution* (*les juges qui ordonnent à un étranger de fournir cette*) ne contreviennent point à la chose jugée en déclarant, à défaut de caution fournie, la consignation d'une somme provisoirement suffisante.

En effet, ces juges étant saisi de la contestation des parties; d'après sa nature, ils peuvent, *disait M. GIRAUD*, déterminer quels sont les frais que les parties ont à exposer; dans l'espèce ils le feraient; « et en déclarant » que la somme consignée est *provisoirement* » *suffisante*, il n'y aurait pas contravéntion » à la chose jugée. » (1)

A l'égard des
armateurs.

2° *Caution* (*la*) d'un armateur en course n'est responsable que des dommages-intéréts, dans le cas de prises faites par l'armateur et déclarées illégales.

C'est-à-dire que, dans le cas de la capture d'un navire par un corsaire, lorsque le conseil des prises ordonne la restitution des choses capturées, sans adjuger au capteur des dommages - intérêts; si celui-ci ne peut se faire restituer ni les choses capturées, ni leur

---

(1) 12 *Niv. an XII.* Rej. . . Jur. an 12, S. p. 49. — Jour. du Pal. an 12, 2. s. p. 167.

prix, il est sans action, de ce chef, contre la caution de l'armateur du corsaire: et les juges ordinaires, en décidant que, dans l'espèce, la caution n'est responsable, proportionnellement au montant du cautionnement, que des dommages-intérêts, et que le conseil des prises n'en ayant point adjugé elle ne peut plus être inquiétée, « ne contrevien-» draient à aucune loi: car, dans la circons-» tance le cautionnement ne s'étend qu'aux » dommages-intérêts et à l'amende. » (1)

3.º *Caution (la) d'un fermier, dont le bail contient une clause résolutoire, est déchargée de plein droit par l'événement du cas prévu dans la clause, encore que le fermier aurait continué sa jouissance.*

En d'autres termes; si en qualité d'acqué-, reur de l'ancien Gouvernement, avec clause de rachat, je loue cette propriété avec cautionnement, mais sous la clause que s'il arrive que l'état rentre dans la propriété et jouissance de la chose louée *le bail demeuréra dès-lors résilié de plein droit;* l'événement arrivant, la caution est déchargée de son cautionnement; encore que le fermier ait conservé la jouissance de la chose louée, après la reprise de possession par l'état.

La raison de le décider ainsi est, « que » dans l'espèce, la clause dépendait de l'évé-» nement d'une loi, d'où résultait l'inutilité » de l'intervention du juge pour constater » l'échéance de la condition; que l'article 1.er » de la loi du 10 frimaire an II, en révoquant

D'un fermier.
Clause résolutoire.

_____

(1) 18 *Niv. an XIII.* Rej. Booysen. Jour. des Aud. an 13, S. p. 89.

» les aliénations des domaines engagés et en
» prescrivant l'apposition du séquestre, a fait
» échoir l'événement prévu par le bail dont
» il s'agit; » (1) d'où il suit, que les juges
ne fourniraient point motif à la cassation de
leur jugement, en prononçant, que ce bail
a été résolu de plein droit, que la caution a
été libérée, malgré la continuation de jouissance du principal obligé, puisque cette jouissance n'était pas de son fait; et que pour
qu'elle fut obligée de nouveau, il aurait fallu,
ou un nouveau consentement, ou une jouissance personnelle de sa part.

D'un adjudi-cataire de bois natio-naux.　　4.º *CAUTION* (*la*) *d'un adjudicataire de bois nationaux est solidairement obligée avec lui, et comme telle, soumise à l'exécution de la con-trainte décernée contre l'adjudicataire en re-tard de payer.*

En effet, « celui-ci n'ayant pas satisfait, la
» même contrainte peut être notifiée à sa
» caution, avec sommation de payer; il serait
» même frustratoire d'en décerner une nou-
» velle. » Voy. *Sommation.*

5.º « *CAUTION* (la qualité de) ajoutée, lors de
» la signature d'une obligation solidaire, par
» l'un des débiteurs solidaires, avec la déclara-
» tion que l'autre a seul profité de la somme
» prêtée, ne concerne que les débiteurs, et
» n'a nullement dérogé à l'obligation solidaire.
(2) Voyez *Solidarité.*

POURVOI EN CASSATION.　　6.º *CAUTIONS* (les) *jouissent des droits des dé-*

---

(1) 25 *Fruct. an XIII.* Rej. BOURLON. Jour. des Aud. an
14 et 1806 p. 3.

(2) 19 *Prair. an VII.* Cass. LAGRAAGE. Jur. notice, p.
219.

biteurs qu'ils ont cautionnés, pour attaquer les jugemens qui leur portent préjudice.

En effet, « si le jugement dont il s'agit a
» privé le débiteur de la faculté de faire un
» remboursement ; nonobstant le défaut de
» pourvoi de sa part contre ce jugement,
» tous les moyens de cassation qui existeraient
» en sa faveur, s'il se fût pourvu, compètent et
» doivent profiter à sa caution, qui a figuré
» avec lui dans les instances principale et d'ap-
» pel, qui est passible des condamnations pro-
» noncées contre lui, et qui s'est pourvu de son
» chef contre ledit jugement. » (1)

1.º *CAUTION (la) fournie par un prévenu, de délit correctionnel, à fin d'obtenir sa mise en liberté,* « *est dans l'obligation de payer le mon-*
» *tant de son cautionnement, lorsque le prévenu*
» *refuse de se représenter en justice toutes les*
» *fois qu'il en est requis,* » jusqu'à la parfaite exécution du jugement correctionnel portant condamnation du cautionné.

C'est-à-dire, que pour la décharge de la caution, il ne suffit pas qu'il ait comparu à tous les actes de la procédure, et même au jugement de condamnation prononcé contre lui ; il faut encore qu'il se représente pour l'exécution de ce jugement, à défaut de quoi la caution est dans l'obligation de payer le montant de son cautionnement.

En effet, il est constant en principe, « que
» l'obligation contractée par la caution, dans le
» cas particulier, forme un contrat judiciaire ;
» or, si l'exécution du jugement ne peut avoir

____

(1) 11 *Frim. an XIII.* Cass. COLLET-DUHAMEL. Jour. des Aud. an 13, p. 145.

» lieu, parce que le cautionné s'est enfui, il
» a par cela seul refusé de se représenter en
» justice, quand il en a été requis; et l'obli-
» gation de payer le montant du cautionne-
» ment est acquise contre la caution. » (1) *V.*
le *Traité de compétence*, part. crim. *nombre*
60, pag. 164.

CAUTIONNEMENT. *Mat. civile.*

Fournis par
les comptables
Enregistrem.

1.º *CAUTIONNEMENS* (les) *fournis personnellement par les comptables, sont passibles d'un
droit d'enregistrement.*

Parce que « la loi du 24 novembre 1790,
» art. 7; le n.º 2 de la première section du
» tarif annexé à celle du 5 décembre de la
» même année, et les lois des 15 germinal an IV
» et 22 frimaire an VII; ne font aucune
» distinction entre les cautionnemens fournis
» par les receveurs sur leurs immeubles per-
» sonnels et ceux fournis sur les immeubles
» d'un tiers qui y consent; et que de quelque
» manière que soit fournie cette garantie im-
» posée par la loi aux receveurs de deniers
» publics, sous le nom de *cautionnement en im-
» meubles*, elle tend au même but et satisfait
» aux mêmes dispositions, et qu'enfin aucun
» motif ne permet de distinguer là où la loi n'a
» pas distingué. » (2)

D'une con-
damnation
mobiliaire.

2.º *CAUTIONNEMENT* (le) *du montant d'une*

---

(1) 17 *Germ. an X.* Cass. d'office. Bul. de la Cour,
an 11; part. crim. p. 285.

(2) 14 *Frim. an XII.* Cass. *Régie de l'enregist.* Jour. des
Aud. an 12, p. 191. — Jur. an 12, p. 159. — Jour. du
Pal. an 12; 1. s. p. 503.

condamnation mobiliaire, est, indépendamment
du droit perçu sur le jugement portant cette
condamnation, sujet au droit proportionnel de
5o centimes par cent francs.

Parce que, « dans l'espèce, il n'est question
» ni de cautionnemens de personnes à repré-
» senter, ni de certificats de cautions, assujettis
» par l'article 68 de la loi du 22 frimaire an
» VII, au simple droit fixe d'un franc; mais
» d'actes sujets à un droit proportionnel de 5o
» centimes par cent francs, d'après l'article
» 69, n.° 8, qui est général est sans exception,
» et veut que le droit soit perçu, indépendam-
» ment de celui de la disposition que le cau-
» tionnement a pour objet, pourvu qu'il ne
» l'excède pas. » (1)

3.° *CAUTIONNEMENT* (*l'offre d'un*) *en matière*
hypothécaire, a l'effet d'autoriser les juges à
colloquer provisoirement un créancier postérieur
à ceux inscrits pour des droits éventuels, sur
des deniers affectés à ces droits, à la charge de
fournir le cautionnement offert.

En matière
hypothécaire.

Justifions cette règle et par l'espèce, et par
les principes : *sur l'espèce*, si l'épouse de mon
créancier, (décédé après avoir vendu ses biens)
a pris hypothèque, avant moi, pour raison de
sa dot et des intérêts, pour son douaire pré-
fixe avec arrérage, pour les frais de deuil et
pour son droit d'habitation : il est certain , *en*
principe, que le douaire de cette dame, son
droit d'habitation et ses frais de deuil ne
pouvant constituer qu'une créance éventuelle ,

---

(1) 3 *Prair. an XII.* Cass. *Régie de l'enregist.* Jour. des
Aud. an 12 , p. 549. —— Jur. an 13, p. 15. —— Jour. du
Pal. an 13, 1. s. p. 85. —— Bul. de la Cour, an 12 , p. 277.

je dois, quoique créancier postérieur, être colloqué provisoirement, sur la somme destinée à cette créance, à la charge de donner caution pour la conservation des droits éventuels. (*)

D'après la distinction faite par *les juges,*
» *qui en auraient décidé ainsi,* entre les créan-
» ces certaines, mais seulement temporaires,
» et celles incertaines et qui peuvent n'exis-
» ter jamais, on ne pourrait leur reprocher
» d'avoir violé aucune loi, par les arrange-
» mens suggérés par l'équité et par les divers
» créanciers; les droits de *ladite dame* se trou-
» vant parfaitement garantis, au cas qu'ils
» vinssent jamais à s'ouvrir. » (1)

EN MATIÈRE DE COMMERCE. 4°. *CAUTIONNEMENT* (*le*) *des effets de commerce a lieu par le cautionnement simple;* (**) lequel est réglé par l'art. 20 de l'ordonnance du commerce de 1673; et par lequel la caution est déchargée, de plein droit, après trois ans, lorsqu'elle est donnée pour l'événement de lettre de change adhirées:

« Cet article 20 ne s'applique qu'aux cau-
» tions de lettres de change. » Voyez *Effets de commerce.*

EN MATIÈRE DE DOUANES. 5.° *CAUTIONNEMENT* (*le*) *prêté en matière de douanes entraîne la contrainte par corps.*

C'est-à-dire que celui qui se rend caution, qu'une autre personne rapportera aux bureaux des douanes un certificat portant que

---

(*) Ainsi jugé par la Cour d'appel de Paris.

(1) 4 *Frim.* an *XIV.* Rej. GRELET. Jour. des Aud. an 14 et 1806, p. 154.

(**) Par l'*endossement,* enfin par l'*aval*; voyez ces mots.

les

les marchandises, pour lesquelles il aurait été pris un acquit à caution, sont arrivés à leur destination, peut être contraint dans ses biens et par corps, faute, par le cautionné, d'avoir rapporté le certificat dont il s'agit.

En effet, « la loi du 4 germinal an II, en » autorisant la contrainte par corps en matière » de douanes. tant pour droits que pour amen- » des et restitutions, n'établit pas un droit nou- » veau, elle est seulement déclarative d'un » droit préexistant, et prouve incontestable- » ment que, nonobstant l'abolition de cette » contrainte en général, elle a continué d'avoir » lieu en matière de douanes; » (1) ce qui est plus amplement établi au mot *Contrainte par corps.*

6.º *CAUTIONNEMENT (le) fourni par un pré- venu de délit correctionnel, n'empêche point qu'après sa condamnation à un emprisonnement par le tribunal de première instance, il ne puisse être à l'instant emprisonné.*

EN MATIERE CRIMINELLE.
 Mise en liberté.

« Parce que l'article 35 de la loi du 19 juil- » let 1791, n'est révoqué par aucune loi; et » que, ni l'article 222 du code des délits et » des peines, ni la loi du 29 thermidor an IV, » ne sont violées par l'application du susdit » article 35. » Voy. l'espèce, au *Traité de com- pétence*, part. crim. page 204 nomb. 104.

CAYENNE.

1.º *CAYENNE (les arbitres publics établis à) pour la décision des affaires de commerce ont*

Arbitres publics.

---

(1) 14 *Vend. an XI.* Cass. *Régie des Douanes.* Bul. de la Cour, an 11, p. 17.

été soumis aux règles ordinaires du premier ou dernier ressort.

C'est-à-dire. « que le tribunal des arbitres » publics de Cayenne., prononçant en pre- » mier et dernier ressort, quoique la condam- » nation s'élevât à la somme de 44,706·fr. au- » rait violé l'art. 4 du titre 12 de la loi du 24 » août 1790, et commis, par conséquence, » un excès de pouvoir. » (1)

Pourvoi en cassation.

2.º *CAYENNE (·les habitans de·) sont dispensés de la rigueur des délais fixés par le régle-ment de 1738 pour se pourvoir en cassation.*

La section des requêtes de la Cour en avait décidé autrement le 22 vendémiaire an XII; mais, la section civile s'écartant de cette sé-vérité, a décidé que,

« Le réglement de 1738 était sans appli- » cation dans l'espèce ; la colonie de l'île de » Cayenne, plus récemment civilisée, n'étant » pas comprise dans ses dispositions. » (2)

CÉCITÉ.

Voyez la définition à la note grammaticale du mot *Aveugle*, et l'application au mot *Testa-ment.*

CENS. (*)

Principes généraux sur le cens,

1.º *CENS (le) a été supprimé avec les autres droits féodaux par la loi du 11 août 1789.*

---

(1) 27 *Frim. an XII.* Cass. *VIDAL.* Bul. de la Cour, an 12, p. 94.

(2) 5 *Brum. an XII.* Cass. *VIDAL.* Jour. du Pal. an 12, 1. s. p. 437.

(*) *Cens*, était parmi nous une rente seigneuriale

« L'article 1.er de la loi du 17 juillet 1793 *d'après la lé-*
» a prononcé la suppression, sans indemnité, *gislation ac-*
» de toutes rentes ci-devant seigneuriales, *tuelle.*
» droits féodaux, *censuels*, &c. » (*)

« Les articles 6 et 7 ordonnent le dépôt et
» brûlement des titres constitutifs ou réco-
» gnitifs desdits droits supprimés : ce qui sup-
» pose que l'intention du législateur était
» d'anéantir toutes les rentes, même fonciè-
» res *créés simultanément avec le cens;* et
» l'intention de la loi, dans ce sens, a été fixée
» par le décret du mois de ventôse an II. »

2°. « *ARRIÈRE-CENS*, (*1*) *qui exprime une*
» *rente foncière, par opposition au mot cens,*
» *qui désigne d'ordinaire une redevance sei-*
» *gneuriale,* »

« Loin d'être supprimé sans indemnité par
» l'article 1.er de la loi du 17 juillet 1793, est

---

foncière, dont un héritage était chargé envers le seigneur du lieu; son origine remonte au temps où les
Francs donnèrent les terres qu'ils conquirent à ceux qui
consentaient à les servir à la guerre, ou qui s'enga-
geaient à leur payer *cens* et *rente*. D'après les monu-
mens de l'ancien droit, *dit M. MERLIN*, le mot *cens* si-
gnifiait *redevance*, soit foncière, soit personnelle; suivant les coutumes du nord, il n'indique jamais une redevance récognitive de la directe seigneurie : enfin, dans
les coutumes d'Artois, de Flandres et de Hainault, le
mot *cens* est synonime de *bail à ferme* ou *fermage*. ——
ENTRE-cens, en Hainault, était, dans sa nature origi-
nelle, la représentation du droit de police appartenant
au seigneur haut-justicier sur *l'avoir en terre non-extrayé.*

(*) *Nota*. Nous ne rapporterons ici que le principe
sur la suppression du cens; et pour les espèces particulières, il faut avoir recours au mot *Rente*, §. de leur
suppression.

(1) 12 *Germ. an XII*. Cass. *ROBINE*. Jour. du Pal.
an 12, 2. s. p. 81.

» maintenu par l'article 17 de celle du 28
» août 1792. » (1)

CENSURE.

RÈGLES GÉNÉRALES. 1.º *Censure* (*la*) *n'est point le droit de surveillance accordée aux Cours d'appels sur les tri-
bunaux civils de leur ressort et aux tribunaux
civils sur les juges de paix de leur arrondissement, par le sénatus-consulte du 16 thermidor
an X.*

En effet, « l'article 84 du sénatus-consulte
» précité n'attribue aux tribunaux civils que
» le droit de surveillance sur les juges de
» paix de leur arrondissement. »

Ainsi « les tribunaux de première instance
» en faisant des défenses aux juges de paix
» de *faire tel ou tel chose*, en leur faisant en-
» suite des *injonctions*, s'attribuent le droit
» de reprendre, qui n'est attribué, par l'art.
» 82 du sénatus-consulte, qu'au grand Juge,
» Ministre de la justice. »

D'où il suit « qu'ils commettent un excès
» de pouvoir, en faisant un réglement de l'es-
» pèce dont il s'agit. » (2) Voyez *Défenses*
et *Surveillance*.

2.º *Censure* (*la*) *de la Cour de cassation a
lieu lorsque des juges, par un fatal oubli de
leur devoir, (heureusement rare) accordent, à
prix d'argent, l'impunité.*

En effet, « faire céder ses devoirs à une pitié
» mal entendue et à de fausses et vaines con-

____

(1) 17 *Niv. an XIII.* Cass. *Régie de l'enregist.* Bul. de
la Cour, an 13, p. 132.

(2) 26 *Prair. an XI.* Cass d'office Jur. an 11, p. 289.
— Bul. de la Cour, an 11, p. 302.

» sidérations, c'est oublier que le magistrat,
» dans l'exercice de ses fonctions, doit être
» semblable à loi, qui ne consulte ni la pi-
» tié, ni l'indignation, mais pour qui la jus-
» tice est tout ; »

C'est « oublier que l'impunité des crimes
» est une calamité publique, et que l'ab-
» solution d'un coupable est un véritable at-
» tentat contre la sûreté. »

« Par ces considérations, la Cour censure
» cet oubli dans la personne de ses auteurs. »

« Elle distingue celui qui est sans reproche,
» elle le déclare, et le renvoie continuer à
» rendre la justice avec courage et impar-
» tialité. » (1)

CERTIFICAT. *Matière civile.*

1.º *CERTIFICAT* (le) *d'amnistie délivré à un*   D'amnistie.
individu en même temps révolté et inscrit sur la
liste des émigrés, ne peut le faire considérer
comme rayé de cette liste ; mais, il peut faire
cesser l'état de mort civile de cet individu.

« Parce qu'aucune loi n'a dit que celui qui
» serait absous d'un délit de chouannerie,
» serait absous du délit d'émigration ; or,
» lorsque les juges ont décidé, en point de
» fait, *qu'un individu* est émigré, ils peu-
» vent juger, sans excès de pouvoir, que *cet*
» *individu*, quoiqu'absous du délit de chouan-
» nerie, n'est pas moins réputé émigré à la
» même époque. » (2)

---

(1) 15 *Prair. an XI.* Cass. d'office. Jur. an 11, p. 290.
(2) 5 *Therm. an XII.* Rej. DELESPINAY. Jour. des Aud.
an 12, p. 571.

Mais, par exemple, « l'amnistie, du 6 flo-
» réal an X, étant accordé en termes de
» présent, et non pour l'avenir, à tout émi-
» gré qui, à cette époque, n'était pas rayé
» définitivement; il s'ensuit que l'émigré qui
» avait satisfait, au 4 thermidor de l'an X,
» à toutes les obligations qui lui étaient impo-
» sées, a pû jouir du bénéfice de la loi, (ce
» fait résultant du *certificat* qu'en aurait fait
» dresser le ministre de la police), il avait
» au moins, dès cet instant, recouvré la
» plénitude de l'exercice des droits civils,
» encore que le *certificat* du ministre de la
» justice n'eût été délivré qu'après sa mort. »
(1) Voyez *Mort civile*, *Testament*.

2.° *CERTIFICAT* (le) d'indigence *non approuvé
par le Préfet peut être suppléé, devant la Cour
de Cassation, par un second certificat.*

Celui *signé seulement de la griffe du Préfet,
est admissible comme s'il était signé à la main.*

En effet, « le certificat (supplétif d'un pre-
» mier et dans la forme susdite) est conforme à
» la loi, comme étant approuvé par le Préfet,
» et contresigné par le secrétaire général. » (2)

Mais si « la partie n'a accompagné son pour-
» voi ni d'un certificat de consignation d'a-
» mende, ni d'un certificat constatant son
» indigence, (ou qu'elle ne possède aucune es-

____

(1) 5 *Niv an XIII.* Rej. TRIQUEVILLE. Jour. des Aud.
an 13, p. 189.

(2) 1.er *Fruct. an IX.* Cass. COISSART *et consort.* Bul.
de la Cour, an 9, p. 330. — Jur. an 10, p. 46. — Jour.
du Pal. an 10, 1. s. p. 1.re

» pèce de propriété ; expression jugée suffi-
» sante par la Cour,). (1)

« La Cour la déclare non-recevable dans
» son pourvoi, et la condamne à l'amende de
» 150 fr. » (2)

3.° CERTIFICAT (*l'erreur commise dans le*) *délivré par le conservateur des hypothèques, à l'acquéreur d'un immeuble, ne laisse d'autre ressource au créancier qui a été omis, après le paiement de cet immeuble, que d'exercer son recours contre le conservateur.*

EN FAIT D'HYPOTHÉQ. Loi du 11 brum. an 7.

C'est-à-dire, que si je prends hypothèque sur les biens de mon créancier, et que j'omette, par ignorance ou par oubli, un de ses noms de baptême ; cette omission sera cause que mon hypothèque ne portera pas sur la personne de mon débiteur : or, s'il vend ses biens, je ne serai point compris dans le certificat des inscriptions demandé par l'acquereur ; et si ce dernier effectue de suite son paiement, il demeure affranchi de ma créance ; sauf mon recours contre le conservateur, dans le cas où l'erreur proviendrait de son fait.

En vain ferais-je notifier cette erreur à l'acquéreur, avec sommation de rapporter le certificat des inscriptions qui lui aurait été délivré, pour le rectifier ; vainement, sur son refus de satisfaire à ma sommation, prendrais-je un certificat de mon inscription, le ferais-je signifier à tous les créanciers et à l'acquéreur, avec protestation d'exercer mes droits ;

---

(1) 26 *Flor. an XII.* Rej. COUDRILLE. Jur. an 12, S. p. 140.

(2) 18 *Germ. an X.* Rej. d'office. Bul. de la Cour, an 10 ; part. crim. p. 290.

inutilement enfin , et sur le refus d'accéder à
ma demande, appellerais-je toutes les parties
en justice ; car , *les juges de première instance ,*
en m'admettant à justifier mes droits et à pro-
voquer la sur-enchère des biens en question,
fourniraient matière à la réformation de leur
décision. (*)

En effet, « le certificat délivré à l'acquéreur,
» par le conservateur des hypothèques, aurait
» rempli le vœu de l'article 51 de la loi du 11
» brumaire an VII ; et dès ce jour l'acquéreur
» auroit pu procéder sur la foi de ce cer-
» tificat ; enfin, dans cette position , les juges
» d'appel n'appliqueraient pas faussement les
» art. 51 , 52, et 53 de ladite loi de brumaire,
» en déterminant que les droits de ce créan-
» cier ne peuvent être plus étendus que ceux
» d'un créancier omis par le conservateur. » (1)

EN MATIÉRE
DE DOUANES.
D'origine.

4°. CERTIFICATS (les) d'origine *pour les mar-*
chandises étrangères introduites en France, sont
indispensables à peine de confiscation desdites
marchandises.

« Dans le systême de la loi du 10 brumaire
» an V , toutes marchandises étrangères, non
» accompagnées de certificat d'origine, sont
» par cela seul dans le cas d'être saisies et con-
» fisquées, au moment même où elles attei-
» gnent les bureaux des douanes ; sans qu'il
» soit nécessaire , comme dans le cas prévu par

(*) Telles ont été les procédures exercées dans l'espèce jugée , et que nous avons pensé devoir être rapportées, le créancier ayant épuisé tous les moyens pour
le succès de sa cause.

(1) 9 *Niv. an XIV.* Rej. BIERS. Jour. des Aud. an 14
et 1806, p. 110.

» l'article 2 du titre 5 de la loi du 22 août
» 1791, qu'elles aient dépassé ces bureaux. »
(1)

« Lorsque les marchandises étrangères, (par
» exemple du fer ouvré en forme de clous),
» sont introduites sans être accompagnées des
» certificats prescrits par l'article 13 de la sus-
» dite loi de brumaire; l'introducteur ne peut
» profiter de l'exception contenue en l'article
» 1.er de la loi du 19 pluviôse an V. » (2)

« Les marchandises dont l'entrée en France
» est prohibée, (par exemple, de *soie* et *coton*,
» venant de *Suisse*), ne peuvent, par là
« même, être admises à y transiter, (*) si
» elles ne sont accompagnées d'un certificat
» d'origine, tel que le prescrivent les *lois de la*
» *matière*, constatant qu'elles ont été fabri-
» quées dans le pays *dont il y est fait mention:*
» ce certificat constatant seulement que les
» marchandises en question sont une propriété
» *du même pays*, donnerait lieu à la saisie
» des marchandises. »

« En supposant le certificat d'origine conçu
» dans les termes de la loi, il ne doit s'appli-
» quer qu'aux marchandises déclarées (**), et

---

(1) 14 *Germ. an XIII.* Cass. *Régie des douanes.* Bul. de
la Cour, an 13, part. crim. p. 210.

(2) 8 *Prair. an X.* Cass. *Régie des douanes.* Bul. de la
Cour, an 10, part. crim. p. 347.

(*) *Transiter.* C'est passer par les bureaux des douanes sans être visité et sans payer les droits. V. *Transit* et
Douanes.

(**) Voyez *Déclarations* et *Douanes.*

» non à celles dont il n'est pas fait mention
» dans la déclaration. (1)

EN MATIÈRE
DE FAUX.

5°. *CERTIFICAT* (*un faux*) *constatant que la maison du fabricateur a été brûlée, &c. ; et destiné à mendier, ne peut donner lieu qu'à des peines correctionnelles.*

En effet « l'auteur de ce certificat étant pré-
» venu d'avoir mendié avec un faux certifi-
» cat, c'est le cas prévu par l'art. 23 de la loi
» du 19 juillet 1791 ; et non celui de l'art. 2
» de la loi du 23 floréal an X , dont le but est
» de punir des faux autrement nuisibles à la
» société. » (2) V. *Faux*

« D'où il suit qu'une Cour de justice crimi-
» nelle spéciale mixte , en se déclarant com-
» pétente pour connaître d'un faux certificat
» que l'on a fabriqué et dont on a fait usage
» pour mendier, ferait une fausse application
» de l'art. 2 de la susdite loi de floréal. » (3)

EN MATIÈRE
CRIMINELLE.
De moralité.

6.° *CERTIFICATS* (*les*) *de moralité des accusés peuvent être produits devant les jurés de juge-mens sans contravention à l'article 382 du code du 3 brumaire an IV.*

En vain dirait-on : que cet article n'autorise
pas à remettre, sur la demande du défenseur
du prévenu , sous les yeux des jurés , des certificats sur la moralité du prévénu :

Parce que « lesdits *certificats*, qui seraient

---

(1) 17 *Flor. an XI.* Cass. *Régie des douanes.* Bul. de la Cour, an 11 , part. crim. p. 239.

(2) 11 *Messid. an XII.* Cass. ... Bul. de la Cour, an 12 , part. crim. p. 251.

(3) 5 *Fruct. an XII.* Cass. ... Bul. de la Cour, an 12, part. crim. p. 310.

» remis aux jurés, ne sont point de ceux que
» la loi défend de leur communiquer; en con-
» séquence il n'y aurait pas de contravention
» à l'article 382 précité. » (1)

CESSION, CESSIONNAIRE.

1.º *Cession* (*la*) d'une rente féodale, *faite à un particulier non seigneur, avant la suppression de ces rentes, avec la réserve de la directe et du cens, n'a point changé la nature de cette rente*, qui a été également supprimée,

D'après les termes; « que le cessionnaire
» viendrait faire mesurer le blé; que le seig-
» neur le ferait conduire ensuite dans la mai-
» son du cessionnaire, et que dans le cas où
» les débiteurs ne paieraient pas, le seigneur
» serait tenu de le faire, et qu'elle serait tenue
» comme *roturière* à charge de deux deniers
» de *cens*. »

En effet « cela résulte, tant de l'acte de ces-
» sion que de la manière dont elle a été
» payée; » (*)

D'où il suit « qu'elle a toujours conservé sa
» qualité primitive de *noble* et *féodale*, jus-
» qu'à l'époque de la publication des lois qui
» ont aboli tous les droits féodaux; et qu'elle
» est comprise dans la suppression, sans in-
» demnité. » (2)

De rente féodale.

---

(1) 27 *Fruct. an IX*. Rej. d'office. Jur. an 10, p. 63.

(*) Dans l'espèce, le seigneur avait poursuivi les redevables de la rente, et obtenu contr'eux des juge-mens.

(2) 5 *Germ. an XIII*. Cass. *Coudrin et Pinau*. Jour. des Aud. an 13, p. 441. —— Bul. de la Cour, an 13, p. 264.

D'un droit de réméré.
Enregistrem.

2.º CESSION (la) *d'un droit de réméré rend le cessionnaire, lorsqu'il exerce ce droit, simple acquéreur de l'immeuble, dont il s'agit :*

En cette qualité il doit le droit d'enregistrement auquel est assujettie toute transmission de propriété immobiliaire.

Parce que « lorsque le retrait est exercé par
» un tiers, en vertu de la cession que le ven-
» deur lui a faite de la faculté de réméré qu'il
» s'était réservée, la remise de l'immeuble
» consentie en faveur de ce cessionnaire, opère
» incontestablement le même effet que si le
» vendeur eût exercé lui-même le retrait con-
» ventionnel, et qu'il eût ensuite vendu le
» bien au tiers qui en est mis en posses-
» sion »

« D'où il suit qu'en affranchissant l'acte
» d'exercice du retrait, cédé au cessionnaire,
» du droit de mutation qui en est la suite
» nécessaire, les juges feraient une fausse ap-
» plication du n.º 1.ᵉʳ du §.2 de l'art. 69 de
» la loi de frimaire an VII. » (1) Voy. *Enre-gistrement, Mutation et Réméré.*

Du droit de congément.

3.º CESSIONNAIRE (le) *des droits d'un proprié-taire foncier, qui a exercé le* CONGÉMENT (*) *et fait estimer les édifices et superficies, est pas-sible d'un droit d'enregistrement de quatre pour cent du montant de la prisée, à raison de la transmission de propriété d'immeuble.*

---

(1) 21 *Germ. an XII.* Cass. *Régie de l'enregist.* Jour. des Aud. an 12 , p. 357. —— Bul. de la Cour, an 12, p. 235. — Jour. du Pal. an 12, 2. s. p. 371.

(★) Qui a renvoyé le possesseur du bien à sa volonté, en lui remboursant seulement les améliorations faites à la chose congéable. *Terme de coutume.*

Parce que « le congément exercé par le ces-
» sionnaire du propriétaire foncier a l'effet de
» transmettre au cessionnaire nouveau *colon*
» (*) comme le ferait une nouvelle *Baillée*,
» (**) les édifices et superfices avec le fonds ; et
» qu'une pareille transmission opère, par con-
» séquent, une véritable mutation de biens
» immeubles , sujette au droit d'enregistre-
» ment de quatre pour cent. » (1)

4.º « CESSION (*la valeur d'une*) de droits suc-
» cessifs *doit être déterminée, tant d'après le*
» *prix exprimé dans les divers contrats de ces-*
» *sion, que d'après les charges qui font partie de*
» *ce prix.* »

  » Parce qu'il est incontestable , en droit ,
» qu'un acquéreur de droits successifs est
» subrogé à l'héritier qu'il représente ; »

  « Que l'actif de la succession devient la
» propriété de cet acquéreur ; » .

  « Que les dettes passives sont également
» à sa charge, comme elles auraient été à
» la charge de l'héritier. »

Donc « en décidant le contraire les juges
» violeraient l'art. 15 de la loi du 22 frimaire
» an VII. » (2) V. *Enregistrement, Jugement*
par défaut.

5.º « CESSIONNAIRES (*les droits des*), antérieurs

De droit de succession.

De la propriété

(*) *En jurisprudence*, c'est le fermier ou celui qui
cultive un héritage.

(**) *Baillée.* DATUS, TRADITUS ; l'action de donner.

(1) 1.ᵉʳ *Vent. an XII.* Cass. *Régie de l'enregistr.* Bul.
de la Cour, an 12, p. 181.

(2) 20 *Niv. an XII.* Cass. *Régle de l'enregistr.* Bul. de
la Cour, an 12, p. 119. — Jour. du Pal. an 12, 2. s.
p. 322.

d'un auteur.
Privilège obtenu sous l'ancien régime.

» *à la loi de 1793. doivent être réglés, tant*
» *par les lois anciennes que par leur titres in-*
» *dividuels, et non par la loi de 1793.* »

Parce que, « dans l'article 7 de cette loi, il
» n'est question que des héritiers, et qu'on ne
» rend pas, comme dans l'article 2, le béné-
» fice de cet article 7 commun aux cession-
» naires. » (1) Voyez *Auteurs, Contrefaçons,
Privilèges,* et *Propriété d'auteurs.*

En matière de commerce

6.° « *Cession* (*toute*) en matière de com-
» merce *porte garantie, sans que le cessionnaire*
» *soit astreint aux délais fixés par les art. 15*
» *et 16 de l'ordonnance de commerce.* »

Ce principe s'applique aux endosseurs d'un
mandat souscrit en forme de lettre de change,
encore qu'il n'ait pas tout le caractère d'une
lettre de change, et pour lequel les endosseurs sont tenus à la garantie.

C'est-à-dire « que les juges en appliquant
» à la garantie de l'effet en question, la fin
» de non - recevoir portée pour les lettres
» de change, en même temps qu'ils décla-
» reraient que cet effet n'en est pas un feraient
» une fausse application des dispositions pré-
» citées de l'ordonnance de 1673 , et viole-
» raient les principes et les lois applicables en
» matière de mandats et de cession. » (2)

CHAMPART. (*.)

Distingué

Champart (*le droit de*) était ou *féodal* ou

----

(1) 29 *Prair. an XI.* Cass. *Ducayroi et Lenormant.*
Jour. des Aud. an 12, p. 51. — *Daté du 27 ou* Bul. de la
Cour, an 11, part. crim. p. 174.

(2) 16 *Pluv. an XIII.* Cass. *Lecoq.* Bul. de la Cour,
an 13, p. 193.

(*) Termes de coutume; c'était le droit accordé au

foncier suivant qu'il était établi par la coutume, **en féodal ou foncier.**
ou qu'il était reconnu par les titres.

Le champart foncier n'a pas été aboli par les lois nouvelles.

En thèse « s'il était des cas où le champart » ou *terrage* possédé par le seigneur direct » des fonds qui y étaient assujettis, était ré- » puté seigneurial, il est au moins certain » que, dans les mains d'un particulier non » seigneur, il était, par le droit commun, » considéré comme une prestation foncière et » non seigneuriale, si le contraire n'était » prouvé par titre, ou établi par le statut lo- » cal. »

Il était foncier en Hainault; « la coutume de **Où il était foncier. Hainault.** » ce pays, loin de déroger à cet égard au » droit commun, regardait le terrage comme » *matière de propriété* (art. 3 du chap. 107); » il résultait des dispositions de cette cou- » tume, qu'il était sujet à prescription, et les » droits seigneuriaux y étaient imprescripti- » bles; d'où il suit qu'en général le terrage » y était considéré comme un droit foncier. »

Or, « les lois nouvelles n'ont point détruit » cette présomption; en supprimant le terrage » seigneurial, elles ont expressément conservé » celui qui était de nature foncière; l'article » 17 de la loi du 25 août 1792 excepte formel- » lement le champart qui ne tient pas à la » féodalité, et qui était dû par des particu- » liers à des particuliers non seigneurs ou », possesseurs de fiefs. »

---

seigneur de prendre sur le champ une certaine part de blés ou autres fruits de la terre; toutefois après la dîme. Il était aussi nommé *Agrie* ou *Terrage;* voyez ce dernier mot.

De la circonstance « que le ci-devant seig-
» neur de l'un des territoires dans lesquels
» le droit aurait été constamment perçu jus-
» qu'en 1792. en possédait lui même une quo-
» tité, concurremment avec des particuliers,
» on ne pourrait inférer que la totalité du
» droit eût été originairement feodale. »

Où il était féodale.

Il aurait été féodal; « dans la double sup-
» position qu'il eut été constitué pour prix
» de la concession des fonds qui y étaient as-
» sujettis, et que les fonds eussent fait, avant
» cette concession, partie d'un fief seigneu-
» rial; »

Or, « il est impossible que de ces deux
» conditions, la seconde se rencontre lorsque
» les fonds sujets au droit ne relevaient pas
» tous d'une seigneurie; et ce n'était alors
» que passivement que le *possesseur* tenait en
» fief le terrage ou *champart*, comme il au-
» rait tenu tout autre fonds ou droit immo-
» bilier. »

Enfin « lorsque l'article 17 de la loi du 25
» août 1792 porte *de possesseurs de fiefs*, il ne
» peut s'entendre sainement que des posses-
» seurs de fiefs dominans, et non des pro-
» priétaires servans. »

« Enfin, des principes ci-dessus, il suit
» que les juges contreviendraient à cet arti-
» cle 17, dont ils feraient une fausse applica-
» tion; et en même temps contreviendraient
» à l'article 5 précédent, qui n'a supprimé que
» le terrage féodal. »

En décidant *primo* d'après la circonstance,
qu'un terrage ou champart se partageait avec
un seigneur et était, ainsi que cette seigneurie, tenu en fief du Roi; qu'il serait à présumer
qu'il était seigneurial, comme la portion restée
en

en la main du ci-devant seigneur , et qu'il est par conséquent aboli :

2.º Que le propriétaire ne rapportant pas le titre primordial , il doit être débouté de sa demande en paiement de ce droit, sans pouvoir invoquer l'art. 17 de la susdite loi. (1)

CHASSE. (*Droit de*)

1.º » *Chasse (le droit exclusif de) sur tous* » *les domaines relevant d'une seigneurie, a* » *été aboli par le décret du 6 août* 1789. »

De sa suppression.

D'où il suit que la suppression d'un droit de chasse, qui faisait partie d'un contrat mixte étant partie vente et partie bail à rente, donne lieu à la réduction de la rente stipulée au contrat. Voyez *Bail*, pag. 299 , nomb. 1.er

Cette abolition a éteint tous les procès rela- *tifs au droit de chasse, même ceux élevés avant* *la révolution, entre les seigneurs de fiefs voisins.*

Parce que « les demandeurs n'ont pu se fon- » der , avant la révolution , pour l'exercice de » leur action , que sur le droit qu'ils avaient » en leur qualité de seigneur. »

« D'où il suit que les juges actuels , *en dé-* » *clarant ces procès abolis, aux termes de la* » *loi du 25 août* 1792, *et en compensant les* » *dépens* , n'appliqueraient pas faussement la » disposition de cet article. » (2)

2.º *Chasse* (*la*) *est interdite dans les bois na-*

----

(1) 17 *Flor an XII.* Cass. *Thobois.* Bul. de la Cour, an 12, p. 253. — Jour. du Pal. an 12, 2. s. p. 312.

(2) 20 *Frim. an XIII.* Rej. *Patureau.* Jour. du Pal. an 13, 2. s. p. 337.

tionaux, et dans les bois communaux sans distinction.

Voyez au mot *Bois*, pag, 335 , nomb. 5.

CHEMIN.

» *CHEMIN (un) qui n'est utile qu'à l'exploi-*
» *tation des terres labourables , ne peut être*
» *regardé comme une voie publique;* mais bien
» comme un chemin particulier. » Voyez
Exception de propriété , *Passage* , *Usurpation*
sur la voie publique,

CHEPTEL. (*)

Lorsqu'il est donné au fermier , du consentement du propriétaire.

CHEPTEL (le) donné à un fermier , du consentement du propriétaire de la ferme, ne peut être saisi par ce propriétaire,

C'est-à-dire que le propriétaire de la ferme ne peut exercer son privilège sur les choses données à cheptel; et que s'il le faisait, le propriétaire de ces choses serait fondé à les revendiquer.

En vain, le premier invoquerait-il les dispositions des coutumes de *Bourbonnais* et de *Paris,* (**) en ce qui touche le privilège des propriétaires de biens fonds, pour soutenir que ces dispositions établissant le privilège du

---

(*) C'est le bail d'animaux dont le profit se partage entre le propriétaire et celui à qui il les confie : (*article 1711 du code civil*) et qu'en jurisprudence on nomme *Cheptelier.*

On trouve dans les coutumes, dans les anciens auteurs et dans les vieux titres *Chatel, Chaptel, Catel, Cateux* et *Chetel;* il faut lire *Cheptel.*

(**) Articles 17 et 19 de la première, et 161 de la seconde,

propriétaire sur-tout ce qui se trouve dans son domaine, pour le paiement des fermages, il devrait, dans l'hypothèse la plus favorable au cheptel, être maintenu dans son privilège sur la partie des profits résultant du bétail donné à cheptel, et revenant au fermier : vainement, ajouterait-il, que le propriétaire du cheptel ne pourrait vendre, ultérieurement à la saisie qu'il aurait fait apposer sur ce cheptel, les bêtes qui le composent; et que le jugement qui validerait intégralement cette vente, contreviendrait aux articles des coutumes citées, et fournirait motif à sa cassation.

On lui opposerait, avec fruit, « que les dispositions de ces coutumes n'ont eu pour objet que de mettre les propriétaires à l'abri des fausses réclamations, et qu'étant prouvé qu'il a consenti au placement des bestiaux dans son domaine; dès-lors, ce consentement équivaut à une renonciation d'exercer aucune action sur le cheptel confié à son fermier, » (1) Voyez *Administrateurs* et *Administrations*, pag. 95 nomb. 3.

---

(1) 3 *Prair. an XII. Rej. Rousseau.* Jour. du Pal. an 12, Coll. p. 369.

Fin du deuxième Volume.

Nota. Ne sont point compris ici les mots qui ne font qu'indiquer les renvois à d'autres mots.

„ Au fond, votre demande n'est pas fondée. Le con-
„ trat d'union d'enfans , sur lequel vous vous appuyés,
„ n'a aucune existence certaine ni légale. Vous ne
„ prouvés d'ailleurs, ni le montant des sommes qui vous
„ seroient revenues, ni que votre vitric ait hérité de son
„ frere Claude Grand. Votre assertion ici est d'autant
„ moins exacte, que non seulement Claude Grand, a sur-
„ vecu à votre vitric, mais que même il a, par testament,
„ disposé de la totalité de ses biens en faveur de tier-
„ ces personnes, d'où votre prétention à ce sujet est dou-
„ blement déplacée. Enfin, loin que la transaction vous
„ ait lésé, vous avés, par elle, perçu au delà de ce que
„ vous eussiés pu exiger. Comment donc ensuite osés
„ vous vous plaindre, et me présenter, aux tribunaux, sous
„ des traits qui ne conviennent ni à ma réputation, ni à
„ ma probité connue.....?

La réponse à ces objections est facile, et d'abord; ce

Conditions de la Souscription, pour le présent et pour les années suivantes.

Le prix de chaque volume est de 4 fr. 25 cent., à Trèves chez M. MONTAINVILLE, *Juge et Rédacteur*; et 5 fr. 50 cent. franc de port.

Les souscriptions doivent être faites pour l'ouvrage entier, et être maintenant accompagnées du prix d'un volume à l'avance, le tout adressé franc de port, à M. HORN, notaire impérial à Trèves, (*Suite*).

M. RONDONNEAU, Imprimeur ordinaire du Corps législatif, au dépôt des lois, rue Saint-Honoré, à Paris.
Madame veuve DUFRESNE, Libraire, au Palais de Justice, à Paris.

M. M. DEMAT, à Bruxelles; KEIL, à Cologne; CUDEL *et compagnie*, à Aix-la-Chapelle; Charles BOCCA, à Turin; chez tous les Libraires des grandes villes.

Les volumes sont expédiés aussitôt la souscription parvenue.

Les exemplaires ont été déposés à la bibliothèque impériale. Chaque volume est signé comme le présent, à la suite de l'avis au Lecteur.

Modèle de la souscription.

Je soussigné …. m'engage à recevoir la totalité du Dictionnaire de la Jurisprudence de la Cour de Cassation, pour …. exemplaires, suivant l'annonce du Rédacteur, en date du 10 septembre 1806. Je joint à la présente la somme de…. et m'engage à payer à mesure de chaque envoi qui me sera fait, un autre volume, de sorte qu'il y en ait toujours un payé d'avance, et que le dernier me soit envoyé gratis.

Nota. Il n'a été tiré qu'un petit nombre d'exemplaires au dessus de celui des abonnés actuels; et l'on prévient que les premiers volumes ne seront pas réimprimés avant 1808.

Les personnes qui reçoivent les premières livraisons, sont priées d'en adresser le montant de suite, si elles désirent ne point éprouver de retard dans les envois; l'expérience et les arrangemens de l'entreprise ne permettant aucun crédit.

9 782011 341242